WOMEN
女性たちの世界史 大図鑑

OUR HISTORY

河出書房新社

WOMEN
女性たちの世界史 大図鑑
OUR HISTORY

ルーシー・ワーズリー [序文]
Lucy Worsley

ホーリー・ハールバート 他 [監修]
Holly Hurlburt

戸矢理衣奈 [日本語版監修]
戸田早紀／中島由華／熊谷玲美 [訳]

河出書房新社

Original Title: Women: Our History

Copyright © 2019 Dorling Kindersley Limited
A Penguin Random House Company

Japanese translation rights arranged with
Dorling Kindersley Limited, London
through Fortuna Co., Ltd. Tokyo.

For sale in Japanese territory only.

Printed and bound in Malaysia

A WORLD OF IDEAS: SEE ALL THERE IS TO KNOW
www.dk.com

目 次

家父長制の誕生
紀元600年まで

- 14 　世界で**最初の女性たち**
　　　先史時代から青銅器時代
- 18 　時代を超えて　**女神**
- 20 　女王、奴隷、そして**ファラオ**
　　　古代エジプト
- 22 　『マハーバーラタ』
　　　インド女性の尊厳
- 24 　巫女と**高級娼婦**
　　　古代ギリシャ
- 28 　結婚という経験
　　　婚姻関係を結ぶ
- 30 　妻そして**労働者**
　　　古代のイラン
- 32 　**共和制**の娘たち
　　　古代ローマ
- 34 　クレオパトラ
　　　名誉の死
- 36 　時代を超えて　**王制**
- 38 　**帝国**全土にわたって
　　　ローマ帝国支配下での暮らし
- 40 　母性と**結婚**
　　　メソアメリカの社会
- 42 　戦う**女王**
　　　古代アフリカの王国
- 44 　時代を超えて　**戦争**

純潔、敬虔、そしてそして財産

600-1500 年

- 48 　唐支配下の特権
中国の黄金時代
- 50 　**イスラム**の隆盛
7世紀のアラブ世界
- 52 　**太平洋の島々の**
暮らしと指導者
島の伝統
- 54 　出産という経験
重労働
- 56 　財産と**平等**
アングロ＝サクソン人の定住
- 58 　**京都**の宮廷生活
平安時代の日本
- 60 　紫式部
礼儀作法の訓練
- 62 　北欧神話と**現実**
ヴァイキング時代
- 66 　時代を超えて　**宗教**
- 68 　騎士道と**宮廷風恋愛**
中世ヨーロッパ
- 70 　アルジャントゥイユの
エロイーズ
慣習の拒絶
- 72 　遊牧民と**帝国**
モンゴル人の社会
- 74 　詩と**権力**
東洋の詩
- 76 　大災害とその**余波**
黒死病
- 78 　クリスティーヌ・ド・ピザン
女性蔑視への抵抗
- 80 　教育という経験
人生の教訓
- 82 　**衰退する**自由
李氏朝鮮
- 84 　族長、女王、そして**血縁者**
植民地時代以前のアフリカ
- 86 　ジャンヌ・ダルク
戦いのヒロイン
- 88 　太陽崇拝と**生け贄**
インカ文明とアステカ文明
- 90 　時代を超えて　犯罪
- 92 　**イングランドの王位を**
めぐる争い　薔薇戦争
- 94 　戦士、妻、そして**未亡人**
スペインの国土回復運動

帝国の時代から啓蒙の時代へ

1500-1800 年

- 98 　文化の**摩擦**
新世界
- 100 　タイノー族の女性
コロンブスの罪
- 102 　育児という経験
母親の役割
- 104 　**女性**とスルタンの政治
オスマン帝国
- 106 　プロテスタント対**カトリック**
宗教改革
- 108 　エリザベス1世
兵を鼓舞
- 110 　時代を超えて　**演劇**
- 112 　贅沢と**隔離**
ムガル帝国
- 114 　儒教の**教え**
江戸時代の日本
- 116 　**新天地**での生活
植民地時代のアメリカ
- 120 　アビゲイル・ホッブズ
魔女であることを自白
- 122 　時代を超えて
魔女術──ウィッチクラフト
- 124 　服従と**貞節の国**
清王朝
- 126 　マザー・アン・リー
シェーカー教
- 128 　時代を超えて
女海賊
- 130 　**自由のための闘争**
革命の時代
- 134 　オランプ・ド・グージュ
革命への疑問

序文

ルーシー・ワーズリー　Dr. Lucy Worsley　歴史家、作家、学芸員、TVプレゼンター。古代・現代史で優等学士の学位を取り、オックスフォード大学を卒業。その後、〈古建築と英国遺産の保護協会〉（SPAB）に勤務。現在は、王宮を管理する独立慈善団体〈ヒストリック・ロイヤル・パレス〉で主席学芸員を、BBCの歴史教養番組ではプレゼンターを務める。また、「サンデー・タイムズ」紙のベストセラー・リストにランクインした著書をはじめ、数々の歴史ノンフィクションの著作があり、若者向けに歴史フィクションも書いている。2018年、人民代表法100周年に寄せてBBCが制作した女性参政権論者についての歴史特別ドキュメンタリー番組ではプレゼンターを務め、歴史と遺産への貢献を讃えられて大英帝国勲章を授与された。

監修

ホーリー・ハールバート　Dr. Holly Hurlburt　南イリノイ大学史学科教授。専門は女性、ジェンダー、近代ヴェネチアと地中海地方全域の覇権。

ステファニー・L・ブーダン　Dr. Stephanie L. Budin　独立系の研究者。ペンシルヴェニア大学で博士号を取得。専門は女性、セクシュアリティ、古代東地中海地方、ギリシャ、中東レヴァント地方など。著書6冊と共同編集書2冊がある。

ジュリア・レイト　Dr. Julia Laite　ロンドン大学バークベック校上級講師。著書に『娼婦と一般市民：1885年から1960年までのロンドンの性風俗産業』がある。専門は性の歴史、ジェンダー、女性、現代世界における移住。

ケリー・ボイド　Dr. Kelly Boyd　ロンドン大学史学研究所特別研究員。同研究所で女性史セミナーを共同で開催する。男らしさとイギリスの少年誌、ヴィクトリア朝時代の文化、米国化に直面する英文化についての著書がある。

著者

ジョージー・キャロル　Dr. Georgie Carroll　ロンドン大学東洋アフリカ研究所の博士候補生。インド文学における生態学的美学を研究。著書に『ネズミ（動物）』（2015年）があり、フィクション作家でもある。

ジェイコブ・F・フィールド　Dr. Jacob F. Field　ケンブリッジ大学研究員。専門はロンドン大火とイギリス社会経済史。一般向けの著書も多数ある。

アビゲイル・ミッチェル　Abigail Mitchell　編集者、歴史家。ケンブリッジ大学と南カリフォルニア大学を卒業。『ヴェトナム戦争』『フェミニズム』（DK刊）でも執筆し、本書でも加筆と編集を行う。

その他の著者　メリナ・アンドレウ、アレクサンドラ・ブラック、ナンシー・ディックマン、ヘレン・ダクラス＝クーパー、キャサリン・ゲーレ、オータム・グリーン、ジョン・ヘイウッド博士、シェリダン・ハンフリーズ、リアナ・キリロワ、アン・クレイマー、ロイド・ルウェリン＝ジョーンズ教授、ハンナ・マッキャン博士、ジュリー・ピークマン、マリア・ソフィア・クワイン、クリスティーナ・レイツ、ラナ・シャー、マリアン・スミス＝ホームズ、ジョー・スタンリー王立歴史学会員、シャーン・ヴァヒディ、シャノン・ウェーバー博士。

4 知識と権力
1800-1914年

- 138　**囚人と植民**　南半球への移住
- 142　時代を超えて　**冒険家たち**
- 144　**ナポレオンとの戦い**　ヨーロッパのナショナリズム
- 146　**働く女性**　産業革命
- 150　**暗黒と悪徳**　ロマン主義の時代
- 152　時代を超えて　**文学**
- 154　**スパイ、兵士、そして犠牲者**　ラテンアメリカでの諸革命
- 156　**イギリス領インド帝国**の支配　植民地時代のインド
- 158　**体面の維持**　摂政時代とヴィクトリア時代のイギリス
- 160　時代を超えて　**売春**
- 162　**使用人と郊外住宅**　西洋の社会階級
- 164　**改革闘争**　第1波フェミニズム
- 166　**発見の時代**　科学と進歩
- 168　時代を超えて　**科学**
- 170　**自由**のための戦い　奴隷貿易
- 174　**ソジャーナ・トゥルース**　堂々主張
- 176　北部と対立する**南部**　アメリカ南北戦争
- 178　**帝国主義との戦い**　太平天国の乱
- 180　時代を超えて　**医療**
- 182　**メアリー・シーコール**　前線での看護活動
- 184　**開拓地**での生活　アメリカ西部の開拓地
- 188　**アフリカ**分割　植民地時代のアフリカ
- 190　セクシュアリティの認識　性とセクシュアリティ
- 192　**女主人、メイド、そして家庭教師**　19世紀のオーストラリア
- 194　**西太后**　義和団の乱
- 196　**纏足の廃止**　20世紀の中国

エンパワーメントの時代

1914-1960年

- 200 銃後から**前線**まで
  第1次世界大戦
- 204 死との関わり
  喪失と悲しみ
- 206 **女性参政権運動**の高まり
  女性参政権を勝ち取った人々
- 210 エメリン・パンクハースト
  戦闘的な抵抗
- 212 時代を超えて　**芸術**
- 214 **革命**の赤い波
  共産主義の台頭
- 218 夫と**ヒステリー**
  精神病院
- 220 時代を超えて　**美**
- 222 フラッパーと**自由**
  狂騒の1920年代
- 226 ナイジェリア**女性戦争**
  1929年戦争
- 228 ヴァージニア・ウルフ
  自分だけの部屋
- 230 時代を超えて　**映画**
- 232 ファシズムと自由の**闘士**
  全体主義体制
- 234 **砲弾と銃撃**のなかへ
  第2次世界大戦
- 238 **労働力**の動員
  戦時下の労働
- 240 仕事の歴史
  家の外での仕事
- 242 ビバ・ラ・**レボルシオン**!
  南アメリカの混乱
- 244 フリーダ・カーロ
  アートと病
- 246 **自由**の闘士たち
  非植民地化
- 250 時代を超えて
  ファッション
- 252 シモーヌ・ド・ボーヴォワール
  女性らしさと社会
- 254 修道女の反乱と
  政治的**殉教者**
  修道院の外の政治

ガラスの天井を打ち破る

1960年 - 現在

- 258 **宇宙時代のプロパガンダ**
  と政治　冷戦
- 260 ファン・ンゴク・アイン
  戦闘と共産主義
- 262 時代を超えて　**兵役**
- 264 **分断された南アフリカ**
  アパルトヘイトへの抗議
- 266 **公民権**の行進
  人種平等を目指す闘い
- 268 マヤ・アンジェロウ
  人種差別と抑圧への抵抗
- 270 時代を超えて　**音楽**
- 272 個人的なことは
  政治的なこと
  第2波フェミニズム
- 276 ベティ・フリーダン
  いますぐ平等を
- 278 避妊法の歴史
  家族計画
- 280 離婚**革命**
  現代の離婚
- 282 **ビジネス**への女性の進出
  1980年代
- 284 コラソン・アキノ
  ピープル・パワー革命
- 286 時代を超えて　**スポーツ**
- 288 **危機と避難**
  難民と亡命希望者
- 292 革命と**権利**
  イスラム世界の生活
- 294 マララ・ユスフザイ
  女子教育のための闘い
- 296 貧困と**搾取**
  発展途上国の世界
- 298 **フェミニズム**の現代の顔
  第3波以降の運動
- 302 時代を超えて
  LGBTの女性
- 304 **暴力**の犠牲者
  フェミサイドとの闘い
- 306 チママンダ・ンゴズィ・
  アディーチェ
  現代のフェミニズム
- 308 時代を超えて　**政治**

- 310 索引
- 319 図版出典

はじめに

　奇妙な真実――ジョージ王朝時代（18-19世紀）、女性は〈本をたくさん読んだ〉だけで精神病院に入れられた。本が社会の脅威となりうることを思えば、なんら不思議なことではない。読書は女性の目を開かせ、期待をあおり、自分たちが男性以下の扱いを受けていることに不満を抱かせる可能性があるからだ。本書では、必ずしも語られてはこなかった物語が語られる。つまり世紀を超え、大陸を越えて紡がれてきた女性たちの物語だ。そして〈どれほど多くの人に〉読まれようとも多すぎることはないだろう。なぜならここに語られた物語が読み継がれていくことが、現代世界の再編に役立つはずだから。

　いい話ばかりとはかぎらない。苦しみもたくさん語られていることだろう。たとえば12歳で政略結婚をさせられた、15世紀の哀れなフランス王妃、ジャンヌ・ド・フランスのように。哀れといえば、古代ローマのウェスタの巫女(みこ)たちが、不運にも姦通の罪に問われた場合もそうだ。処女の血を流すことは法律で禁じられていたため、処刑こそされなかったものの、罰として生き埋めにされたのだ。また韓国では、女の子は結婚のときに莫大な持参金が必要になるため親に歓迎されず、〈泥棒女〉などと呼ばれた。詩を書こうとした罪で、父のムガル皇帝によって幽閉されたゼーブンニサーも不運だった。

　しかし私たちに勇気を与えてくれる、称賛すべき女性たちもたくさんいる。歴史に初めて女医として名を残した、古代エジプトのメリト＝プタハ、使用人の身分から、自らの努力で女帝の地位までのぼりつめたロシアのエカチェリーナ1世。モンゴル皇女で女戦士のクトゥルンは、求婚者たちとの賭けに勝って1万もの馬を手に入れた。世界中のあらゆる本には、この本にあるような、〈おもな女海賊〉といった項目が必要ではないかと思う。

　もっとも女海賊だけが、この本で出会う恐るべき女性というわけではない。メソアメリカの〈ジャガーの女神〉ことイシュ・チェルは、嵐と洪水を引き起こす力をもっていた。8世紀の中国では、安楽公主(あんらくこうしゅ)が賄賂をもらって1万2000人の修道僧と僧侶を昇格させ、財を築いた。また第2次世界大戦中のソ連には、309人を射殺した凄腕の女性スナイパー、リュドミラ・パヴリチェンコがいる。イギリス・ファシスト連合の女性たちは、しゃれた服装で世間にアピールした。悪魔はときに完

壁な装いをする。また、女性のすべてが被害者やヒロインというわけではないことを、覚えておくのも肝心だ。女性も男性と同様、よかったり悪かったり、あるいは普通だったりする。

　本書に貫かれているテーマの一つは、憶測は危険だということだ。私たちはいまや、原始人の生活を研究している現代の考古学者によって、〈洞穴で子どもたちの世話をする〉〈やさしい奥さん〉の存在を示す証拠が発見されたことを認識しているが、そうした認識が生まれたのは、私たちが20世紀以降、そのようなイメージにあまりにも慣れ親しんでいるからという可能性もある。〈貞操帯〉という名で知られる恐ろしげな鉄の器具についても、おそらく私たちはまちがった結論に飛びついてきた。貞操帯は女性の意に反して使われただけではなく、戦時中、レイプから身を守るために女性が自ら身につけたものでもあったのだ。

　本書の広い視点は、歴史がつねに〈悪い〉状態から〈よい〉状態へと進化していくと考えるのは愚かだということも、はっきりと物語っている。ニュージーランドに入植したヨーロッパの人々は、その地で出会ったマオリ族の男女平等思想を、後進的で〈野蛮〉だと見なし、考えを改めさせようと全力を尽くした。ときに二歩進んで一歩後退するようなこともある。公民権運動活動家のローザ・パークスは、1955年にバスのなかで白人の乗客に席を譲るのを拒んだことがきっかけで世に知られるようになったが、全米黒人地位向上協会では、当時ただ一人の女性理事だったパークスが、会議の議事録を取らされたという女性差別があった。

　徐々によくなっていくこともあれば、悪くなっていくこともある。ただ、過去を学ぶことによって得られる一つだけたしかなことがある。それは、変化は可能だと信じることだ。「信念から実現までの道のりは遠い」と言ったのは、カスティーリャ女王イサベル1世である。しかし変化を生み出した女性たちについて学ぶことが、すべての出発点をもたらしてくれる。つまり、女性たちが存在し、重要な役割を果たし、これからも手本となっていくはずだという強い信念である。いまこそ、歴史のなかの女性たちが表舞台に一歩踏み出すときなのだ。

ルーシー・ワーズリー

まえがき

　女性が世界に与えてきた影響について、過去1世紀にわたって少しずつ明らかになってきた。外国の土地を征服した戦士や女王、未踏の地を開拓した探検家、既成の価値観や概念を変えた芸術家や作家、活動家など、歴史上で活躍した女性は何人も存在する。問題は、世界的に優勢な家父長制（男性優位）社会において、女性が直面してきた抵抗の歴史や、女性が乗り越えてきた障害の数々が無視され、つねに封印されてきたことである。

歴史のなかの女性

　男性によって女性が脇に追いやられる歴史は、1万2000年前から始まったと考えられている。人類の歴史の黎明期である石器時代、初期の人類は狩猟採集社会で生きていた。そこでは男も女も互いに補い合い、それぞれが社会できわめて重要な役割を担っていた。しかし新石器革命によって変化がもたらされる。人類が遊牧生活から、男性の支配する農業に基づいた定住生活に移行しはじめた時代だ。人口が増えるにつれて、女性が食料生産に貢献する度合いは減っていき、結婚や宗教や法律といった制度によって、男性が女性のふるまいを規制し、支配するようになっていった。

　中国やギリシャ、エジプト、ローマの古代文明社会では、大多数の女性は男性よりはるかに限られた自由しか与えられていなかった。とはいえ女性は家庭のなかで、そして母親として、それなりの地位を与えられた。なかには多神教の女神に仕える巫女となった者もいる。しかし一神教が優勢になる中世までには、とくに西洋や中近東では、女性が宗教で果たす役割は減っていった。男性によってつくられた慣習や法律は、中世のほとんどの女性たちの役割を制限しつづけた。にもかかわらず、世界中で多くの女王や女帝が、女性も有能な指導者になれることを証明してきたのだ。

　18世紀から始まる近代は、西洋に帝国主義をもたらした。そこでは宗主国がアメリカやアフリカ、アジア、オーストラリアなどの植民地社会に対し、その土地に根づいた慣習を排除して自分たちの考える男女の役割を押しつけるという現象が見られた。それと同時に、女性は近代社会をつくりあげた再編や改革の流れに参画するようにもなった。19世紀を通じて、産業革命の結果として、女性の経済的な役割が変化し、女性たちはこれまでより多くの職場に進出した。家庭と地域社会の両方の福祉に貢献した働く女性たちは、男性と同じ権利を要求した。フェミニズムは世界的な動きとして始まったのだ。女性は選挙権を含む、より大きな自由を求めて闘った。

　女性はまた、20世紀前半の世界大戦でも多大な貢献をし、社会での地位を高めた。20世紀後半までには、女性の役割は変化したが、それでもまだ改善の余地は残っていた。1960年代から今日に至るまでのフェミニズムの第2、第3の波では、女性がLGBTの権利はもちろんのこと、離婚や避妊など、幅広い分野の問題に取り組み、昔からの固定概念を取り払って、最終的には家父長制度を打ち破ろうとする姿が見られた。そしてついには、女性の声が聞き届けられたのだ。

▶ **賢い女性**
テオドラ皇后を描いた、イタリアのラヴェンナにある6世紀のモザイク画。東ローマ帝国において、最も影響力のあった女性の一人。

家父長制の誕生

紀元600年まで

　先史時代（文書記録の出現以前）の女性の役割は議論すべきテーマだが、現状ではその資料は、埋葬形態や出土品に頼らざるをえない。しかしそこから得られる証拠は、先史時代の女性が社会で積極的に重要な役割を果たしていたことを示している。男性がすべての権力を握る家父長制が始まった明確な時期を特定するのはむずかしいが、さまざまな研究によれば、多くの古代文明社会が早くから家父長制を導入していたことがわかっている。古代の女性は2つの相反する局面に向き合わざるをえなかった。女神や母親、美の化身、家庭の長として崇められていた一方で、男性と同じ自由や権利を与えられることはめったになかったのだ。

14　家父長制の誕生

世界で最初の女性たち

> 新石器時代の
> 女性の腕の骨は、
> 現代のボート選手の
> 腕の骨よりも、
> 最大で
> **16％**
> も強靭だった。

▲ **ヴィレンドルフのヴィーナス**
豊満な女性像は、かつては豊穣の象徴と考えられていたが、村の長老女性をかたどった可能性もある。体の大きさがステイタスとなったのだ。この有名な小像は紀元前2万8000年から2万5000年のもので、オーストリアで発見された。

先史時代から青銅器時代

初期の人類は狩猟採集をする遊牧民で、あちこちへ移動し、動物を飼ったり野草などを採集して生き延びてきた。多くの考古学者が何十年ものあいだ、狩猟や道具づくりは男性の仕事で、ベリーを摘んだり子どもの世話をするのが女性の仕事だと考えてきた。しかし、労働がそのように分担されていたことを裏付けるはっきりとした考古学的証拠は見つかっていない。大きな獲物を近距離から仕留めたことによってできたと思われる骨折の状態を分析することで、科学者たちは、現生人類に最も近いネアンデルタール人の場合、女性と子どももマンモスなどの大型動物を仕留める危険な狩りに参加していたと推測している。

棍棒を振りかざす狩人の男たちと、家で子どもの世話をするやさしい妻というステレオタイプの男女像は、男女の役割分担に関する20世紀的な考え方の結果であり、それが考古学的証拠の解釈に影響を及ぼしたと現代の学者たちは考えている。ヨーロッパで見つかっている4万年ほど前の洞窟壁画も、やはり男性の手によるものだと多くの歴史学者たちは考えてきた。だが近年、壁に残された手形の大きさやその骨格の研究によって、洞窟で発見された手形の多くが、じつは女性のものであることがわかってきている。

ヴィーナス像

女性は先史時代の芸術作品である小像の題材とされた。4万年前から3万5000年前までのあいだに、人類は骨や象牙や軟かい石を彫ったり、粘土を焼いたりなどして小さな像をつくることを始めた。動物をかたどった像もあったが、多くは肉感的な女性の姿をしており、考古学者のあいだでは〈ヴィーナス像〉と呼ばれている。マルタ島の地下埋葬室で19世紀初頭に発見されたものも含め、こうした女性像の多くは、女性の体のなかの、乳房や尻といった性や受胎に関連する部分が誇張されている。専門家のなかには、こうしたヴィーナス像は豊穣の象徴、もしくは女神をかたどった

> おもな出来事
>
> # 洞窟から宮殿まで
>
> 先史時代は男性だけの歴史ではない。女性は、狩りから芸術まで幅広い分野で、かつて考えられていたよりずっと重要な役割を果たしていた。

紀元前5万年より以前

- **260万年前** 人類の祖先が石器を使いはじめる。
- **30万年前** 現生人類（ホモサピエンス）が新たな種として現れる。

紀元前5万-1万5000

- **紀元前4万800年** 先史時代の人類がフランス、スペインなどの各地で洞窟壁画を描きはじめる。残っている手形の4分の3までが女性のものである。
- **紀元前4万年** 現生人類に最も近いネアンデルタール人が絶滅する。
- **紀元前4万-3万5000年** ホーレ・フェルスのヴィーナス（発掘された最古の、人間をかたどった像）が象牙から彫られる。
- **紀元前2万9000年** 肉などの食材を調理するための最初のかまどがつくられる。
- **紀元前2万8000-2万5000年** 無名の芸術家が、ヴィレンドルフのヴィーナスとして知られる石灰岩の小像を彫る。
- **紀元前1万8000年** これまでに見つかった最古の陶器が中国でつくられる。

紀元前1万5000-1000

- **紀元前1万3000-8000年** 人類が作物の栽培を始め、定住生活と文明につながる革命となる。
- **紀元前5000年** いくつかの地域で、人類が銅を製錬して道具と武器をつくりはじめる。
- **紀元前3500-2500年** マルタ島に女性像を納めた地下墳墓がつくられる。
- **紀元前2100年** エーゲ海地方で青銅器時代が始まり、ギリシャでクレタ聖刻文字が出現する。

◀ 「青い貴婦人たち」のフレスコ画
美しく着飾った3人の女性が描かれている。クレタ島 クノッソス宮殿 紀元前1525-1450年。

▼ **サフランを摘む人々**
サフランを摘む少女たちを描いたミノア文明時代のフレスコ画。サフラン摘みは成人の儀式の一つだったと考えられている。ミノア芸術では、白は女性の肌を象徴し、赤は男性に使われた。

ものだと主張する者もいる。また、豊かな曲線を描く体は若い女性のものではなく、年齢の高い女性のものだと説く者もいる。女性はその体の大きさで、集団における成功と地位を獲得したのだ。

ここ数年、専門家たちは新石器時代が母系社会だったと説いている。そのなかで女性は家族の長を務め、リーダー的役割を担っていた。ヴィーナス像はこの理論が正しいことを示す証拠であり、新石器時代の人々が地母神を崇拝していたことを示している。しかしマルタ島やそのほかの場所からは、この理論に反する考古学的証拠も見つかっている。ヴィーナス像の本当の目的も、その真の制作者も、おそらく解明されることはないだろう。その一方で、現代のトルコにある新石器時代の遺跡、チャタル・ヒュユクでは、考古学者たちが何年もかけて、約9000年前に建てられた何百もの家の残骸を調査した。その分析結果は、男性と女性が家のなかで同じようなものを食べ、同じくらいの時間を過ごしていたことを示している。死後は男性も女性もほぼ同じ方法で埋葬された。つま

り、担っていた仕事や役割に関して、男女間で大きな違いがあったことを示す証拠はほとんどなかったということである。

それから数世紀が過ぎ、狩猟採集生活は徐々に定住生活へと移行していった。人々は食物と水源の近くに住居をかまえ、野生の植物を集める代わりに作物をつくるようになった。新石器革命と呼ばれるこの変革は、さまざまな面に影響を与えた。たとえば、農耕が始まったことで、人は主食を穀物に頼るようになった。穀物は食べやすいようにすりつぶされて粉にされたが、その工程は重労働だった。当時の女性の骨を、運動選手も含めた現代の学生の骨と比較して調べた結果、新石器時代の女性の腕は、現代の平均的な女性の腕よりも強靭だったことがわかった。これは穀物を粉にする仕事に何時間も携わっていた結果と考えられる。

史実のなかの女性たち

先史時代は文書による記録がないことが特徴である。多くの文化で、文書が使われはじめたのは青銅器時代からだ。ギリシャでは、青銅器時代のエーゲ文明（紀元前3000年から1000年）で文書が出現したが、いまのところ考古学者たちにどうにか解読できたのは、発見された3つの文書のうち一つだけだ。もしもミノア人たちが女性について何か書いていたのだとしても、学者たちはいまだそれを読むことができていない。先史時代と同様、青銅器時代の女性の暮らしぶりに関する手がかりも、ほとんどが芸術品や工芸品、遺跡に見られるもののみである。たとえばミノア文明とミケーネ文明（エーゲ文明の前期と後期）の女性たちがさまざまな活動に従事する姿は、頻繁にフレスコ画に描かれているが、注目すべきは、妊娠や出産についてはほとんど描かれていないことだ。ミノア時代のギリシャでは、玉座に座っている姿が描かれているのは男性よりも女性が多い。このことから、ミノア文明は母系社会だったと推測する学者もいる。

▲ **金の王冠**
考古学者たちは以前は、副葬品を死者の性別を推定する参考にしていた。ミケーネ遺跡の〈女性たちの墓〉から出土した、この楕円形をした金の王冠もそうである。しかし現在では、この方法に異論が唱えられている（⇨ p.204-205）。

▶ **シェパートンの女性**
ロンドン郊外のシェパートンで発掘された、5500年前の新石器時代の人骨から復元された女性の頭部。目や髪や肌の色は別として、女性がどんな顔立ちだったのかがかなりはっきりとわかる。

「バイソンを追いまわしていたのは男だけではなかった」

ディーン・スノウ　考古学者・洞窟芸術の専門家

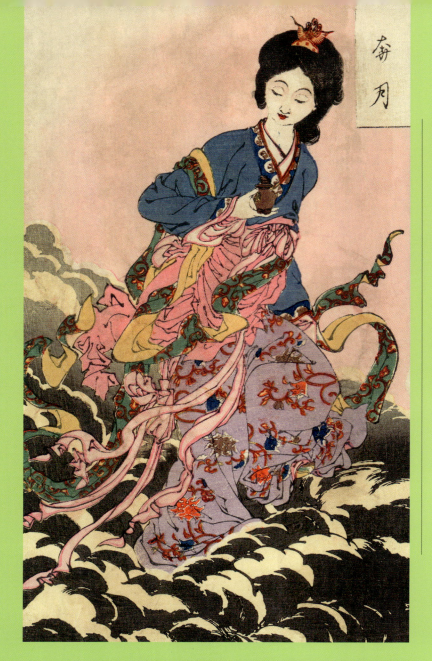

多くの創世神話は、〈地母神〉と〈天空神〉のように、補完しあう男女のペアから始まる。たとえばマオリ族の神話では、地母神はパパ、天空神はランギと呼ばれる。大地そのものでもある女神パパは、生きとし生けるあらゆるものを生み出した。しかしこのような男神と女神の組み合わせでも、つねに2人の神が対等の立場にあるというわけではない。多くの神話では、人間の男性が女性に力を行使するのを反映して、女神ですらいやがらせをされたり暴力をふるわれたりする。

ほとんどの文化には、出産と結婚と愛、つまり現実の女性が担っている分野における女神が存在する。女神はまた、残酷で強大な力をもち、支離滅裂なこともある。ヒンドゥー教と仏教の破壊の女神カーリーから、アフリカのヨルバ信仰における死と嵐の女神オヤにいたるまで、これらの女神

「私は自然の魂。宇宙に命を与える……」

『女神の説示』より
ウィッカ（魔術）の教科書　1957年

◀ 月の仙女
中国の道教の神話によれば、嫦娥（左は19世紀に月岡芳年によって描かれたもの）は、不老不死の薬を盗んで不死となり、月に逃げた。今日、道教の信者は中秋節に嫦娥を称え、月餅をつくって食す。

時代を超えて

女神

　女神は多くの社会において、偉大で非情で慈悲深く気まぐれな存在であり、人間よりもはるかに大きな力をもっていた。しかし人間に怖れられ、崇められる女神たちでさえも、現実の女性が男性に従属していたように、しばしば男神に従属させられた。

たちは人間の女性が憧れる力をもっている。現実の女性には、教育は手の届かないものであったとしても、メソポタミアの女神ニサバや古代エトルリアとローマの女神ミネルヴァのように、知恵の女神は多数存在した。一般女性には得られない自由をしばしば与えられていた巫女と並んで、女神信仰は古代社会の女性の宗教生活において、必要不可欠な役割を果たしていた。また多くの女性が女神を、自らのふるまいのお手本としていた。

ヒンドゥー教の女神カーリー、壁画

現代の神々

今日では、世界の主要な宗教の大多数が一神教で、たいていは男神が信仰されている。しかしヒンドゥー教は多神教で、その神々は世界中で10億人以上の人々に崇められている。ネパールでは17世紀以来、シャキャ族から思春期前の少女たちが生き神〈クマリ〉に選ばれ、崇拝される。ヴェトナムでは、16世紀から地母神が信仰されてきたが、1950年代から1987年まで、霊媒師がトランス状態になって女神と交流するハウドンという儀式は禁じられていた。西洋ではフェミニズム（⇨ p.272-275）の第2の波もまた、ウィッカ信仰の成長に貢献した。この宗教は地母神を主神として崇め、女性の人生を少女、母、老女の3つの段階に分けてとらえる。

▶ **蛇をもつ女神**
クレタ島のクノッソス宮殿で発見された紀元前1600年の小像。ミノア文化の特徴が表れたドレスを着た、大地の女神を表現していると歴史学者たちは考えている。

歴史を変えた女性
世界の女神

アセト（古代エジプト神話） 魔術や治療を始め、多くのものを象徴する女神。ギリシャ名のイシスとしてよく知られる、紀元前3000年の古代エジプト神話におけるオシリス神の妻。オシリスの死後、イシスは殺されてバラバラにされた夫の遺体を集めてつなぎあわせ、最初のミイラをつくって復活させ、息子であるホルスを身ごもった。

女媧（古代中国神話） 紀元前139年の思想書『淮南子』に登場する地母神。天が崩れ落ちたとき、川床から集めた色石で天を補修し、大亀の脚を切って新しい柱にして天を支えた。そして混沌に陥った世界を、龍を殺し、洪水を止め、火災を鎮めることで救った。

モリガン（ケルト神話） 戦時に死の前兆として戦士の前に現れる女神。紀元1世紀の『アルスター物語群』と、11世紀に編纂された、アイルランドの歴史神話『レボール・ガバラ・エリン（アイルランド侵略の書）』の両方に登場する。モリガンはダーナ神族の出身で、戦争と死の女神である。いくつかの神話では、〈カラス〉を意味する戦いの女神バズヴと、大地と主権の女神マッハ、混沌と流血を好む女神ネヴァンとともに三位一体を成すともいわれている。バズヴとネヴァンは同一神だという説もある。

イナンナ（古代シュメール神話） 紀元前4000年頃の女神。最も有名な神話は『イナンナの冥界下り』である。冥界にとらえられたイナンナは、夫を身代わりにすることで冥界から逃れた。アッカド帝国が興ったあとは、女神イシュタルとして崇められ、のちにヘブライ語聖書ではアシュトレト、シリア・カナン神話ではアスタルテ、古代ギリシャ神話ではアフロディテの名で崇拝された。

セドナ（北米イヌイット神話） 人間の頭と鯨の体をもつ、人魚に似た精霊。もとは人間だったが、本当は鳥である男に騙されて結婚させられた。セドナの父は娘を救い出したが、カヤックで逃げようとすると、鳥たちが嵐を起こした。父親はカヤックが沈まないよう、セドナを海に放り投げ、船べりにしがみつこうとする娘の指を切った。セドナの指は海の生き物となり、セドナは海の精霊となった。セドナの神話は何千年にもわたって、イヌイットの人々のあいだに語り継がれている。

女王、奴隷、そして**ファラオ**

古代エジプト

古代エジプト人は、生活に深く根ざした宗教観をもち、〈秩序〉と〈調和〉を意味する「マアト」の概念を信じていた。マアトは同じ名前の女神によって擬人化されている。女神マアトは、宇宙における男性と女性の２つの側面を完璧なバランスで備えていた。そのためエジプト社会では、たとえ女性がつねに男性と同じ待遇を受けられるわけではなくても、女性は男性とほぼ同等の存在と見なされていた。

強い力をもつ女神

古代エジプト人は、多種多様な女神や男神を信仰し、神々は生活のさまざまな側面を司っていた。強大な力をもつあらゆる種類の女神がいたおかげで、女性たちの生活面での役割も幅広いものとなった。人々は女神たちを崇敬すると同時に畏れ、女性たちは女神たちのようになりたいと願った。牡牛の頭をもつ姿でよく描かれるハトホルは、豊穣と愛の女神である。ライオンの頭をもつ気性の荒いセクメトは戦いの女神だが、慈悲深いハトホルの人格の別の一面が表れたものと見なされることもある。イシスは治療師であると同時に理想的な妻、母であった。妻、母というのは、当時の女性にとって重要な役割だったため、イシスはすべての女性の模範的なお手本だった。

女性の権利

エジプト女性、とりわけ上流階級の女性は、財産を所有し、後世に遺すことができた。また事業を手がけたり、離婚の申し立てなどの法的な手続きを進めることも、法廷で証人を務めることもできた。女性の大多数は結婚して家庭を切り盛りし、地所の管理もよく行った。既婚女性は〈家庭の主人〉と呼ばれた。家庭外でも、神官や織物工房の主人、醸造所の所長といった役割を務める女性もいた。聖職の世界では、男性と女性はそれぞれまったく異なる役割を担っていた。とくに新王国では、女性はおもに神々を楽しませる役目を担い、

▶ **奴隷の地位**
古代エジプトの奴隷は一般的な農民よりも恵まれていた。彼らは安全と住居と食物を与えられ、税金は払わなくてよかった。ネバムンという名の裕福な書記官の墓所の礼拝堂で発見されたこの壁画には、宴で客人を楽しませる奴隷の少女たちが描かれている。

女王、奴隷、そしてファラオ 21

▶ **美と力強さ**
女王ネフェルティティはこの胸像のおかげで美の象徴となった。彼女は太陽神アテンの信仰において重要な役割を果たし、夫の死後は自らエジプトを統治したともいわれている。

▲ **黄金の石棺**
凝った装飾の施されたこの石棺は、なかに入っている人物の地位を反映している。ヘネトタウィは第21王朝の王女であり神官だった。またアメン神の神殿に仕える高位の女性であることを示す、歌い手でもあった。

男性は管理者としての役目を担うことが多かったが、それだけに限定されているわけではなかった。女性の神官で最も重要なのは〈アメンの神妻〉と呼ばれる役職で、通常は王家の女性たちが務めた。アメンの神妻は、天地創造の男神アメンを〈刺激する〉役割を担っていた。また女性たちは〈封印〉の役目も担っていた。経済面での責任を負う役割で、盗難を防ぐために、刻印を使って部屋や入れ物などを封印した。

多くの女性が働くことができたのは、日々の家事を家族のほかの人々や使用人に任せていたからこそだった。奴隷に家事をさせている家庭もあった。奴隷の多くは戦争捕虜である。とはいえ古代エジプトでは、奴隷の存在はあまり一般的ではなかった。

女性のファラオ

エジプト古王国までさかのぼると、力のある女王が未成年の息子の摂政を務めるのはよくあることだった。エジプトで最も長く在位した女性のファラオであるハトシェプストは、この方法で権力を手に入れた。紀元前1478年頃から、2歳のトトメス3世の共同統治者となったのだ。古代エジプトの最も成功した統治者の一人として、ハトシェプストはすべての肩書きとファラオの地位を獲得し、歴代の多くのファラオに倣って、作り物のひげまでつけていた。一方、女王たちもファラオの妻として、多少の権力をふるうことができた。今日、最も有名な女王であるネフェルティティは、紀元前14世紀に夫のアクエンアテンとともにエジプトを治めたが、胸像の発見で彼女の人生にふたたび世間の関心が集まるまで、その名前は歴史の本から消えていた。墓所はいまだに発見されていない。

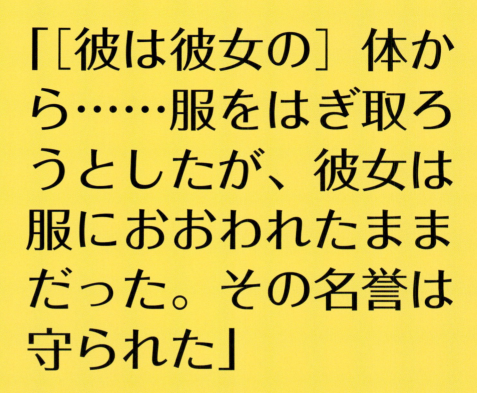

「［彼は彼女の］体から……服をはぎ取ろうとしたが、彼女は服におおわれたままだった。その名誉は守られた」

ヒマーンシュ・アガーワル訳『マハーバーラタ』より

インド女性の尊厳

紀元4世紀に最終形が完成したといわれるインドの叙事詩『マハーバーラタ』に出てくる、中心的な女性の登場人物はドラウパディーである。ドラウパディーは夫がサイコロ賭博に負けたため、邪悪ないとこのものとなり、公衆の面前で悪人に引きずられて、サリーをはぎ取られそうになった。そこで、信心深く勇敢なドラウパディーが、クリシュナ神に加護を求めて祈ると、クリシュナは彼女のサリーをとてつもなく長くしてはぎ取られないようにし、屈辱から救った。『マハーバーラタ』はインド社会の家父長主義を映し出しているが、しっかりと自らの名誉を守った、この場面でのドラウパディーのふるまいは、従順な女性を理想とするインド社会の価値観に果敢に挑んでいる。

巫女と
高級娼婦

古代ギリシャ

古代ギリシャ文明は青銅器時代に誕生し、5世紀後のローマ帝国の隆盛によって衰退した。古代ギリシャ文化では豊かな神話が生まれ、そこには神であれ人間であれ、たくましい女性が数多く登場した。女神たちは理想化され、崇拝され、男神と同じくらい重んじられていた。しかしギリシャの一般女性は、やはり男性よりも劣っていると見なされていた。古代ギリシャはポリス、すなわち都市国家から成り、女性の自立の度合いは階級や属している都市国家によって違った。アテナイやスパルタなどの大きな都市国家の女性は、特異な生活を送っていた。スパルタの少女たちは、少年たちとは分けられて公教育を受けたが、そこには厳しい体育の授業も含まれていた。将来の優秀な戦士となる、強く健康な赤ん坊を産んでもらうためである。スパルタの男たちは軍隊に身を捧げ、女たちは経済力をもっていた。彼女たちは家庭の実権を握り、富を所有し、受け継ぎ、後世に遺すことができた。

アテナイの女性たち

古代ギリシャは民主主義で有名だが、アテナイの女性は男性と同じ市民権をもっていたわけではなかった。女性には投票の機会も、政治に参加する機会もなかった。多くの女性の日常生活は、家を切り盛りし、布を編んだり織ったりし、子どもを産み育てることにとどまっていた。女性はまた、宗教の場でもさまざまな役割を担っており、多くの女性が家庭外でもさまざまな任務を負っていた。女性は正式な教育は受けられなかったが、裕福な家庭の女性は読み書きを習う特権をもっていることもあった。また富裕な人々は、〈戦利品〉としてギリシャに連れてきたり奴隷売買で手に入れた奴隷に、日々の仕事をさせることもできた。多くの女性の奴隷は（男性も）裕福な家庭の使用人として働いた。

一部には、いくらかの自由があ

▲ **葬送芸術**
レキュトスと呼ばれる油壺。未婚のまま亡くなった人の肌に塗る油を保存した。

おもな出来事
ギリシャの遺跡

古代ギリシャの都市国家では、すべての女性に共通する経験というものはとくになかったが、宗教と戦争は女性たちの人生で大きな位置を占めていた。

紀元前 800

- **紀元前 8 世紀** デルフォイの神託所の設立。
- **紀元前 776 年** 全ギリシャ女性のための最初の公式競技会、ヘライア祭がオリンピアの競技場で開催される。

紀元前 700

- **紀元前 630 頃-612 年** 初期のギリシャの抒情詩人の一人、レスボス島出身のサッフォーが生まれる。紀元前 570 年頃死去。

紀元前 500

- **紀元前 450 年** アテナイの墓碑に女性の名前が刻まれはじめる。クレタ島のゴルテュン法典が都市の壁に彫られる。そこには、離婚の際の財産権など、女性に関連する法律も数多く含まれていた。
- **紀元前 441 年** ソフォクレスの戯曲『アンティゴネ』（都市国家の権力に抵抗した若い女性の話）が大ディオニューシア祭で初演される。
- **紀元前 430-420 年** 女神アフロディテの人間の恋人アドニスの死を悼むアドニス祭が、女性たちによって毎年行われるようになる。

紀元前 400

- **紀元前 396 年** スパルタの王女キュニスカが、古代オリンピックの四頭立て戦車競走で、最初の女性の優勝者となる。女性は競技に参加することはできなかったが、キュニスカは優勝馬を所有していた。
- **紀元前 350 年頃** 最初の等身大の裸婦像、クニドスのアフロディテが、彫刻家プラクシテレスによって制作される。
- **紀元前 330 年** 伝承によれば、タイスという名の高級娼婦（ヘタイラ）が、小アジアに進軍していたアレクサンドロス大王をそそのかし、ペルセポリスのペルシア王宮を炎上させる。

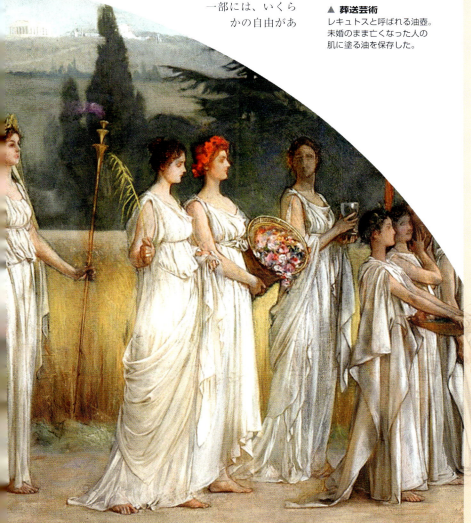

◀ **テスモフォリア祭**
フランシス・デイヴィス・ミレット（1897年）によって理想化されて描かれている。本来は女性だけの祭なので、男性の参加は誤り。

り、教育を受けることのできた女性たちも存在した。たとえばヘタイラと呼ばれる高級娼婦たちは、アテナイの裕福な男性の話し相手を務めていた。ヘタイラたちは教育を受けていることが多く、自立して暮らすことができた。話し相手や友人として雇われ、しばしばシンポジウムと呼ばれる高貴な人々の酒宴にも参加した。ヘタイラになる前に芸事をして働く女性もいたので、ヘタイラたちは熟練した演奏家や踊り子でもあった。

宗教との関わり

古代ギリシャの女性は宗教生活に積極的に関与しており、女性だけで執り行われる祭もあった。毎年行われるテスモフォリア祭は、女神デメテルとその娘ペルセポネに奉納される祭で、既婚女性のみで祝われる。デメテルは収穫と豊穣の女神であり、3日間続くこの祭は、五穀豊穣を祈るものだった。またこの祭はギリシャ神話にまつわるものでもあり、冥界の王ハデスと娘ペルセポネの結婚を嘆くデメテルの悲しみを癒やす意味もあった。いかなる状況であっても、男性はこの祭に参加は許されず、祭の9日前から、男性を排除して準備が進められた。

女性たちは禁欲も含め、厳格に慣習に従った。祭の1日目は広場（アテナイのプニュクスの丘）に集まり、2日目はペルセポネを奪われたデメテルの苦悩に倣って、断食をして死者を悼んだ。また2日目にはアイスクロロジアと呼ばれる儀式も行われ、女性たちはお互いに罵り合ったり侮辱し合ったりし、3日目に互いに喜びを分かち合った。

予言をする巫女

巫女になった古代ギリシャの女性たちは権力をもち、結婚はせず、独立していた。最も有名なのは、古代ギリシャ人が世界の中心と考えていたデルフォイの神託所で、アポロ神に代わって神託を伝える巫女だった。この女性はピューティアーと呼ばれ、亡くなると新たな女性が選ばれてこの役割を担った。紀元前8世紀までは、ピューティアーは予言の能力を認められていた。神話によると、最初のピューティアーは若い処女だったが、レイプされたために、それ以降は年配のあまり魅力的でない女性だけが選ばれるようになっ

◀ **特権階級の象徴**
手にもてるくらい小さな鏡は、古代ギリシャでは地位の象徴で、上流階級の女性しか買えないものだった。この紀元前5世紀の鏡はブロンズ製である。

人物伝
サッフォー

ギリシャのレスボス島出身の抒情詩人であるサッフォーは、おもに深い愛や憧れを題材とした官能的な賛美の詩を書いた。レスボス島の女性を意味する（また、サッフォーに師事した女性たちを表す）〈レズビアン〉という言葉は、彼女の出身地に由来している。サッフォーの韻文詩は一人の人が別の人に語りかける形態という点で、その時代にはとても独創的だった。生涯で9編の作品をつくったが、完全な形で残っているのは『アフロディテへの賛歌』のみである。サッフォーは紀元前570年頃に死去したといわれている。

巫女と高級娼婦　27

た。とはいえピューティアーは若い女性の衣服を身につけていた。ギリシャ全土から人々がやってきてピューティアーに伺いを立てた。ピューティアーは三脚台に座ってトランス状態に入り、人々の質問に答え、しばしば曖昧とも取れる予言を与えた。ピューティアーは古代社会で最も強大な力をもつ女性の一人として地位を築き、政治や宗教、戦争にまつわる問題で人々を導くことにより、歴史をつくっていった。

> 「男はすぐれていて、女は劣っている。男は支配し、女は支配される」
>
> アリストテレス『政治学』

▼ **家庭でのさまざまな場面**
古代ギリシャのテラコッタに描かれた、裕福な女性とその女使用人がさまざまな家事をこなしている場面。オリーブの採取、糸紡ぎ、身支度など。

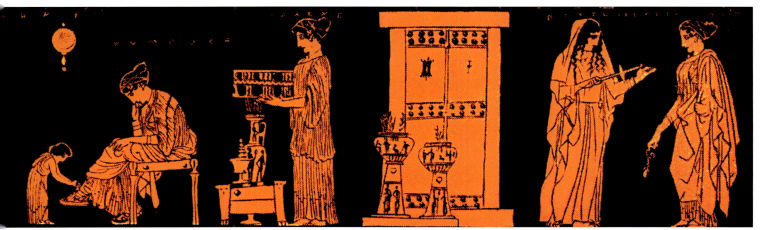

> 「そのような偉大な愛が、結婚の契りによって女性の心に根づくのであれば、それは誰にとっても非常に喜ばしいことでしょう」

クリスティーヌ・ド・ピザン『婦女の都』1405 年

結婚という経験

婚姻関係を結ぶ

愛と結婚はつねに両立したわけではない。伝統的に、結婚はロマンティックな出来事とはかけ離れたものになりがちで、たいていは 2 つの家族を経済的、もしくは政治的理由から統合する方法として機能した。結婚によって女性は、父親から夫に所有権を移された。

結婚は古くからの慣習だが、現代になるまで、愛情や対等な関係とは無縁のものだった。歴史的には、女性の家族が夫を、とくに上流階級から選ぶことが多かった。20 世紀初頭までは、貴族と王族の結婚は、外交的な目的や、王家と王家の関係を築くために執り行われた。そうした縁組みはしばしば、花嫁と花婿がまだ子どものうちに決められることが多く、1464 年にはフランス王ルイ 11 世が、娘のジャンヌの誕生と同時に、そのいとこのオルレアン公ルイとの結婚を取り決めた。ジャンヌが体に障害があり、おそらく不妊であったにもかかわらず、12 歳になったときに結婚は執り行われた。見合い結婚はいまでもいくつかの国でさかんに行われている。両親が介入しない恋愛結婚が近年増えているインドもそ

フランドル地方の結婚式「挿絵入りの写本」1515-1520 年

の一つである。とはいえインドの見合い結婚は、サハラ以南のアフリカやラテンアメリカ、南アジアなどでいまでも行われている強制結婚とは違い、夫と妻双方の合意が必要である。強制結婚では、女性が若い年齢で、無理やり結婚させられることが多い。

代償を支払う

伝統的に、結婚契約で中心となるのは持参金、すなわち花嫁の両親から花婿とその家族に与えられる富である。中世ヨーロッパでは、持参金は現金か土地だったが、帝政ロシアではリネンや花嫁自身が身につける衣服であることが多かった。逆に花婿の家族から〈婚資〉が支払われる文化圏も

あった。イスラムの結婚ではいまでも、花婿かその父親が、現金や贈答品、所有物などの〈結納品〉を花嫁に与える。婚資や持参金の形態は文化によってさまざまだ。たとえばケニアのマサイ族の男性は、花嫁の母親に山羊や牛や羊などを差し出し、それらは共同体のなかで貴重な財産となる。

> 「乙女は親のために結婚し、未亡人は自分のために結婚する」

中国のことわざ

婚姻関係を結ぶ

> 「婚礼のその日から、新妻はいつの日か妊娠して母になることを期待されて人生を形づくっていく。さもなければ妻でいる権利も資格もないのだ」
>
> エマ・フランシス・エンジェル・ドレイク『新妻が知るべきこと』1902年

▲ 婚礼衣装
清朝の中国では、婚礼衣装の飾りには、多産のシンボルであるザクロなどのモチーフが使われた。不死鳥と龍は、それぞれ花嫁と花婿（ほうき）の象徴で、赤い色は幸運と結びついていた。

不倫

結婚相手が親の承認を得られなかった場合、恋人たちはしばしば駆け落ちをしたり極秘で結婚をした。18世紀のイングランドで、最も人気のあった極秘結婚の場所は、ロンドンのフリート監獄周辺だった。法的な特例で、この債務者監獄には一般的な規制が適用されなかったため、フリート監獄周辺では、恋人たちは問いただされたりすることなく、ほとんど経費もかけずに結婚することができた。1754年制定のハードウィック婚姻法では、結婚の承諾年齢が21歳となったため、この法律の制約から逃れるために、男性は14歳、女性は12歳以上で、親の承諾なしに結婚できるスコットランドに逃れる者たちもいた。

奴隷制時代のアメリカ南部では、奴隷所有者は奴隷同士の結婚を、権威を脅かし、生産性を低下させるとして、悪と見なしていた。したがって奴隷同士の結婚には法的効力はなく、奴隷所有者に認められない場合もあった。奴隷の結婚式はしばしば非公式なもので、ほとんどこれといった儀式も行われなかった。男女は結束を象徴する箒を飛び越えることで結婚したと見なされたが、この慣習は現在では余興として行われている。

結婚式の慣習も、それぞれの社会によって大きく異なる。中国中央部に住む土家族（トゥチャ）の花嫁は、結婚式前の1カ月間、家族への感謝を示して1日に1時間泣かなくてはならない。アフリカ北西部のモーリタニアでは、欧米の結婚前のダイエット文化とは対照的に、花嫁は体重を増やすため、結婚前に〈肥育キャンプ〉に送られる。アフリカでは、肥満はその家庭の繁栄の象徴と見なされるからだ。

1840年、イギリスのヴィクトリア女王が自身の結婚式で身につけた白いウエディングドレスは、その時代には珍しい選択だった。それが現代まで続く伝統となったが、西洋文化以外では、白は結婚式の伝統的な色ではない。たとえば中国では、赤い婚礼衣装が一般的だ。またアフリカでは、明るい色の布地が好まれる。白いウエディングドレスは、花嫁の純潔を信じる心に根ざしている。歴史を通して、結婚は人々の性行動を限定してきた。性交は配偶者間でのみ許されるもので、この原則を女性が守るのは重要なことだった。結婚前に純潔であれば子どもの父親が誰かは保証されるからだ。

> 「すべての結婚はさながらくじ引きのようなものだ……けれど、なかにはとても幸せな結婚もある。それでも哀れな女性は、肉体的にも道義的にも、夫の奴隷なのだ」
>
> ヴィクトリア女王「娘への言葉」1865年5月16日

妻そして労働者

古代のイラン

アケメネス朝として知られる最初のペルシア帝国は、紀元前550年、キュロス2世により建国され、紀元前330年、アレクサンドロス大王との戦いに敗れるまで続いた。古代ペルシアの王は一夫多妻制で、妻たちは完璧に序列化された組織のなかで暮らしており、そこでは王の母親と、たいていは王の後継者を産んだ第一夫人が実権を握っていた。上流階級の女性たちが一緒に暮らしていたその所帯を、ハレムと呼んだ歴史学者もいた。ハレムは、そこに暮らす女性たちを表す言葉としても使われた。ペルシアの王たちは、複数の妻だけでなく、戦争捕虜や貢ぎ物として宮廷にやってきた妾も抱えていた。王の一夫多妻制には、おもに政治的な目的があった。妻たちは、将来王位を継いだり政治的な要職に就く息子や、高位の廷臣や周辺の王家の王子と結婚する娘を産むという重要な役割を担っていたのだ。それゆえ、一夫多妻制はアケメネス朝ペルシアを統治するうえでなくてはならない制度であり、王の権威を帝国全域に確実に及ぼしつづけるために大いに役立っていた。

強大な力をもつ地主

ペルシア帝国の儀式の中心地だったペルセポリスで、女性が財産を所有していた記録が、楔形文字の文書のなかに見つかっている。そこから古代ペルシアの生活を垣間見ることができる。この文書によれば、上流階級の女性はある程度の経済的自由をもっていて、かなりの広さの土地や個人的な財産を所有することができた。そうした女性たちのうち、とくに裕福な地主だったのが、イルダバマという名の女性だ。文書によれば、イルダバマは広大な私有地を監督し、作物を徴収して再分配し、膨大な数の労働者に指示をしていた。ティラチス（現イラン南西部のシ

▼ 黄金を身につける
男性も女性も、豪華な宝石を身につけて化粧を施していた。このイヤリングにはペルシアの最高神アフラマズダと、それを補佐する7人の善神〈不死なる浄福者たち〉が描かれている。そのうち3人は女神である。

◀ 青い女性
貴重な青い石、ラピスラズリでつくられたこの胸像は、アケメネス朝ペルシアの去勢された少年、あるいは女性だと考えられている。

ーラーズ）で、最大480人の労働者を雇っていたという。ワインや穀物、小麦粉、大麦の分配の記録にイルダバマの印章が押されていることから、彼女が労働者を養っていただけでなく、財務管理も積極的にこなしていたことがうかがえる。

労働者と配給

ペルセポリスの文書には、さまざまな労働者に割り当てられた食べ物のリストも残されており、そこには労働者の性別がはっきりと記録されている。ほかの労働者よりも多く配給をもらえた労働者もいた。たとえばアラサップと呼ばれる女性の班長は、1カ月にワイン約30ℓと大麦約50ℓと肉を支給された。女性でこの肩書きをもつ者は、時折、記録に名前が記載されていることもあり、重要人物だったと学者たちは見なしている。そうした女性たちは、パサップと呼ばれる大人数の労働者たちの集団をまとめていた。また文書からは、労働者集団の男女が、同じ仕事をして同じ報酬をもらっていたこともわかる。たとえばイルセナという名前の分配責任者の記録には、所属する労働者の男女どちらにも約40ℓの食料を与えていたことが記されている。しかしすべての女性がこのように幸運だったわけではない。ハリナップという名の労働者集団のなかでは、同じ仕事をしても、男性の3分の2の報酬しかもらえない女性もいた。だが子どもを産むとハリナップの女性もパサップの女性も、雇用主からの支援を受けられたようである。子を産んだ女性たちは、出産の翌月はカマカスと呼ばれる余分な食料の配給を受けることができた。このことから、アケメネス朝ペルシアでは、上流階級以外でも母親が重要視されていたことがわかる。

妻そして労働者 31

人物伝
パリュサティス

紀元前436年に生まれたパリュサティスは、ダレイオス2世の異母妹であり恐るべき妻でもあった。パリュサティス王妃は夫と息子アルタクセルクセス2世の治世のあいだ、ペルシアの宮廷で権勢をふるった。イラン、シリア、メソポタミアの土地を所有していたパリュサティスはとても裕福だった。また非常に冷酷でもあり、自分に楯突く人間を、磔や鞭打ち、首吊りの刑に処した。長男の代わりに次男のキュロスを次の王に推し、その陰謀が失敗すると、バビロンに追放となった。しかしのちに宮廷に戻り、自分の権力を確実にするために、アルタクセルクセスの第一夫人を毒殺した。

360人
ものギリシャ人の
妾（めかけ）がいちどきに
宮廷にいた。

◀ ペルシアの王妃
ペルシア王クセルクセスのユダヤ人の王妃で、ユダヤの民を大量虐殺から救ったエステルの物語は、ヘブライ語聖書を含め、いくつかの宗教書に書かれている。

共和制
の娘たち

古代ローマ

紀元前509年から27年まで続いた共和制ローマでは、父親や夫などの男性保護者の支配下で生きていた女性たちには、あまり価値が置かれていなかった。出生時には、男女ともに平均余命は30歳前後と短いが、子ども時代を乗りきると、60代まで生きる者も珍しくなかった。女の子はたいてい10代で結婚し、それまでは貞節を守らなくてはならなかったが、結婚後は子どもを産むことを期待された。古代ローマの女性たちは家庭という領域に暮らし、家を切り盛りして家族の面倒を見る責任を負わされていた。そしてつねに夫に対し、控えめで忠実であることを求められた。

古代ローマの結婚

古代ローマには、クム・マヌ（手権婚）とシネ・マヌ（無手権婚）という2種類の結婚があった。この2つの違いは女性が誰の保護下に置かれるかということだった。クム・マヌでは妻とその財産は夫が法的に支配するが、シネ・マヌでは妻はその父親の保護下にいつづける。シネ・マヌは共和制ローマの末期に始まり、帝政ローマ（⇨p.38-39）の時代にはさらに一般的になった。

上流階級では政略結婚が多く、花嫁の家族が持参金を払うのが慣習だった。持参金には土地や奴隷、衣服、化粧品、宝石などが含まれた。持参金は結婚に備えるためのものだったが、しばしば女性にいい身なりをさせ、美しくさせるための品物も含まれていた。持参金は伝統的に、女性の財産と見なされ、離婚の際には（古代ローマでは離婚はよくあることで、男女同等にその権利があった）女性の家族に返され、死後も自分の財産として好きなように遺すことができた。

ウェスタ神への誓い

ウェスタの巫女の暮らしは、古代ローマのそのほかの女性の暮らしとはまったく対照的だった。ウェスタの巫女とは、家庭とかまどの処女神ウェスタに仕える神官のことで、選ばれるのは大変な名誉とされていた。ローマの大司教である最高神祇官が、6歳から10歳までの上流階級の少女たちから巫女を選ぶ。女神に仕えるのは30年間で、最初の10年は巫女としての務めを学ぶ。6人の少女が、ウェスタの聖火を守り、けっして絶やさないという責任を与えられる。炎はローマとその存続の象徴であり、古代ローマ人は、もしも火が消えたら、人生のさまざまな局面で悲惨なことが起きると信じていた。それゆえウェスタの巫女たちは、務めを怠ると厳しく罰せられた。また貞節を誓った巫女たちは、ローマの潔癖さの象徴でもあった。それゆえ禁欲を破ってローマの健全性を傷つけたウェスタの巫女には死がもたらされた。しかし処女の血を流すことは禁じられていたため、生きたまま地下室に埋められた。ここで注目すべきは、共和制ローマの時代に、不貞行為を働いたという判決を下されたのは、記録に残っているかぎりでは

◀ **万人のためのスポーツ**
古代ローマは女性の自由とは無縁だったが、女性の運動選手が冠を授けられているこの4世紀のモザイク画から、女性もスポーツに参加する機会があったことがうかがえる。

たったの10人だけだということだ。そのなかには、紀元前114年にマルシアという名前の女性もいた。これらの有罪判決は、いずれもローマ共和国が危機に陥っていた時代に下されたものである。

ローマへの献身の見返りとして、ウェスタの巫女たちには、奴隷を解放したり、触られただけで男性を投獄できるなどの特権が与えられていた。共和制ローマの時代を通じて、ウェスタの巫女たちは、同じような社会的地位にある女性たちには許されていなかった特権や、男性の保護下から自由であること、自分の財産を管理できることを楽しんでいた。ウェスタの巫女たちは紀元394年、キリスト教徒だったテオドシウス1世の命により解散させられ、その火も消された。

「もしも女性に平等を与えたら、彼女たちが支配者になるだろう」

共和制ローマの政治家、**大カト**の言葉
『ローマ建国史』ティトゥス・リウィウス著

▼ ウェスタの巫女の学校
ウェスタの巫女たちは、古代ローマの宗教界できわめて高い地位にいた。彼女たちの暮らしは、ローマそのものの運命や健全さと精神的につながっていると見られていた。

34 家父長制の誕生

「女王にふさわしいあらゆる装飾品を身につけ、彼女は黄金のベッドの上で、もはやこと切れて横たわっていた」

▼ **プルタルコス**はクレオパトラの死について『英雄伝』の「アントニウスの生涯」でこのように語っている（85章第2-3節）

名誉の死

　クレオパトラ7世は古代エジプト、プトレマイオス朝最後の統治者である。政治的判断が鋭く、絶世の美女だったクレオパトラは、ローマの政治家ユリウス・カエサルの愛人となり、カエサルの死後は、彼の支持者マルクス・アントニウスの愛人となって同盟関係を結んだ。紀元前30年、カエサルの後継者、オクタウィアヌスに引き継がれたローマ帝国はエジプトに攻め入り、アクティウムの海戦でクレオパトラとマルクス・アントニウスの軍隊を破った。アントニウスは自害し、クレオパトラはオクタウィアヌスの勝利を祝う祭典で、見せしめとして市中引きまわしの刑に処される屈辱から逃れるために自らも自害した（右に描かれているのはその直後の光景）。アスプクサリヘビ（エジプトコブラ）に自らを嚙ませてその毒で自害したという記述もよく見られるが、コブラの毒による死は、医学的には可能性は低い。強大な力をもつ女王に大いなる脅威を感じたオクタウィアヌスによって、殺されたという説を打ち立てる歴史家もいる。

> 「私は、あなたがたの多くが私に誓ってくれたように、あなたがたのために奉仕することを誠意をもって誓います」
>
> エリザベス2世「戴冠式のスピーチ」1952年

時代を超えて

王　制

ほとんどの王国や帝国では、権力が次世代に引き継がれるとき、男子の後継者が好まれる。とはいえ、ときには傑出した女性が正当な権利を得て、女王として統治者の座に就くこともある。また、統治者の妻として、あるいは摂政として、絶大な権力をふるった女性も存在した。

権力を維持するために、君主たちは王位継承を確実にする法律や慣習を布いた。歴史上最もよく知られている制度は、たとえ年長の女子がいたとしても、統治者の嫡出の長男が家督を継ぐ長子相続制である。しかし統治者に娘しかいない場合には、いちばん年長の女子が女王（または女帝）となり、正当な権力を行使して国を統治する。これは王の伴侶である王妃や、若さや病気のために自分で判断を下せない王の代わりに一時的に王の役割を果たす摂政女王とは違う正当な地位である。多くの王は、どうにかして男子の継承者を確保しようとした。それは女性は国を統治するのに向いておらず、王位の継承を不安定にすると信じられてきたからである。最も有名なのは、16世紀のイングランド王、ヘンリー8世が、キャサリン・オブ・アラゴン（6人いた妻の最初の一人）と離婚するためにローマ・カトリック教会から離脱し、息子をもうけるためにアン・ブリンと再婚した史実だろう。ヘンリーは最終的に男子後継者であるエドワード6世をもうけたが、エドワード6世は子をなさずに死去し、その王位は腹違いの姉であるメアリー1世に、次にエリザベス1世に引き継がれた（⇨ p.108-109）。娘の王位継承権を確実にするために法律を変えた君主もいる。オーストリア＝ハプスブルク帝国の統治者で神聖ローマ皇帝のカール6世には息子がいなかった。そこで彼は1713年に国事詔書を発布し、ほかのヨーロッパ諸国の権力者に対して、娘のマリア・テレジアをハプスブルク家世襲領の相続人として認めさせた。しかし1740年にカール6世が死去すると、オーストリアとその同盟諸国は、マリア・テレジアの王位継承権をめぐって賛成派と反対派に分かれ、戦争に突入した。ヨーロッパ以外では、自力で王位を奪い取った女性たちもいる。ロシアのエカチェリーナ1世は、現在のラトヴィア出身の一般庶民だったが、ピョートル大帝との結婚によって地位を獲得すると、1725年のピョートルの死後にクーデターを指揮し、自身で権力を手に入れた。エカチェリーナ1世の治世は2年間だけだったが、彼女はロシア初の女性統治者であり、のちの女性たちのための道を拓いたといえる。そのなかには、のちにロシアで最も影響力のある統治者となり、女性君主としては最も長い政権を誇ることになる女帝キャサリン（エカチェリーナ2世）などが含まれる。

▲ **ロシアの王冠**
1762年から1796年までロシアを治めた女帝キャサリン（エカチェリーナ2世）の王冠。当時の著名な思想家たちと文通をし、啓蒙思想を崇拝する君主だった彼女は、芸術と教育を通じてロシアの近代化に努めた。

父系制と母系制

世界には、父系の長子継承制に従っていた（あるいはいまも従っている）国家がいくつか見られる。これは王位継承権のある女性王族を飛ばして、いちばん近い男性親族に王位を継がせる制度である。しかしこうした場合であっても、摂政女王（たいていは君主の配偶者か母親が務める）が統治

王制　37

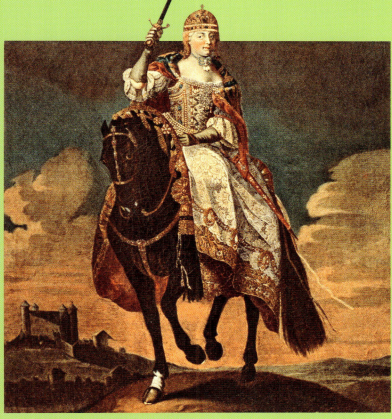
▲ ハプスブルク帝国の女帝
ハプスブルク帝国唯一の女帝マリア・テレジアの戴冠式。その治世は40年に及んだ。夫を共同統治者として認めたものの、国政にはいっさい関与させなかった。

することはありうる。たとえば女性の即位が法律上許されていなかったフランスでは、摂政女王が存在した。なかでも最も有名なのは、絶大な権力と富を誇ったメディチ家出身の、高貴な2人のイタリア女性だ。まず、カトリーヌ・ド・メディシスは1560年から1563年まで、幼い息子に代わって政権に就き、生涯フランスに多大な影響を及ぼしつづけた。カトリーヌの親戚のマリー・ド・メディシスは1610年から1617年まで、息子のルイ13世に代わって摂政を務め、成年に達するまでフランスを治めた。

対照的に、母系継承制を採用する国家は少ない。たとえばアフリカのアシャンティ王国では、皇太后が絶大な権力をもつ。今日では、多くの君主が王位継承の法律を改正し、絶対的長子継承制を制定している。この法律のもとでは、君主のいちばん年長の子どもが、性別に関係なく王位を受け継ぐことになる。最初にこの制度を確立したのは1980年のスウェーデンだった。その後、ほかのほとんどのヨーロッパの君主たちはこれに倣い、イギリスも2015年から絶対的長子継承制を施行している。

ガーナのアシャンティ王国の皇太后　2001年

歴史を変えた女性
絶大な影響力を誇った女性統治者

ク・バウ（紀元前2400年頃）　シュメール王名表に記されている唯一の女王である。王権を神授された王の名が刻まれた石板であるこの王名表によると、ク・バウはキシュ（現イラク共和国テル・アル・ウハイミルの近く）の女王になる前は酒場の女主人だった。メソポタミアの民はク・バウを女神として崇めていた。

皇后テオドラ（紀元497頃-548年）　熊使いの娘として生まれ、東ローマ皇帝の世継ぎであるユスティニアヌスの愛人となり、525年に結婚した。ユスティニアヌスが527年に即位すると、テオドラは皇后となり、夫の頼もしい助言者となった。自分専用の王宮と紋章をもち、その強い影響力で離婚法の改正も行った。

マルグレーテ1世（1353-1412年）　デンマークの王女で、10歳のときにノルウェー王と結婚し、一人息子のオーロフをもうけた。1375年に父のデンマーク王が、1380年に夫のノルウェー王が相次いで死去すると、息子のためにデンマークとノルウェー両方の王位を確保し、息子の代わりに統治した。1387年、息子のオーロフが死去すると、摂政となって両国を治め、1388年にはスウェーデンも統治し、1397年に3王国によって結ばれる同盟の基礎を築いた。

ザザウのアミナ（1533-1610年）　中世アフリカのザザウ王国（現ナイジェリア北部）の女王。軍事戦術に長けていたアミナは、34年の治世のあいだに軍隊を率いて周辺の数々のハウサ族の土地を征服し、王国のために交易路を拓いた。また1990年代の歴史ファンタジー・ドラマ『ジーナ：戦うプリンセス』のモデルになったともいわれている。

アヒリヤー・ホールカル夫人（1725-1795年）　8歳のときにマールワ（インドのヒンドゥー教の王国）の王と結婚。夫と義父と息子の死後、1767年に統治者となり、軍隊を率いて侵略者と戦い、王国の独立を守った。

女帝キャサリン（エカチェリーナ2世）（1729-1796年）　1744年にロシア皇太子と結婚。野心家で聡明だったエカチェリーナは夫を統治者にふさわしくないと判断し、1762年に夫が即位すると、クーデターを指揮して女帝となった。エカチェリーナはその治世でロシアの領土を52万km²超まで拡大した。

帝国
全土にわたって

ローマ帝国支配下での暮らし

内戦に勝利したオクタウィアヌス（のちにアウグストゥスの称号を授けられる）は、紀元前27年、ローマ帝国最初の統治者となった。以降、紀元476年に西ローマ帝国が滅亡するまで、その広大な領地は皇帝によって、初めはローマで、のちにコンスタンティノープルで治められた。これによって多種多様な人々がローマ帝国の支配下に入ることになり、その法律は、帝国全土で施行された。奴隷制や内縁関係、結婚などの問題が明確に定義されたローマの法律は、何百万人もの男女の生活に影響を及ぼした。

帝政ローマの時代、ローマの女性は投票することも公職に就くこともできないままだったが、徐々に独自の権利を手に入れていった。貴族階級の少女たちは家庭で教育を受けることができ、女性も遺書を書いたり、法廷で自分自身の弁護をすることもできるようになった。クム・マヌ婚（⇨ p.32-33）の衰退に伴い、夫は妻の財産を管理することができなくなり、妻はペイタファミリアス（実家の家長）の支配下にいつづけた。そして妻の父親が亡くなると、妻は独立し、兄弟と同様に財産を受け継ぐことができた。

市民と奴隷

女性には政治的権力はなかったが、社会的地位の高い女性は、政治に影響を与えられる場合もあった。紀元前58年に生まれたリウィア・ドルシッラはアウグストゥス皇帝の3番目の妻で、しばしば夫に助言を与えた。紀元前35年、アウグストゥスはリウィアに、自分の問題は自分で処理できる権利を与え、妻を称えて公共の彫像を立て、自分の死後も妻の地位が安泰であるように、ユリア・アウグスタ（ユリウス家の偉大な女性）の称号を与えた。しかしこれは家父長制の文化のなかで、きわめて異例なケースだった。

平均的な女性はおそらく、料理、子どもの世話と教育、縫い物や糸紡ぎなどをして日々を過ごしていた。それらは女性の生活の重要な一部だった。ローマ帝国の誕生で、上流階級の女性は織物や縫い物の仕事を奴隷に任せられるようになった。奴隷はたいてい、ローマ帝国が征服した、ブリタニアやギリシャ、シリア、北アフリカなどから連れてこられた戦争捕虜だった。教養のある男性の奴隷は、専門的な仕事を与えられる傾向にあったが、女性はたいてい、家事使用人だった。女性の奴隷の扱いは、主人の性格によるところが大きかった。主人に陵辱され、子どもを産まされることもあった。主人と奴隷のあいだに生まれた子どもも奴隷となった。主人はその子どもを自由にすることができたが、実子として認めたり養子にすることはできなかった。奴隷となった女性は非公式な結婚をすることはできたが、公式な結婚で得られるような権利は何も得られなかった。もし奴隷

17.9歳
というのが古代ローマの奴隷女性の平均寿命だった。

▶ **サビニの女たちの略奪**
ローマ神話には、近隣国に住むサビニ人の部族から女性を誘拐して無理やり結婚するローマ帝国の兵士の話が書かれている。しかし実際には、ローマの兵士は征服した土地の女性を強姦しており、未来の花嫁ではなく単に戦争捕虜と見なしていた。

帝国全土にわたって 39

◀ **対等な夫婦関係**
テレンティウス・ネオという名のパン屋の主人とその妻を描いたこのフレスコ画は、紀元55年から79年にポンペイで描かれたものである。妻は鉄筆と書字板をもっていることから、読み書きができ、おそらく夫の商売を助けていたと思われる。

人物伝
ブーディカ

紀元30年頃、王族に生まれたブーディカは、プラスタグス王と結婚してケルト人イケニ族の女王となり、紀元60年頃のローマ帝国のブリタニア支配に抵抗した。ローマに征服され、財産を取り上げられ、娘たちを強姦されたブーディカは、反乱軍を指揮したが、ローマ人をブリタニアから追い出すには戦闘技術と武器が足りなかった。そして紀元61年頃、生きたままローマ軍にとらえられるのを避けるために服毒自殺したという説と、病気で死んだという説がある。

女性に子どもができたら、それは主人の財産であり、その子どもも奴隷となった。

初期のキリスト教徒の女性

キリスト教に改宗したコンスタンティヌス大帝が紀元337年に死去して以降、キリスト教は法的にローマ帝国公認の宗教となった。建前上、キリスト教への移行はローマの女性の地位を改善したとされ、女性たちは宗教への積極的な参加をより奨励されるようになった。たとえばコンスタンティヌス大帝の母親であるヘレナ皇后は、キリスト教布教のために多大な貢献をし、聖書にまつわる遺物を探してエルサレムまで旅に出たりもした。しかし現実には、女神が存在せず、教会や社会での女性の役割が厳密に規定されているキリスト教は、従来の多神教よりもずっと男性優位主義であった。

40　家父長制の誕生

母性と
結 婚

メソアメリカの社会

　メソアメリカとして知られる中米とメキシコの古代社会では、女性の価値は母親としての役割と結びついていた。しかし一般的に女性は男性に従属する立場であった一方、社会で重要な役割も果たしていた。この現実は、メソアメリカの女神たちにも反映されていた。たとえばジャガーの女神イシュ・チェルは、出産と医療と織物を司り、嵐と洪水を引き起こす力をもっていた。メソアメリカ社会では、日々の仕事の多くに霊的な意義が染み込んでいた。たとえば、腰機（こしばた）を使う織物や糸紡ぎは女性の仕事だったが、創造性を再現する儀式と見なされていた。

　メソアメリカの人々は、母性が女性に神の加護を与えると信じていた。出産で亡くなった女性はすぐさま天国に行けると見なされ、出産の際に体にかかる負担は（死の危険も含め）、男性にとっての戦場での危険に匹敵すると考えられていた。創造性や母性を崇拝する考え方は、女性の見た目にも影響を及ぼした。メソアメリカでは男女ともにタトゥーを入れたが、女性が顔や体を、東や日の出、再生を意味する赤い色で飾ることはしばしばだった。

暮らしと愛

　紀元前1200年頃から栄えたオルメカやマヤなどのほとんどのメソアメリカ文明では、男性が外に出て狩りをし、女性が家庭菜園の世話をしたり、食料の採集や調達をするのが一般的だった。なかには土器をつくったり、治療師や助産師として働いたりする女性もいた。メソアメリカの統治者はほぼ男性だったが、統治者の未亡人や配偶者、あるいは未成年の皇太子の摂政として、女性が政治的権力をもつ場合もあった。カベル女王は紀元672年に王と結婚したあと、ワカ王国（現グアテマラ北部）のカロームテ（最高の戦士）となった。この称号は国王である夫よりも強い権威を示していた。女性が独力で国を統治することはまれだったが、何人かの例外はいた。たとえばシックス・スカイ女王は、紀元682年から741年まで都市国家ナランホ（現グアテマラ）を統治し、数多くの敵の襲撃を阻止し、息子が成人するまで摂政を務めた。女王が建てさせた石碑には、戦争捕虜の上に誇らしげに立つ女王自身の姿が描かれており、当時の女性を描くには珍しい描き方である。

　メソアメリカの人々が極端なまでに外見を変えていたことは、考古学的証拠から明らかだ。さまざまな彫刻や彫像から、男女どちらにとっても、理想的な外見は長い鼻と寄り目、傾斜した額だったということがわかる。長い鼻は、人工的な鼻梁をつけることで実現できたが、寄り目については、髪に小さな玉を結びつけて目の前に垂らすことで実現させた。傾斜した額は、幼少時に子どもの額に木の板をくくりつけて変形させた。メキシコのユカタン半島にあるヤシュナ遺跡で見つかった頭蓋骨を分析した結果、こうした頭蓋の変形は、男性よりも女性に多く見られた。

　外見への関心が高かったにもかかわらず、結婚は愛情や肉体的な魅力に基づいたものではなかった。共同体の利益が個人の利益を上まわっていたのだ。つまり、結婚は2人の人間が一緒になる

> 古代メソアメリカでは
> **4人中**
> **3人**が
> 農業に従事し、
> おもにトウモロコシを
> 栽培していた。

◀ 出産の女神
ジャガーの女神イシュ・チェルは、マヤ神話では強大な力をもつ女神だった。醜い老女の姿で描かれ、発汗浴を司る。マヤの女性はしばしば発汗浴の浴場で出産した。

▶ **女性の小像**
メキシコのハイナ島から出土したこの土偶は、紀元600年から900年にさかのぼり、海の女神を表現していると考えられている。メソアメリカ芸術における女性の小像が数多く現存していることから、こうした小像は家庭内で神を崇めるために、女性がおもにつくったものだと学者たちは見なしている。

のみならず、2つの親族、もしくは2つの都市国家のあいだで交わされる契約だったのである。結婚はつねに、双方が思春期に達して以降、女性が10代後半もしくは20代前半のときに執り行われた。最初の数年、夫婦は妻の両親と暮らし、その後、夫の両親の家の近くで独立した家庭をもった。未亡人は再婚ができたが、再婚の儀式はとくになかった。プロポーズの際は、男性が結婚したい女性の家を訪ね、そこで女性が食事でもてなせば、夫として受け入れられたことを意味した。

「［カベルは］両家の同盟という大義のために結婚させられた」

トレイシー・アードレン　考古学者　カベル女王の墓の発見に寄せて

戦う女王

古代アフリカの王国

サハラ以南ヌビア地方の王国の主神は、ヌビア人にはアマニの名で知られるアメン神であったが、女神イシス（⇨ p.18-19）も崇拝されていた。ヌビア人は、神話のなかの母であり王たちの妻であるイシス神のためだけに、たくさんの神殿をつくった。イシス信仰のおかげで、ヌビア女性は神官として重要な役職に就くことができるようになった。ヌビアの王位継承が母系だった可能性は、多くの学者が指摘しており、なかにはそれが古代アフリカにおけるイシス信仰の影響だと考える者もいる。たとえ王位継承が母系でなかったとしても、次の統治者を決める際に女性が重要な役割を果たしていたことは、考古学的証拠から明らかだ。

クシュの女王

ヌビア地方のクシュ王国は、ナイル川西岸の現スーダンにあたる場所に、紀元前1000年頃に興った。紀元前300年までに、首都はメロエに移り、強力な女性統治者の時代が始まった。王の母や姉妹にはカンダケ（女王）の称号が与えられたが、独力で統治する女性はクォレ（王）と呼ばれた。そのような王の一人、シャナクダケテは紀元前200年後半に王国を統治した。その夫は共同統治者というよりは単なる配偶者と見なされていた。ヌビアの女王たちは王と同じくらい辣腕で、戦争を指揮し、神殿を建て、祈念碑を立てた。歴史上ヌビアが最も繁栄した時代に、国を統治した女性も何人かいる。カンダケであっても強大な権力をふるうことは可能で、ナガー遺跡のアペデマク神殿には、戦いのために着替えるアマニトレ女王が浮き彫り彫刻で描かれている。
アフリカの女王戦士に民衆が置

▼ **地位の象徴**
女王アマニシャケトのピラミッドで見つかった宝飾品。こうした優美な金の腕輪などは、ヌビアの女王の富と地位を証明している。紀元前1世紀にアマニシャケトが身につけたこの腕輪には、翼をもつ女神ムトの装飾が施されている。

10人の女王が紀元前300年から紀元200年のあいだ、クシュ王国を治めた。

◀ 異国の人々
エジプト人がヌビア人をどのように見ていたかがわかるフレスコ画。高い身分の女性が雄牛の引く荷車に乗っている。隣国エジプトと違って、ヌビアでは女性にも統治権や王位継承権が与えられていた。

いていた信頼は、一般女性の地位を押し上げてきたともいえる。考古学的証拠についていえば、ヌビアの古代の君主たちの暮らしぶりを示すもののほうが、その統治下にあった一般女性たちの暮らしぶりを示すものよりもはるかに多い。女性が、階級にかかわらず積極的に自らの役割を果たしていたことを示す証拠も見つかっている。また財産を所有したり売ったり、事業を運営する権利ももっていたことがうかがえる。王族と遠縁の身分ではあるが、地方役人として行政権をふるう地位までのぼりつめた女性の例もある。また家庭の管理者や食物の生産者として、女性は労働を引き受けるだけでなく、何をどこでどうやって栽培するかといった重要な決断も下してきた。共同体全体の福祉にきわめて重要な問題について、女性もある程度の采配をふるえたという事実は、王族でない女性であってもいくらかの権力を手に入れることができたという考えを裏付けている。このことは、母系の名付け習慣を見ても明らかだ。つまり子どもは父親よりも母親の名前をつけられることが多かった。

母権制社会の衰退

確かな証拠が少ないので、古代アフリカの王国での女性の地位を過度に高く見積もりすぎないことと、女性統治者の特異な例に必要以上に注目しないことは重要である。とはいえ、古代アフリカ社会において母権制が重要だったことは明らかだ。しかしその状況は長くは続かず、イスラム教や植民地主義、そして大部分はキリスト教といった外力に徐々に浸食されていった。

人物伝
アマニレナス

女王アマニレナスは玉座はもちろん戦場からも国を統治した。紀元前24年、ローマ皇帝のアウグストゥスがヌビア人に税を課そうとしたとき、アマニレナスは3万の強力な軍隊を率いてアスワンのローマ軍の砦を占拠し、その戦いで片目を失った。そのお返しに、アウグストゥスの彫像を破壊し、砦を出入りする人々に踏みつけられて蔑まれるようにと、その頭部を砦の出入り口に埋めた。ギリシャの著述家ストラボンはアマニレナスを「この女王には性別を超越した勇気があった」と評した。

44　家父長制の誕生

「私たちは弓矢も射れば槍も投げ、馬にも乗る」

アマゾネスの戦士
ヘロドトス著『歴史』紀元前 440 年

▶ **戦う女性**
アマゾネスの戦士のブロンズ像。運動選手のようなたくましさと、伝説的な部族がもっていたとされる戦闘技術が見事に表現されている。

時代を超えて

戦争

　古代と中世の歴史を通して、女性が実際に戦闘の場に出ることはめったになかった。しかし、戦争がおもに男性の活動だったとはいえ、例外的に卓越した女性が戦場で戦うことは、多くの文化圏で見られた。なかには飛び抜けて有能なひと握りの女性が、軍隊を率いることもあった。

◀ **ピクト人の女性**
帝政ローマ時代、スコットランドの部族には男女ともに戦士がいた。ローマ人は彼らを、その体に入れられた模様にちなんで、〈ピクト〉すなわち〈入れ墨をしている人々〉と呼んだ。

　女戦士はまれな存在だったが、戦争の女神は世界中の神話に繰り返し描かれている。エジプト神話には、獰猛な雌ライオンの姿で戦いのさなかにファラオを守る、女神セクメトが登場する。またイギリスの宗教学者エドワード・ムーア著の『ヒンドゥー教の神々』には、トラにまたがって10本の手に武器を握り、邪悪な力と勇敢に戦う女神ドゥルガーの姿がたびたび描かれている。アマゾネスはおそらく、最もよく知られた女戦士の集団であり、ギリシャ神話のなかで不朽の名声を得ている。戦闘好きな女性部族であるアマゾネスは、弓を射ったり槍を投げたりしやすいように右胸を切り落としたといわれているが、赤ん坊に乳を飲ませるために左の胸は守った。

　これらの女戦士はいずれも神話のなかの存在だが、現実にもいくらか根拠があると考えられている。アマゾネスの神話は、中央アジアの遊牧民で紀元前7世紀までに東ヨーロッパに移り住んだスキタイ人の伝承に基づいている可能性がある。スキタイ人は馬に乗って戦い、弓矢の名手だった。スキタイ人の埋葬塚を考古学的に分析した結果、3分の1を超える女性が武器とともに埋葬されており、骨には戦いの傷痕が見られ、スキタイの戦士が女性だったことがわかる。

　アジアで伝説的に最も有名な女戦士は、紀元4世紀か5世紀の中国に存在したといわれる木欄（ムーラン）だろう。ムーランは男に変装して軍隊に入り、10年以上も戦った。将軍の地位まで登りつめ、部下に本当の性別を明かしたあとも、華々しい勝利をあげつづけた。ムーランの伝説は多くの本や

1998年制作のディズニー映画に、創作の閃きを与えたが、もとになった歴史上の実在の人物はおそらくいないと考えられている。とはいえ男に変装して戦った女性は実在した。たとえば12世紀のモロッコの王女ファンヌは、男に変装し、マラケシュに侵入してきた敵軍と戦った。古代や中世には、男に変装することなく戦場で戦い、軍隊を率いた女性もいた。たとえば中国の皇后、婦好は自ら将軍として軍を指揮した。

指揮を執る

古代と中世の時代、軍隊を率いた女性は世界中に存在した。13世紀後半に敵国と戦って命を落としたインドの君主、ルドラマ・デーヴィも、そうやって自ら軍隊を指揮した女性の一人だ。また、男性の指揮官が不在のために女性が指揮を執ることもあった。たとえば1226年から1236年までフランスで摂政を務めたブランシュ・ド・カスティーユは、王室軍の指揮を執った。とはいえこれらの女性たちは例外であり、ほとんどの場合、女性君主であっても軍隊の指揮や戦闘そのものは男性の将軍に任せるのが一般的だった。

歴史を変えた女性
勇敢な戦士たち

カリアのアルテミシア1世（紀元前5世紀頃） 都市国家ハリカルナッソス（現トルコ）とエーゲ海のいくつかの島を統治した。ペルシア王クセルクセスが紀元前480年にギリシャに進軍した際はペルシア側につき、サラミスの海戦でギリシャ艦隊と戦わないよう助言したが、クセルクセスは従わず、大敗を喫した。艦隊を率いていたアルテミシアは戦いを生き延び、以後も死ぬまでカリア地方を治めた。

徴姉妹（チュン）（-紀元43年） 側（チャク）と弐（ニ）の徴姉妹は、漢に支配されていた時代のヴェトナム北部に生まれた。側の夫が漢に処刑されると、側は妹とともに異国支配に対する抵抗を扇動しはじめた。紀元39年、姉妹は民衆を率いて漢への反乱を指揮し、ヴェトナム北部の大部分の支配権を手に入れた。しかし漢は反乱を鎮圧し、43年、姉妹は敗北から逃れるために入水自殺した。

ディヒヤ・アル・カーヒナ女王（7世紀頃） ベルベル人の部族長の娘として生まれた。680年代にベルベル人の指導者となり、マグリブ地方に支配を広げてきたアラブ人に抵抗した。〈ベルベル人の女王〉の異名を取ったディヒヤはアラブ人を打ち破り、撤退させた。しかしふたたびアラブ人に攻め込まれ、702年頃、敗北を喫し、戦いのさなかに命を落としたといわれている。

キエフのオリガ（-969年） 東スラヴのキエフ大公国イーゴリ大公の妃。945年のイーゴリの死後、摂政となった。夫を殺害した部族の長との再婚を拒み、その部族を攻撃して反乱分子を惨殺した。968年、息子の遠征中には、中央アジアからの遊牧民の侵略からキエフを守った。

トスカーナ女伯マディルデ（1046-1115年） 北イタリアの大貴族の娘。1052年の父の暗殺で領地を受け継いだのちは、領内を滞りなく治め、ときには武具に身を固めて自ら軍隊の指揮を執った。

ジャンヌ・ド・フランドル（1295頃-1374年） ブルターニュ公国の公爵夫人。1341年から1365年のブルターニュ継承戦争で決然と軍隊を指揮した。夫の地位と息子の地位を守るために武器を取り、町に繰り出して地元の女性たちに、スカートの裾を切って戦いに加わるよう促した。そして先陣を切って敵陣を焼き払い、〈炎のジャンヌ〉として知られた。

▼ **恐れを知らぬ侍**
巴御前（ともえごぜん）は、日本の部族間抗争である源平合戦で名を知られるようになった女武者である。男の武士たちを率いて戦いに臨み、弓と太刀の名手だった。

純潔、敬虔、そして財産

600-1500 年

　現代社会、とりわけ現代西欧社会での中世の女性に対する印象は、貞節、従順、自主性のなさ、がおもなところだろう。宗教、習慣、法律などの面で女性は制約を受け、多くの女性の人生は妻、母、働き手としての義務に支配され、その労働にいかなる対価が支払われようとも、それはすべて夫のものとなった。しかし女性はつねに、従来の固定概念である貞淑で、従順で、従属的な妻や娘のイメージを守っていたわけではなかった。中世社会にも、驚くべき範囲の自由を手にしていた女性は存在し、歴史的文献にも強い女戦士や宗教的指導者、資産家の話はちりばめられている。

48　純潔、敬虔、そして財産

唐
支配下の特権

▲ **女性の従者**
唐の時代、墓室の扉には、生命力と守護者と役人を表す一対の素焼きの像が置かれた。女性の墓から出土したこの像は、9世紀の宮中の侍女をかたどった対の像の一つ。

中国の黄金時代

　唐王朝（618-907年）はしばしば中国文明の黄金時代と呼ばれる。この時代の女性、とくに上流階級の女性はさまざまな権利や特権を謳歌し、政治的な要職は貴族が独占していた。最も有名なのは、中国史上唯一の女帝である武則天で、自ら聖神皇帝の称号を名乗り、690年から705年まで国を治めた。

　長安（現西安）の都で強い影響力をもっていた女性もいた。8世紀初め、皇女には自分で何らかの事業を立ち上げる権利があり、その事業が多大な利益をあげることもあった。武則天の孫娘にあたる安楽公主は、宮廷で1400を超える官職を賄賂と引き換えに与え、さらに1万2000人以上の修道僧と僧侶を、賄賂をもらって昇格させた。利益の一部は、彼女が自ら建設した広大な遊戯園に費やされたと思われる。この遊戯園は外周250kmの人造湖が呼び物だった。安楽公主が送ったような奢侈（しゃし）な生活が、714年の緊縮財政の布告につながった可能性は高く、この政策の施行により、女性は宮廷で贅沢（ぜいたく）な金襴（きんらん）や刺繡（ししゅう）、真珠、翡翠（ひすい）などを身につけることを禁じられた。不幸に見舞われた女性たちも、多くが皇帝の側室となった。ほとんどは反逆罪で死刑を宣告された男たちの親戚だ。側室たちは、宮中の桑の木の世話をしたり絹を織ったりする仕事を与えられた。教養のある女性は多く、なかには高名な学者になった女性もいた。なかでも最も有名な上官婉児（じょうかんえんじ）（664-710年）は、助言者の一人として武則天に仕えたのみならず、詩文のコンテストを開催して審査にあたった。またすべての女性には世襲特権が与えられていたため、財産や称号を後継者に引き継がせることができた。

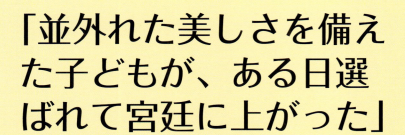

「並外れた美しさを備えた子どもが、ある日選ばれて宮廷に上がった」

白居易　唐王朝の絶世の美女の一人「楊貴妃について」『長恨歌より』

結婚と離婚

唐王朝では、婚姻法によって女性は法的に保護されていた。男性は妻を一人しかもつことは許されず（とはいえ売り買いできる愛人の数に制限はなかった）、一定の条件のもとでしか離婚の申し立てができなかった。その条件とは、（妻が49歳になった時点で）子どもができていない場合、不貞、夫の親族に従わない場合、窃盗、不治の病などである。しかし男性が貧しいときに結婚し、その後夫婦で豊かになった場合や、妻に戻る実家がない場合には、夫は妻を離縁できなかった。もしそのような状況でも離婚しようとした場合、夫は太い棒で100回叩かれた。またもしも妻が夫の合意なしに夫のもとを去ろうとした場合、2年の懲役刑を科せられた。

中国文化は全体的に、まだ家父長制の影響を受けていた。儒教では、女性の居場所は家庭であり、女性は父親や夫、あるいはそのほかの男性親族に従属していると考えられていた。しかしこうした価値観にもかかわらず、唐王朝では多くの女性が自由を謳歌し、同時代のそのほか多くの社会では見られないような影響力を誇っていた。つまり中国の黄金時代は男性だけにかぎられたものではなかったのである。

人物伝
武則天
（則天武后）

624年に生まれた武則天は、13歳のときに太宗の後宮に上がった。太宗の死後、その息子の高宗に見いだされ、宮中で自分より強い力をもつ女性たちを次々と蹴落として権力を手に入れた。一説によれば、第一夫人の地位を手に入れるために、自分の子どもを殺すことまでしたという。高宗の死後は、反乱を鎮圧して帝位を奪い、女帝として独力で国を治めた。705年、息子に帝位を渡すことを余儀なくされ、その後1年足らずで死去した。

◀ **宮中の楽団**
李煜（937-978年）の治世、「韓煕載夜宴図」に描かれた、笛子を吹く宮中の女性たち。笛子だけでなく、阮咸や琵琶などの弦楽器も唐の時代には人気だった。

50 　純潔、敬虔、そして財産

イスラム
の隆盛

▲ **ファーティマの手**
ハムサという名でも知られるこの意匠は、手を図案化したもので、イスラム世界では人気の護符である。ファーティマの手という名称は、預言者ムハンマドの娘ファーティマのような敬虔な女性たちによってもたらされる保護を表している。

> ムハンマドの
> **11人**
> の妻たちは、
> 敬虔な母と
> 呼ばれた。

7世紀のアラブ世界

6世紀のアラビア半島の部族のあいだでは、社会での女性の扱われ方は伝統によって複雑に異なっていた。アラブの多神教信者の男性は、望むだけ多くの妻を娶ることができたが、部族によっては、女の赤ん坊はあまり価値を置かれず、生き埋めにされることもあった。初期のイスラムの伝承には、イスラム教への改宗者が、そうした犯罪に自らも関与したことを嘆く痛ましい話が含まれている。イスラムの隆盛は、アラビア半島の女性の暮らしを根本的に改善した。イスラム教の起源は610年のアラビア半島で、預言者ムハンマドが、メッカと呼ばれる地で神の啓示を受けたのが始まりとされている。それから23年間で、ムハンマドの教えは半島中に広まり、その死後も侵略と征服のおかげで北イタリア一帯と、現在のパキスタンのあたりまで急速に拡大した。

権利と財産

新たな宗教は女性の権利を法制化し、女性たちに特権と自由を与えた。イスラムの聖典コーランのなかで神は、女性は男性と精神的に同等であると説き、預言者ムハンマドは女性を尊敬の念をもって扱った。しかしこうした法律も、イスラムの社会規範のもとに発展した男性優位の文化の影響を受けた。

コーランは女性の社会的地位を保護する法律を制定した。一夫多妻制は非合法ではなかったが、男性がもてる妻の数は、最大で4人までに制限され、「もし公平に扱えない恐れがある場合は一人だけにする」という条件付きだった。妻の数の制限は、初期のムハンマドの支持者の多くから、急進的だと見なされた。コーランでは、女性の財産権も法制化された。女性は親の死で、男兄弟が受け継ぐ財産の半分を受け継ぐことができたが、男性は受け継いだ財産を、家族の面倒を見るために使わなくてはならなかった一方で、女性はそっくり自分のために取っておくことができた。コーランの法律は女性に、結婚に合意する権利を与え、また離婚の権利も与えた。コーランは何人かの女性を崇めており、ヘブライ語聖書とは違っ

イスラムの隆盛 51

て、イヴはアダムの連れ合いであり助力者として描かれている。つまり、アダムの骨からつくられたのではなく、アダムという一つの魂を2つに分けたうちの片方ということである。コーランに出てくるそのほかの有名な女性は、モーセの時代のファラオの敬虔な妻アースィヤ、イエスの母マリア、預言者ムハンマドの娘ファーティマである。

ムハンマドは初期のスンニ派とシーア派どちらの伝承でも、娘のファーティマに特別な敬意を払っていたとされている。〈輝く人〉として知られるファーティマは、コーランとハディース（預言者ムハンマドの言行録）のどちらでも、その純粋さと、父と信仰への献身を褒め称えられている。今日に至るまで、イスラム教徒はファーティマとその子孫を崇拝しつづけているのだ。たとえば彼女の娘のザイナブは、女性に新しい教義を広めたり、男性の親戚とともにイスラム世界を広範囲にわたって旅するなどして、積極的に活動した。ザイナブはまた、兄のハサンが敗北を喫して命を落とした681年のシーア派とスンニ派によるカルバラーの戦いの証人でもあり、その後、征服者によって投獄された。コーランは、ファーティマやザイナブといったムハンマドの女性の子孫に、信仰や勤労の姿勢を見習うよう説いている。

人物伝
ハディージャ・ビント・フワイリド

預言者ムハンマドの最初の妻。ムハンマドはしばしばハディージャを、生涯の恋人と呼んだ。ムハンマドが溺愛した娘ファーティマの母でもある。ハディージャはムハンマドよりわずかに年上で、彼の雇用主でもあった。史実では、その富はアラビア半島のあらゆる男性商人をしのぐものだったと伝えられている。異教徒たちがイスラム教徒に制裁を加えていた数年間、彼らを救ったのはハディージャの富だった。

◀ **コーランの守護者**
当初は記憶のみで伝承されていたコーランの教えが、書物として保存され、分配されるようになったのは、650年代のことである。ムハンマドの妻の一人、ハフサ・ビント・ウマルが最初にコーランを編集し、原典版を守ったという説を、何人かの学者が唱えている。この手書きのコーランは12世紀にモロッコでつくられたものである。

太平洋の島々
の暮らしと指導者

▲ **音楽**
フルートに似た木製のマオリの楽器、プトリノの音色は、音楽を司る女性の先祖の霊、ヒネラウカタウリを象徴しているといわれていた。プトリノは1800年代半ばには廃れたが、マオリの音楽家がふたたび紹介している。

島の伝統

ヨーロッパの人々がやってくる以前の太平洋の島々の文化には、数千年の歴史がある。太平洋の島々への移住は、紀元前3000年から1000年のあいだに東南アジアから始まった。人々は最初にメラネシア（パプアニューギニア、ニューカレドニア、フィジー、サンタクルーズ諸島、ヴァヌアツ、ソロモン諸島）への定住を始め、次にミクロネシア（マーシャル諸島、パラオ、マリアナ諸島）へと進出し、最終的にはポリネシア（ニュージーランド、トンガ、サモア、ツバル、ハワイ、クック諸島、マルケサス諸島、タヒチとボラボラ島を含むフランス領ポリネシア、イースター島）まで到達した。

島と島の距離が離れているため、島同士の連絡は間遠になり、それぞれの島の社会は独自に発展していった。とはいえ、それぞれ異なる文化が発展したものの、男女の役割分担に関しては、多くの島で共通していた。深海での漁と、ココナッツやパンノキなどの栽培はおもに男性の仕事で、耕作や沿岸での漁、織物製品や敷物、薬、装飾品など、交易に用いる貴重な品物の生産は女性の担当だった。島の社会での女性の役割には、子どもを産み育てて教育することも含まれていた。

女性の首長

太平洋の島々の社会で一つ共通しているのは、女性の日々の暮らしについて、文書に書かれた歴史的な記録が乏しいことである。ヨーロッパの人々が最初に太平洋の島の人々に接触したとき、探検家たちは女性ではなく男性の首長に会うものと期待していた。そして彼らとの出会いについて書くときに、当時の女性がもっていた高い地位や権力を矮小化した。太平洋の島々の社会では、地位や家柄は、政治的および社会的権力をどれだけ得られるかという意味で、決定的な要因だった。たとえば西欧人がやってくる以前のハワイでは、女性の地位は男性よりも高かった。1375年にクカニロコがオアフ島を治めていた時代から、女性の首長が存在していたのだ。

ほかの島々でも、女性が首長を務めていた歴史は長い。植民地化以前、フアヒネ島（現フランス領ポリネシア）では記録に残っている統治者の半数以上が女性だった。タヒチでは、フランスに支配される以前の最後の国王として、ポマレ4世が50年のあいだ国を統治した。しかし精力的な女性は西欧人の中傷を受け、たとえば18世紀のトンガの首長トゥポウモヘオフォは、狡猾で非道な〈口うるさい妻〉と見なされた。

> 1890年、ラロトンガ島の首長は **5人のうち4人** が女性だった。

▲ **ポリネシアのスカート**
この派手なスカートはチチサカと呼ばれるツバルの踊り用スカートで、タコノキの葉と植物の繊維からできている。踊りの衣装の芸術性は、太平洋の島々では踊りそのものと同じくらい重要である。

52　純潔、敬虔、そして財産

◀ **ロマンティックな景色**
ポール・ゴーギャンによる1892年の『マタムア（むかしむかし）』は、のどかな太平洋の島の風景を描いている。タヒチの美女を性の対象として見ているその描写は、多くの白人探検家が島の女性をどのような目で見ていたかを示す典型的な一例である。

> 「胎児は木になる果物のように子宮にくっついている。花から実ができるときというのは、きわめて繊細なのだ」

トロトゥーラ 女医 『女性の病気』12世紀イタリア

出産という経験

重労働

その結果がどれほど実りあるものであろうと、歴史を通じて、出産というのは危険で、しばしば逃れられないものだった。多くの共同体で、女性たちは母親が新しい命を世界に生み出す負担を和らげようと協力してきた。

出産の歴史は多くの場合、分娩室に誰がいて誰がいないかに目を向けることから始まる。何千年ものあいだ、出産する女性に付き添うのは伝統的に、助産師や同じ女性の仲間だった。オーストラリアのアボリジニの女性は、年かさの女性に付き添われて家を離れ、秘密の場所で出産するのが習わしだった。自然のなかでの出産は、母親と子どもと世界の絆をつくる霊的な経験だと信じられていたのだ。19世紀、カナダ北部のイヌイットの部族は、誰であろうとその場に居合わせた人に出産を手伝ってもらった。年長の子どもたちに対しては出産が隠されることはなく、経験を積む機会と見なされた。夫たちも妻の母親や女性の親戚と同様に、

出産する女性 細密画 500-1500年

助産師としての役目を果たすことができた。今日のナイジェリアでは、多くの女性が地元の教会で、牧師に助産師を務めてもらって出産することを選んでいる。教会という神聖な場所なら、女性は何ものにも邪魔されずに祈ることができ、神との物理的な距離の近さが、複雑さを排除したシンプルな出産をもたらすと信じられているからだ。

痛みの軽減

聖書などの神聖な文書には、陣痛は初めて母となる女性にもたらされる罰だと記されている一方で、陣痛を和らげる方法は、長いこと助産師と母親の双方にとって重要な問題だった。中世ヨーロッパでは、女性はたいていお守りを身につけ、出産する女性のためには特別な祈禱文（きとうぶん）が書かれた。16世紀にスイスの医者パラケルススがアヘンチンキを発明し、1853年にヴィクトリア女王がクロロフォルムを使うようになって、西洋の女性たちは次第に化学的な手段で陣痛を軽減しようとするようになった。そのほかの文化圏では、痛みの軽減に対して別な方法が探られた。アラブの女性は思春期から、西洋ではベリーダンスとして知ら

> 「妊婦は船乗りや馬の乗り手よりもはるかに重大な危険にさらされている」

中国のことわざ

> 「あまりに多くの人々にとって、いまだに妊娠と出産は、自覚し、喜びをもって自ら計画的に行うものというよりは、身に降りかかった突然のことである場合が多い」
>
> シーラ・キッツィンガー『出産という経験』1962年

▲ **分娩台**
歴史上、多くの女性がこの17世紀フランスの椅子のような道具の助けを借りて出産した。この椅子は平らに広げることにより、ベッドや手術台にもなった。

れるラクスシャルキー（東方の踊り）を習った。このダンスには3つの目的があった。まず、若いときからこのダンスをすることで腹筋が増す。またこのダンスの動きは赤ん坊が産道をスムーズに進むのを助けるので、陣痛の痛みが和らげられる。そして周りの女性もみんなでこのダンスに加わることで、母親は自然とほかの女性の動きに倣い、リズムを取ることができるようになる。西ミクロネシアの女性は、出産予定日の1カ月前くらいから、きつく巻いた葉で人工的に子宮口を広げていた。これにより陣痛が軽減され、出産時間がかなり短くなった。

やり遂げる

いまも昔も、出産時の最大の心配は、母子ともに無事に生き延びられるかどうかである。また、新生児の生存には多くの要素が影響する。貧しい女性や奴隷のもとに生まれた赤ん坊は、母親の栄養不良や病気のために、死亡率が高かった。18世紀のアメリカでは、黒人奴隷の赤ん坊の死亡率は50％だったが、いくつかの資料からは、囚われの人生を繰り返させないために、母親が赤ん坊を窒息死させていたことが読み取れる。新生児と産婦の死亡を、なんらかの罰が下されたと見なす社会もある。ユカタン半島では、いまでも夫は出産時に妻に付き添うことを求められ、付き添えなかった場合は、もしも母子が死亡したら夫の責任とされる。

医療器具の発達のおかげで、乳児死亡率は減少した。新生児のおもな死因は、出産時に胎児が産道に挟まってしまうことである。16世紀には、イギリスの産科医ピーター・チェンバレンが鉗子を発明したことにより、胎児を産道から引っ張り出して窒息を防ぐことができるようになった。チェンバレン家はこの発明を17世紀まで秘蔵していたが、17世紀以降、広く一般に普及することとなった。

そのほかの出産手段については、さらに長い歴史がある。たとえば帝王切開は3000年も昔に中国で、2200年も昔にインドですでに行われていた。当初、帝王切開は、産婦が出産時に亡くなった場合、胎児を救うために行われていた。1500年より前までは、外科技術も衛生的な環境もまださほど整っておらず、母体に手術を乗り切らせることができなかったからだ。今日では、衛生学と解剖学の理解が進んだことにより、出産は昔よりもはるかに安全なものとなった。しかし世界の発展途上の地域では、いまだに乳児死亡率は高いままである。

> 「私が赤ん坊を産み落とせるように、夫は木のベッドに穴を開け、その上にカリブーの皮を敷いた」
>
> アッピア・アワ　イヌイット女性作家（カナダ、ヌナブト出身）1992年

56　純潔、敬虔、そして財産

財産と平等

アングロ゠サクソン人の定住

イングランドのアングロ゠サクソン女性は、男女同権を驚くほど謳歌していた。1984 年に発表された独創的な研究は、この時代の女性を、〈現代以前のどの時代にも増して、人生における男性のほぼ対等のパートナー〉と言及している。アングル人とサクソン人は、いずれもゲルマン系の部族で、ヨーロッパ北西部からブリタニアに移住し、ローマ人を追い出した。600 年頃までには、ヘプターキーと呼ばれる 7 王国としてまとまり、9 世紀初頭にウェセックスが主王国となるまで続いた。アングロ゠サクソンの支配は、1066 年のノルマン征服で途絶えた。

財産権

アングロ゠サクソンの女王の人生については、さほど多くの情報が残っていないが、マーガレット・オブ・ウェセックスや、アルフレッド大王の妃エアルフスウィスなど数人の敬虔な女性たちが、聖人として崇拝された。このことは多くのイギリスの地名に反映されている。たとえばウルヴァーハンプトンは、その設立者である 10 世紀の貴婦人ウルフランにちなんで名づけられた。女性たちは紛争を解決するために法廷に問題をもち込んだり、契約を結んだりすることができた。後世に残っているアングロ゠サクソン人の遺言書の 4 分の 1 は女性によるものである。既婚女性は夫とは別の法的身分と財産権をもつことができた。結婚式のあと、夫は妻にモルゲンギフ（朝の贈り物）として現金や家畜、土地、あるいは宝石などを贈り、妻はその贈り物を全面的に自分の権限で管理した。未亡人は再婚を強要されることはなかったが、もし再婚した場合、亡くなった夫の財産の一部を手放さなくてはならないこともあった。女性の権利の重要な尺度を示す離婚は、上流階級のアングロ゠サクソンの女性には一般的なことだった。離婚法でも、女性に全面的な子どもの養

▲ 凝った装飾の小物
マントやショールが落ちないように肩で留める女性のブローチは、男性のものよりもはるかに凝った装飾が施されていた。このブローチは、イングランド南東部、ケント王国の女性の墓から見つかった。

▲ 全裸での抗議
伝説によれば、11 世紀、ゴダイヴァ伯爵夫人は夫のマーシア伯が領民に要求する過酷な税に抗議して、コヴェントリーの街を裸で馬に乗って行進したといわれている。

「彼女は……〈深い信仰心と行動の人、マーガレット〉と呼ばれた」

テュルゴー主教『聖マーガレットの生涯』12 世紀

財産と平等

育権が保証されていた。この時代の女性の役割は、ガードルハンガーに象徴されており、アングロ＝サクソン女性の墓から多くのものが見つかっている。ガードルハンガーとは、女性のガードル（腰帯）からぶら下げる、独特の細長い鍵の形をした金属で、本物の鍵ではなく、その女性が家庭を支配していることを表していた。

しかしノルマン征服がすべてを変えた。征服王ウィリアムの支配下では、土地の所有は王の軍隊に仕えることが条件となった。そのためウィリアムとその後継者たちは、土地の所有者が男性であることを好み、女性の財産権は剥奪された。女性の財産は夫が管理するようになり、土地の所有権を手に入れたいと思う未亡人は、国王に罰金を払って許可を得なくてはならなくなった。こうした権利の喪失は、その後数百年にわたって続き、イングランドの女性が独自の財産権をふたたび手にすることができるようになったのは19世紀になってからだった。

人物伝
エゼルフリダ

ウェセックス王であるアルフレッド大王の長女エゼルフリダは870年頃に生まれ、のちにマーシア太守エゼルレッドと結婚した。王国の北部はヴァイキングと国境を接しており、つねに戦争が絶えなかった。当時にしては珍しく、エゼルフリダはマーシアの統治に関わり、911年に夫が亡くなると、単独の統治者となった。エゼルフリダはデーン人の支配から土地を取り戻そうと、何度か戦いをしかけたが、再征服を果たせずして918年に亡くなった。

◀ **仕事仲間**
アングロ＝サクソンの女性はおもに糸紡ぎや機織り、刺繍を担当していた。地域で共有の機織り小屋は、女性たちにとって職場であると同時に社交場でもあった。

純潔、敬虔、そして財産

京都
の宮廷生活

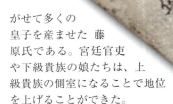

平安時代の日本

平安時代（794-1185年）は、日本が中国の影響から脱して、日本独自の生活様式を確立した時代といえる。また詩歌や芸術、文学が花開いた時代として知られ、この日本文化の黄金時代には、女流歌人が中心となって活躍した。漢文に慣れていないこの時代の女性たちは、庶民の言語である仮名で文学を著した。そのため、女流歌人による和歌や、日々の暮らしについての随筆は、広く世間に知られる読み物となり、日本のすぐれた文学のさきがけとなった。

結婚の政治学

平安京の宮廷での結婚はあらかじめお膳立てされたもので、上流階級の女性たちは政略結婚の道具にされた。上級官吏の家の女性は結婚後も家族のもとにとどまり、夫と妻は離れて暮らすか、妻の実家が夫を息子として受け入れるかだった。つまり、夫婦が夫の実家で暮らす社会とは違い、平安時代の女性は、財産を受け継ぐことができたということだ。男性だけが一夫多妻制を取ることができたが、女性も秘密裏であれば愛人をもつことができ、離婚や再婚の申し立てもできた。女性は貴族や官吏と結婚した場合、子育てや家庭の切り盛りに身を捧げた。貴族の家庭は娘の結婚を、より高い政治的地位を得るために利用した。有名なのは、娘たちを皇室に嫁がせて多くの皇子を産ませた藤原氏である。宮廷官吏や下級貴族の娘たちは、上級貴族の側室になることで地位を上げることができた。

毛筆や和歌の得意な女性は多くの男性を惹きつけた。外見の美しさも重要で、顔を白くするおしろい、歯を黒く染めるお歯黒、小さく赤く描いた口、眉を剃って額の上のほうに描き直す引き眉などの化粧法について、平安時代の女性作家が描写している。お歯黒は奈良時代（710-794年）に習慣となった。最初は貴族階級出身の少女が、思春期にさしかかったことを示すために施したものだったが、後年には既婚女性の習慣となった。表面的には、お歯黒は性的魅力を高めると考えられていた。

作家と指導者

平安時代の多くの文学作品では、宮中の貴族女性や高級娼婦の暮らしに光が当てられている。最も有名な、11世紀の紫式部による『源氏物語』は、世界で最初の小説であり、世界文学の傑作であると広く認識されている。同時代の清少納言も、『枕草子』（1002年）で平安時代の宮中の生活を生き生きと描いた。その鮮やかで独創的な散文は、10世紀後半の日本の貴族社会をウィットに富んだ鋭い視点で洞察している。藤原道綱母による『蜻蛉日記』（974年）は、宮廷官吏の夫、藤原兼家との不幸な結婚生活を長々とつづった記録である。

女性は文化面で突出した才能を見せた反面、政治における役割はかぎられていた。古代の日本

> **平安時代の最も重要な作家は950-1050年に活躍した女性たちだった。**

◀ **民衆のヒロイン**
12世紀の日本のヒロイン袈裟御前を描いた後世の浮世絵。洗髪という日常的な風景が描かれている。家族の名誉を守るために自分の命を犠牲にした袈裟御前の物語には、この時代の道徳観が映し出されている。

◀ **仏陀の素質**
大乗仏教の教えである法華経の経文が書かれた「肩面法華経」。背景に、木のそばにたたずむ2人の女性が描かれている。女性には仏陀になる素質があると、経文は説いている。

▼ **宮中の物語**
紫式部は『源氏物語』のなかで、自分を取り巻く宮中の暮らしでの男女の人間関係、社交界の陰謀、結婚の政治的駆け引きについて鋭く描いた。昔から変わらず人気を博している小説の一場面が、この大和絵に描かれている。

には女性の統治者もいたが、平安時代の初期までには、女性が政治の場で発揮できる力は弱まっていった。しかし統治者の母親としては影響力をもちつづけ、天皇の母や天皇の未亡人(皇太后)として正式に地位を認められることもあった。

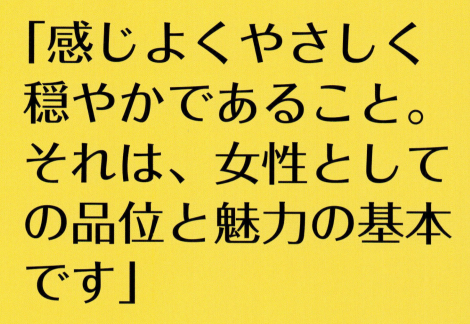

「感じよくやさしく穏やかであること。それは、女性としての品位と魅力の基本です」

紫式部『紫式部日記』11世紀日本

礼儀作法の訓練

平安時代の日本女性は、美しくしとやかであることを期待されていた。後世に描かれた左の絵に見られる、宮中の女官、紫式部の書いた『源氏物語』は、小説としてすぐれているのみならず、平安時代の宮廷生活への鋭い洞察にもあふれている。源氏物語は54もの章から成り、平安時代の宮中の人間関係が描かれ、求婚や求愛に影響を与える礼儀や品位がどういうものかを教えてくれる。たとえば和歌のやりとりは、求愛の礼儀作法の基本の一つだった。また男女はたとえ行為の最中でも、互いの裸を見ることを嫌った。紫式部のような高貴な女性は、慎ましくまっとうな暮らしを送っており、絹の着物をまとった体は、御簾やついたてで男性の目から隠されていた。

純潔、敬虔、そして財産

北欧神話と現実

ヴァイキング時代

　中世アイスランドの神話には、強い女性が数多く登場する。これはヴァイキング時代（800-1100年）のスカンディナヴィアの女性が人々から尊敬を集め、かなりの影響力をもっていたことを示唆している。しかし実際は、女性には法的権利がほとんどなく、公共生活でも公的な役割は与えられていなかった。訴訟で証人になることもできず、主要な政治機関である議会での発言権もなかった。そのため女性の権威はある程度、個人の人格の力によるところが大きかった。ヴァイキング社会は階層的だった。貴族階級の女性は貴族階級の男性よりも地位は低かったが、それ以下の階層の人々と比べれば、性別に関係なくすぐれた人間と見なされていた。

役割の分担

　ヴァイキング時代のスカンディナヴィアでは、性別による役割がきっちりと決まっていた。男性は田畑の耕作、狩り、交易、釣り、戦いが担当だった。また、金属の鍛錬や大工仕事などの力仕事も独占していた。一方で女性の生活は、家庭と家族の農場が中心だった。おもな仕事はパンづくり、酒の醸造、糸紡ぎ、機織り、服づくり、牛の乳搾り、バターづくりなどだ。女性たちはまた、子どもや病気の家族の世話もした。

　裕福な家庭の女性は使用人や奴隷を置くことができ、夫が仕事や戦争で留守にしたときは、家族の土地全般を管理した。妻は家や金庫の鍵を、家庭内の権威のシンボルとしてベルトにつけ、家族の幸福に影響を及ぼす決断については、夫から意見を求められることもあった。女性はまた、多神教の宗教においては、豊穣の女神フレイヤから授けられたといわれる危険な魔術、セイズの実践者として特別な役割を果たしていた。フレイヤは女性に予言の能力を与えたといわれている。性差は死後もそのまま続くと考えられていた。ヴァイキングの人々は、死者の墓に性別に適した副葬品を入れた。男性の墓には武器や道具、女性の墓には

▲ **過ぎ去った時代の名残**
ノルウェーで見つかったこの写真のようなブローチは、ヴァイキング女性の墓の特定のために重要だった。装飾的なだけでなく、重ねた布を所定の位置にしっかりと留めることができた。

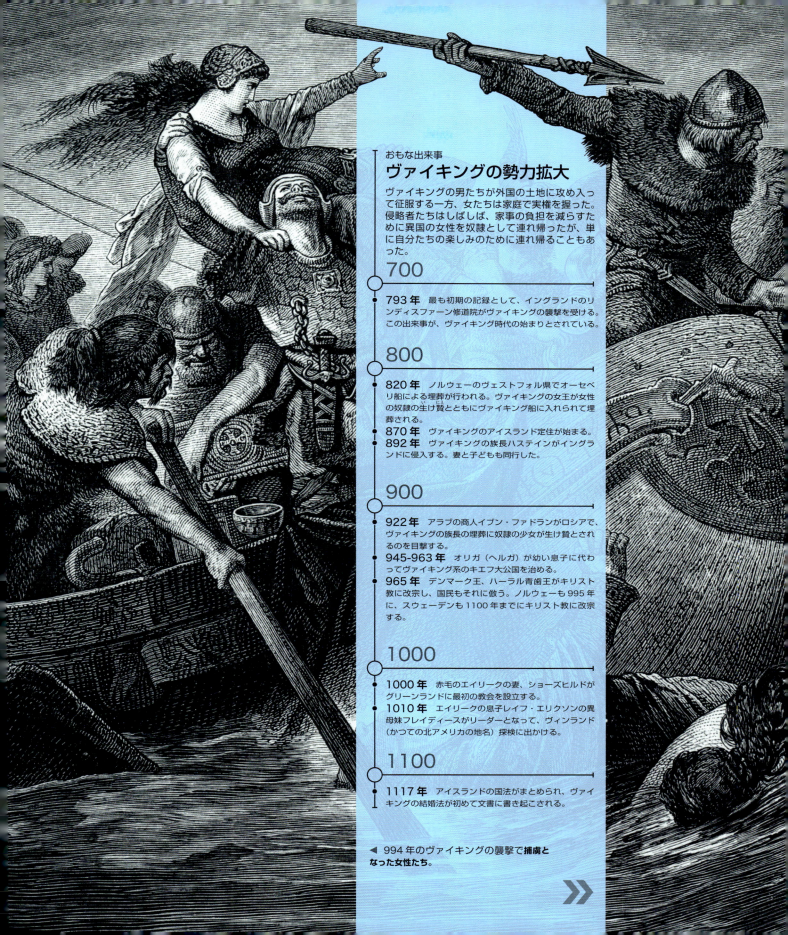

おもな出来事
ヴァイキングの勢力拡大

ヴァイキングの男たちが外国の土地に攻め入って征服する一方、女たちは家庭で実権を握った。侵略者たちはしばしば、家事の負担を減らすために異国の女性を奴隷として連れ帰ったが、単に自分たちの楽しみのために連れ帰ることもあった。

700

793年 最も初期の記録として、イングランドのリンディスファーン修道院がヴァイキングの襲撃を受ける。この出来事が、ヴァイキング時代の始まりとされている。

800

820年 ノルウェーのヴェストフォル県でオーセベリ船による埋葬が行われる。ヴァイキングの女王が女性の奴隷の生け贄とともにヴァイキング船に入れられて埋葬される。

870年 ヴァイキングのアイスランド定住が始まる。

892年 ヴァイキングの族長ハステインがイングランドに侵入する。妻と子どもも同行した。

900

922年 アラブの商人イブン・ファドランがロシアで、ヴァイキングの族長の埋葬に奴隷の少女が生け贄とされるのを目撃する。

945-963年 オリガ(ヘルガ)が幼い息子に代わってヴァイキング系のキエフ大公国を治める。

965年 デンマーク王、ハーラル青歯王がキリスト教に改宗し、国民もそれに倣う。ノルウェーも995年に、スウェーデンも1100年までにキリスト教に改宗する。

1000

1000年 赤毛のエイリークの妻、ショーズヒルドがグリーンランドに最初の教会を設立する。

1010年 エイリークの息子レイフ・エリクソンの異母妹フレイディースがリーダーとなって、ヴィンランド(かつての北アメリカの地名)探検に出かける。

1100

1117年 アイスランドの国法がまとめられ、ヴァイキングの結婚法が初めて文書に書き起こされる。

◀ 994年のヴァイキングの襲撃で**捕虜となった女性たち**。

▲ **豪華な埋葬**
ノルウェーのオーセベリ船。ヴァイキングの女性に関連する最大の発見の一つ。非常に裕福だった女性の墓である。その遺体は、二輪馬車や橇、織物といった贅沢な副葬品とともに埋葬されていた。

拠は存在しないからだ。とはいえ、ヴァイキングの行軍に女性が同行し、戦士の世話をしたことは知られている。また探検の航海に女性が参加することもあった。たとえば、ニューファンドランド島のヴァイキング入植地、ランス・オ・メドーの遺跡の発掘で紡錘車や指ぬきなど、女性に関連する工芸品が見つかっている。これらは、ヴィンランド遠征に女性も参加したという、古代北欧叙事詩『サガ』の一節を裏付けている。

法的地位

ヴァイキング社会では、未婚女性は父親の支配下にあった。結婚は父親と花婿候補のあいだで取り決められ、女性の同意は必要とされなかった。花婿は花嫁に婚資を払い、花嫁の父親は持参金を用意した。結婚後は、婚資と持参金は妻の財産となった。この点においては、ヴァイキングの結婚法は、女性の財産が結婚後は夫のものとなってしまう欧州キリスト教圏の国々よりも、女性に有利だったといえる。また現代のキリスト教の慣例と

宝石、刺繍、編み物道具、家事用具といった具合に。ごくまれに、女性の墓からも武器が見つかることがあるが、歴史学者はそこに重大な意味はないと考えている。女神ワルキューレなど、超自然的な存在であれば女戦士も北欧神話に登場するが、実在の女性が武器を取った歴史的証

人物伝
深慮のアウド

13世紀の『ラックス谷の人々のサガ』における主要登場人物、深慮のアウドは、アイスランド西部のフィヨルド、ブレイザフィヨルズルにヴァイキングが入植を始めた頃の指導者たちのなかで唯一の女性だった。スコットランドのヘブリディーズ諸島で暮らしていたヴァイキング族長の娘で、ダブリン王オラフの未亡人のアウドは、生まれつき権力を与えられていた。だが地元ゲール人の反発に遭い、その地位は不安定になった。アウドは秘密裏に森のなかで船をつくらせ、20人の男を従えて最初はオークニー諸島に、続いてアイスランドに漕ぎ出した。そしてラクサーデールに入植し、自分たちの土地だと主張した。

北欧神話と現実

は違って、もし結婚がうまくいかなかった場合、夫と妻どちらにも離婚を申し立てる権利があった。だがこの権利は、スカンディナヴィアにキリスト教が広まるにつれて、徐々に消えていった。

　ヴァイキングの男たちは誠実さを期待されていなかった一方で、妻の不貞は夫の名誉を汚す深刻な問題と見なされた。もし夫が妻の不貞の現場を目撃した場合、その場で2人とも殺す権利があった。ヴァイキングの侵略者にレイプや略奪はつきものだったが、奴隷ではない女性をレイプした者は不法行為を犯したと見なされた。その反面、奴隷の女性には法的保護はいっさいなく、主人の財産と見なされ、性交の前の合意は必要なかった。ノルウェーのトンスベルグ近郊で出土したオーセベリ船の埋葬に見られるように、奴隷の女性は、死後の世界を歩む主人に付き添うために、生け贄とされることもあった。

「台所のあれこれを思い煩うのは男の仕事ではない」

『ニャールのサガ』3世紀アイスランド

▼ 修復された絵
オーセベリ船から発見されたタペストリー。細部が詳しく描き込まれた高価な副葬品である。槍をもっている女性など、神話のさまざまな場面を描写している。

66 　純潔、敬虔、そして財産

時代を超えて

宗教

世界のほとんどの宗教は、女性の役割を無視した社会の、家父長制的価値観に基づいている。しかし女性の宗教コミュニティーは、多くの信仰にとっていまでも重要であり、なかには女性が司祭や牧師、ラビなどの指導的な役割を担っている場合もある。

▲ **教養のある尼僧**
このフレスコ画は、アッシジのクララによって13世紀に設立されたクララ女子修道会の尼僧たちが、ミサ典礼書を読んでいる姿を描いたものである。この時代、女子修道院は、女性が教育を受けられる数少ない場所の一つだった。

共和制ローマのウェスタの巫女（⇨ p.32-33）から日本の琉球諸島の女性祭司まで、女性はしばしば多くの古代宗教で、さまざまな役割を果たしてきた。ヒンドゥー教などの多神教では、女性の司祭や聖人、教祖は昔から存在していた。しかし一神教は歴史的に、女性が司祭職に就くことを阻止または禁じてきた。1935年にレジーナ・ジョナスがユダヤ教で最初の女性ラビに任命されたくらいで、カトリックや東方正教会など、ほとんどのキリスト教の宗派は、いまだに女性が司祭職に就くことを許していない。

だがプロテスタントは別である。クエーカー教では、17世紀半ばに宗派が設立されて以来、女性の司祭を任命している。また20世紀後半までには、英国国教会、バプテスト派、メソジスト派、ルター派などの多くの宗派で女性司祭が認められている。とはいえキリスト教や仏教で女性が果たす、最もよく知られた役割は尼僧である。宗教によってさまざまな違いはあるものの、ほとんどの尼僧は地域社会のなかで、しばしば隔離された生活を送り、清貧と忠実と貞操の誓いに従う。

初期の尼僧

比丘尼として知られる仏教の尼僧は、紀元前5世紀に仏教が始まったときから存在した。ブッダ自身が最初の比丘尼として、叔母で養母のマハー・パジャーパティー・ゴータミーを任命したという。仏教では、女性もサンガと呼ばれる修行集団に属すことを許されている。だが宗派によっては、男性の権力者に従うために、男性の修道僧よりも多くの誓いを立てなくてはならなかったり、尼僧としてなかなか認めてもらえない場合もある。6世紀までには、欧州や北アフリカ、西アジア一帯に女性キリスト教徒の団体がいくつもでき、俗世間から離れて信仰生活に身を捧げる女性が増え

> 「この道をたどれば、私たちは……宝物を手に入れられる。その代償が高く思われても、不思議ではない」
>
> **スペインの尼僧アビラの聖テレサ**
> 『完徳の道』1583年

宗教 67

▲ **インドネシアの儀式**
このトラジャ族の巫女は、宗教儀式用の装束を身につけている。インドネシア、スラウェシ島の山間地帯に住むトラジャ族の儀式で、女性は重要な役割を担っている。

た。また独自の規則や習慣をもったそれぞれ異なる修道会が、徐々に発展していった。そうした修道会の女性たちは、女性は男性よりも罪の影響を受けやすいと信じている教会の権威者たちに、しばしば疑問を抱いた。また、尼僧は精神的にも身体的にも、男性と同じ戒律のもとで暮らすことはできないと懸念されていたが、実際には多くの女性が男性と同じ条件で暮らしていた。

女子修道院での自由

19世紀以前、女子修道院はその運営や管理に女性が多少とも責任をもつことのできる、数少ない場所の一つだった。また尼僧を受け入れる男子修道院である、中世の二重修道院では、男性修道士に女性が権力を行使できる場合もあった。女子修道院では、集団の義務が個人の義務よりも上に置かれていた。個人で祈りを捧げる時間も別に設けられたが、ほかの義務を妨げてはならなかった。最も重要なのは、日課である祈禱と賛美歌の詠唱だ。多くの女子修道院で、尼僧たちは生計の足しに何かをつくり、外で売っていた。女子修道院は教育、医療、慈善活動の中心として活気もあった（今日、最も大きな女子修道院は、サレジアン・シスターズ扶助者聖母会である）。女子修道院はカトリック、東方正教会ともに、いまでも重要な存在でありつづけている。しかしプロテスタント教会では、19世紀半ばに一度ささやかな復活を見せたが、さほど重要視はされていない。

道徳を遵守する人々
ミャンマーの（ピンク）の尼僧たち

歴史を変えた女性
尼僧と巫女

ヒルデガルト・フォン・ビンゲン（1098頃-1179年）
幼い頃から宗教的な啓示を受け、10代になるまでに、ドイツ西部のベネディクト会系男子修道院で、隠遁生活を送る修道女の団体に加わった。修道女たちはヒルデガルトを指導者に選び、1147年、ヒルデガルトは近隣に独立した女子修道院を設立した。神学、科学などについて著作があり、作曲もした。

孫不二（そんふに）（1119頃-1182年） 51歳で道教の全真教に入信。熱い油を浴びて顔を醜くすることで、性的な悪戯から身を守りつつ、中国中を旅して悟りを開いた。高名な指導者となって女性信者を集め、死後は、不死身になったといわれている。

ランツベルクのヘルラート（1130頃-1195年） アルザスの貴族家庭出身ながら、教育の中心として有名な、フランスのホーエンベルク修道院（のちのモンサントディール修道院）に入る。1167年、大修道院長に選ばれ、生涯その職務を全うした。ヘルラートはまた、科学技術に関する百科事典風の読み物『歓びの庭』の執筆も行った。

シエナのカテリーナ（1347-1380年） 16歳のとき、亡くなった姉の夫との結婚を拒み、信仰生活に身を捧げることを決意。ドミニコ会の会員となったが、家庭で生活し、貧しい人々のために尽力した。21歳のときの宗教的な幻視に従い、イタリア中を旅して平和と宗教改革を説いた。

レジーナ・ジョナス（1902-1944年） ベルリンに生まれた。トーラー、タルムードその他のユダヤ教の教えを学んだのち、1935年に進歩的なラビを説得してラビの資格を与えてもらい、礼拝を行った。1942年、ナチスによってテレージエンシュタット強制収容所（現チェコのテレジーン）に送られ、2年後、アウシュヴィッツで虐殺された。

テンジン・パルモ（1943年-） イギリスに生まれ、インドに移住し、そこで新たな名前を得て、チベット仏教の修行僧となる。10年後、正式に尼僧の資格を与えられ、男性のみの僧院で唯一の尼僧となった。

純潔、敬虔、そして財産

騎士道と宮廷風恋愛

中世ヨーロッパ

貴族や王族の生活の華やかさを物語るものとして、中世ヨーロッパの宮廷で繰り広げられた騎士道と宮廷風恋愛がある。どちらの概念も、上流階級の人々の行動や人間関係に関して、判断の基準となった。騎士道という言葉は11世紀に使われはじめた。昔のフランス語で馬術を意味する言葉だが、戦いや騎士仲間のあいだでの勇敢な行為を表す言葉でもあった。騎士道の最も重要な役割は、騎士が従うべき社会的行動規範である。おもな内容として、教会を信じて保護すること、正当な理由の支持、弱い者の庇護、領主に忠実でありつづけることなどがある。

宮廷風恋愛は、騎士道の一部である。この概念は11世紀の終わりから12世紀の初めにフランスで発展し、騎士は主君の奥方に対し、たとえそれが死を意味しようとも、あらゆる命令に従い、忠実に仕えるべきだとされた。宮廷風恋愛に触発されてつくられた多くの詩や歌には、王に対するのと同じくらい忠実に主君の奥方に尽くす騎士の

◀ **恋愛の文化**
ロマンティックな宮廷風恋愛の一場面が、この刺繍を施された14世紀フランスのハンドバッグに描かれている。若い女性が左手にもっている花輪は純潔を象徴している。

姿が描かれている。騎士の時代にその人気が復活した『アーサー王伝説』では、騎士ランスロットが王妃グィネヴィアの命に従い、王を裏切る。愛は戦いでの技術の向上や偉業の達成につながり、騎士の人格を向上させると考えられていた。

宮廷風恋愛では、ロマンスと、互いに惹かれ合う力が、何よりも重要と考えられていたが、上流社会の人間関係が政略結婚に基づいていた中世の現実に照らせば、矛盾した概念だった。騎士道に基づく行動規範により、騎士たちは女性に敬意を表した。実際には、とりわけ、社会的地位の低い女性に対しては理想どおりにいかないこともしばしばだった。また騎士が町を包囲して占拠したあとでは、レイプや虐殺や略奪は普通のことだった。

「どんな女性でも気高い心をもっていれば、崇拝されるに値する」

マリー・ド・フランス『エキタン』12世紀の物語詩

騎士道と宮廷風恋愛

◀ **恋愛ゲーム**
〈愛の庭〉と題されたこの14世紀の出産祝いの盆は、産褥期の母親に贈り物や食べ物を運ぶときに使われた。男女の音楽家が井戸を囲んでいる風景が描かれている。

騎士道の理想は、恋愛や性的行為に罪の意識を抱くよう信徒に説く、教会の教えにも反していた。しかし宮廷風恋愛を実践している人々は、恋愛や性的行為を罪とは見なさず、そうした経験で得られる喜びを大いに謳歌していた。

女性にとっての騎士道

宮廷風恋愛は、たいてい歌として記録された。その物語は吟遊詩人（ドイツではミンネゼンガーと呼ばれ、オクシタニア〔現イタリアとフランスの一部〕、スペイン、イタリアではトルバドゥールと呼ばれた）によって、宮廷や酒場で語られた。女性の吟遊詩人を表すトロバイリッツという言葉の存在から、女性も同じ方法で音楽をつくっていたことがうかがえる。またティボー・ド・サレノンやディア伯爵夫人などの女性吟遊詩人が、世俗音楽の歴史における最初の女性作曲家となった。

宮廷風恋愛を扱った女性詩人の作品で現存するものは、ほんのわずかしかない。そのうちの一つは、12世紀末のイングランドで活躍した詩人マリー・ド・フランスによる物語詩である。その作品では、どんな問題も戦いで解決しようとする男性の態度が批判されている。たとえば『不幸な男』では、3人の騎士が一人の女性を勝ち取るために競技会を開催し、2人が死んで残った一人は槍の傷のために不能になる。理想的に美化された宮廷風恋愛が、残酷な現実とは矛盾していたことを示す証拠のような作品である。

人物伝
アキテーヌ女公アリエノール

アリエノールは中世で最も権力のあった女性である。1137年、フランスのアキテーヌ公国を受け継ぎ、その年にフランス王ルイ7世と結婚し、夫の廷臣たちに宮廷風恋愛を導入した。1152年、婚姻は無効となり、その2年後、アリエノールは11歳年下のイングランド王ヘンリー2世と再婚した。王妃として、アリエノールは政治で卓越した手腕を発揮し、フランスの領地ポワティエの宮廷では宮廷風恋愛と騎士道を推進した。

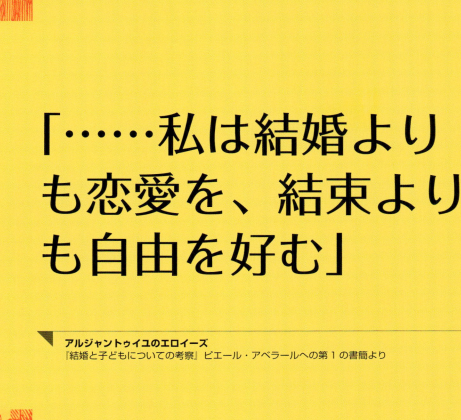

「……私は結婚よりも恋愛を、結束よりも自由を好む」

アルジャントゥイユのエロイーズ
『結婚と子どもについての考察』ピエール・アベラールへの第 1 の書簡より

慣習の拒絶
　アルジャントゥイユのエロイーズは 12 世紀フランスの尼僧で学者である。夫でかつての家庭教師だった修道士ピエール・アベラールとの手紙のやりとりには、2 人の悲恋の物語が記録されている。手紙には、エロイーズの教養の高さと因習に対する侮蔑の念がうかがえることで有名であり、フェミニスト文学の歴史の一角に加えられる。社会的道徳観を満たすために結婚したにもかかわらず、エロイーズはアベラールの愛人でいつづけたほうがよかったと書いている。2 人はもともと理想的な関係を築いており、結婚しても何も足されるものはないと感じていたのだ。また個人的にエロイーズは、結婚とは女性がより経済的に豊かになる可能性のある、契約に基づいた売春の一形態であるという見方をしていた。そして自分のアベラール（左の絵の、エロイーズに学問を教えている人物）への愛は、アベラールがくれるどんなものよりも彼自身を愛しているという意味で、純粋であると考えていた。

純潔、敬虔、そして財産

遊牧民と帝国

モンゴル人の社会

13世紀に広大な帝国を築き、巧みな馬の乗り手としても有名なモンゴル人は、中央アジアの遊牧民である。かつてはユルトと呼ばれる円形テント（モンゴル語ではゲル）を住居として、家畜の牧草地を求めて移動し、男性も女性も家計に貢献していた。女性はユルトを荷馬車に積み込み、次の野営地まで運んだ。また子どもの世話やフェルトづくり、裁縫、料理などの日常業務をこなし、それに加えてすべての家畜の世話や乳搾りも手がけた。馬の世話だけは例外で、男性の仕事だった。モンゴルの女性は、モンゴル人が征服した国々の女性よりもずっと自由を謳歌し、中国の纏足の風習を取り入れることを拒否した。

モンゴル社会では複婚が認められていたが、男系部族の崩壊によって、この風習は19世紀までには廃れていった。もし夫が複数の妻をもった場合、それぞれの妻は専用のユルトをもち、結婚が早かった順に夫のテントの後ろに西から東へ並べた。結婚は、上流階級の場合はとくに、一族と一族の結びつきを強めるために、あらかじめ取り決められたものだった。だがフビライ・ハンの姪で女戦士の皇女クトゥルンは、力比べをして自分を負かせば求婚者と結婚するが、勝てば馬100頭をもらうという賭けをしている。この賭けでクトゥルンは1万もの馬を得たといわれる。花嫁候補が花婿の家族に誘拐され、家畜と引き替えに返されることもときにはあった。その場合、夫の家で生まれた子どもはすべて、夫の一族のものとなった。女性は結婚すると、ボクタという独特の形をした頭飾りをつけた。ボクタには最大で高さ1.5mのものもあった。マルコ・ポーロがボクタをヨーロッパにもち帰ると、流行に敏感な中世の女性たちがこぞって真似をし、エナンと呼ばれる円錐形の帽子を着用するよう

▶ **携帯できる芸術品**
モンゴル人は装飾品を珍重していた。この13世紀の、銀の持ち手がついて豹の図案で装飾された貝殻もその一つである。女性はおそらくこうした装飾品でユルトを飾っていたと思われる。

▼ **影響力をもっていた妻**
フビライ・ハンのお気に入りの皇后チャブイは、夫の治世のあいだ、助言者として高く評価されていた。この絵のチャブイは、ブーツを逆さにしたような形のボクタと呼ばれる頭飾りをつけている。

「彼女たちはみな等しく皇后の称号をもち、それぞれの宮廷をもっている」

マルコ・ポーロ「フビライ・ハンの複数の皇后について」
『東方見聞録』13世紀

遊牧民と帝国

になった。

帝国をつくりあげる

数世紀ものあいだ、モンゴル人は民族同士で争い合い、近隣の土地への急襲を繰り返してきた。だが1209年、指導者となったチンギス・ハンがすべての部族を統合してモンゴル帝国を建国し、それ以降は大ハーンと呼ばれるようになった。その後チンギス・ハンとその子孫は軍事行動を繰り返し、太平洋から中央ヨーロッパまで、2300万km²を超える地域を征服した。蒙古軍の大半は男性だったが、戦闘に参加した女性もいくらかは存在し、なかには指揮官として活躍した者もいた。だがほとんどの女性は、男たちが遠征に行っているあいだ家に残った。上流階級の女性のなかにはモンゴル社会で強い影響力をもつようになった者もいた。チンギス・ハンの年上の妻ボルテは第1皇后で、夫の不在時には国の統治に手を貸した。ソルコクタニはのちに最も傑出したモンゴル人女性と見なされるようになるが、その息子フビライは1260年に大ハーンとなって、中国全土を征服したのち、1271年に中国皇帝となった。フビライの妻チャブイは、彼が最も信頼していた助言者で、中国を夫の帝国に統合することに力を貸し、仏教を推奨した。またマルコ・ポーロの中国での地位向上に手を貸したという説もある。チャブイは高い地位にあったモンゴル人女性の代表的存在であり、歴史上最も広大な内陸帝国の建国に大きな役割を果たした。

▼ **王位の共有**
男性優位社会とはいえ、モンゴル社会では女性もかなりの権力と自由を手にしていた。この14世紀の細密画は、第1皇后のコケジンを傍らに従えて玉座に座る皇帝カザン・ハンが描かれている。

人物伝
ソルコクタニ

モンゴル史上最も権力のあった女性。ソルコクタニはチンギス・ハンの末息子のトルイと結婚し、1232年のトルイの死後は、代わりに領土を治めた。チンギス・ハンの後継者たちに信頼される助言者となり、彼らが遠征中は統治を行った。1240年代の家督争いでは有利な立場に立ち、長男のモンケに権力を受け継がせることができた。モンケは1251年に大ハーンとなった。ソルコクタニの最後の偉業はモンケの暗殺計画を阻止したことである。その直後、ソルコクタニは亡くなった。

▶ **敬虔な女王**
インドの詩人ミラバイはラージプート族の王家出身だが、夫と死に別れたあとは、クリシュナ信仰に身を捧げ、クリシュナの理想的な〈妻〉すなわち熱心な信奉者となった。

詩と権力

東洋の詩

中国では、紀元前600年頃から女性も文学を生み出してきたが、女流詩人の数が飛躍的に増えたのは16世紀に入ってからだった。これは一部には、当時の女性読者の増加によるものと見られている。中国の上流社会で、女子教育が徐々に一般的になってきたのだ。読み書きのできる上流婦人の存在は多くの女性を触発し、上流であるか否かにかかわらず、従来の因習的な女性の身分の枠を超えた、新たな考え方へと導いていった。女性たちは自信をもち、それまではできなかった方法で自己表現をするようになった。

女流詩人は、固定概念にとらわれた男性の作品とは対照的に、斬新で現代的な作品を生み出した。小間使いから側室、高級売春婦、隠遁者、孫のいる老婦人まで、さまざまな女性たちが結婚や失恋、母性、不義、不幸、日々の虚しさなどについて、さまざまな情熱の度合いで詩を書き、変革をもたらそうとした。

こうした変化にもかかわらず、女性たちの前には依然として障壁が立ちはだかっていた。その作品には、社会が女性たちに押しつける制約がどれほどのものかが如実に表れている。16世紀の女流詩人の多くが、たとえば紀元前1世紀の詩人で皇帝の側室だった班婕妤の詩などの古典的な作品を参考にした。班婕妤は、子どもの父親である皇帝の寵愛を踊り子に奪われた。この逸話は、女性の学識が依然として美貌ほど重要でないことを示す苦々しい例としてとらえられていた。

▶ **言葉を巧みに操る日本女性**
この江戸時代の木版画は、毛筆で字を書いている日本の花魁を描いている。花魁の芸術的な才能は、美貌と同じくらい高く評価された。

性的な叙情歌

8世紀から17世紀のインドでは、バクティ運動から女流詩人が誕生した。バクティ運動とは、個人個人のヒンドゥー教の神々への信仰心を強化し、既存の階層社会に立ち向かおうという運動で、多くの詩人がそれぞれの地方の言葉で詩を書いた。バクティ詩人の多くは女性だったが、男性の詩人も女性の視点から作品をつくった。バクティ詩はたいていの場合官能的な内容で、詩人たちは詩という形態を使って（夫や恋人になぞらえた）神を崇めた。最も崇拝されたバクティ女流詩人は、15世紀の神秘主義者で聖人のミラバイで、100もの詩や、神を崇敬する礼拝の歌、バジャンをつくった。

対照的に日本では、女流歌人の活躍（⇨ p.58-59）は、連句や俳句という詩の形態が出現したことにより、14世紀からは衰えていった。連句や俳句をつくるのは男性にかぎられ、女性がつくるのは品のないことと見なされたからだ。しかし17世紀になると、俳句は芸術性を高め、古典への言及や言葉遊びに着目するようになった。

「月明かりに照らされた緞帳の下、音楽が徐々に弱まり、私は探す……」

柳如是 中国の遊女、詩人

純潔、敬虔、そして財産

大災害とその
余波

黒死病

1347年、黒海から12隻の船がイタリアのシチリア島に寄港した。乗組員は命に関わる疫病で死ぬか、死にかけていた。この疫病は、中国やインド、ペルシアなどの東洋の貿易国にも、すでに打撃を与えていた。それから4年以上ものあいだ、疫病はヨーロッパ中に広がり、少なくとも当時の人口の3分の1が亡くなった。世にいう黒死病（ペスト）である。この14世紀の大流行ほど壊滅的な流行はその後ないが、黒死病は18世紀までヨーロッパを荒廃させ、とくに不潔で人口密度の高い都市部では、その猛威はすさまじかった。

多くの人が、黒死病を人間の罪に対する天罰と見なした。修道院の歴史編纂者のなかには、女性のみだらな服装が疫病を招いたのだと主張する者もいた。何千人もの男性が、疫病が撃退されることを願い、社会の罪を償う行為として、裸になって自分を鞭打った。鞭打ちは公開行事で、女性の見物人は、これが治癒につながる行為だと信じ、激励の叫び声をあげ、飛び散る血を目からぬぐったといわれている。そしてひとたび黒死病が治まると、作家たちはこぞって女性を非難した。イタリアの作家の一人は、フィレンツェで生き延びた女性たちは、より性的な罪を犯しやすい、なぜな

▲ **女性の生産者**
ペストの大流行以前にも、女性は夫とともに農作物などの生産や販売に従事していた。イタリアのロンバルディアで描かれたこの14世紀の絵は、チーズをつくる女性を描いている。

▼ **死にゆく女性**
1411年に書かれた『トッゲンブルクの聖書』にあるこの細密画は、ペストで死にかけている女性を描いている。女性の病人も男性と同様裸にされた。疫病のせいで、慎みを保っている場合ではなかったことがうかがえる。

「家族と元気に朝食をとった女性が、その日の夜にはご先祖と夕食を食べた」

ジョヴァンニ・ボッカチオ「ペストについて」『デカメロン』

ら彼女たちは疫病が流行していた数年間、男性に世話をしてもらっていたからだ、と書いた。イングランドでは、疫病で夫を亡くして未亡人になったあと、あまりにもすばやく新しい恋人のもとに走った女性たちが非難の対象になった。

黄金時代？

歴史家のなかには、ペストはとくにイングランドで、女性にとっての黄金時代のきっかけとなったという者もいる。都市では女性の経済力が増大し、未亡人は亡くなった夫の事業を引き継ぐことを奨励された。少女や若い女性は、技術的な実習を受けたり職人ギルドに入ることを許され、既婚女性は、そのほうが法的にも経済的にも独立した身分を与えられるという理由から、独り身女性として商売に携わった。しかし15世紀になって男性労働力の供給が回復すると、女性が生み出した多くの利益は男性のもとに戻り、1500年までには、女性が経済に参画できる機会はペスト流行以前のレベルに戻った。

女性にはそもそも黄金時代などまったくなかったと主張する歴史学者もいる。女性はつねに、男性親族の法的影響下にとどまり、社会生活や政治生活から隔絶されるのが一般的だった。疫病のために息子が死に、父親が娘を後継者に指名する場合もあったが、当時の法律のもとでは、どんな遺産も娘の夫に受け継がれるのが普通だったのだ。その一方で、ペストの大流行以後に生き残った者たちのなかには、身分の流動性やより高い賃金、地価の低下を期待して喜ぶ者もいた。これは男女問わず共通のことだった。

▲ **苦しむ女性**
ペストは男女、子どもを問わず苦しめた。研究では、男性も女性もペストで死ぬリスクは同じだったことがわかっている。フランスのローヌ＝アルプス地域で見つかったこのフレスコ画には、貴婦人の横痃（腫れたリンパ腺）をランセットで切開して治療する医師が描かれている。

クリスティーヌ・ド・ピザン 79

「どうかすべての女性に……知恵という教えが……もたらされますように」

クリスティーヌ・ド・ピザン『婦女の都』　1404-1405 年

女性蔑視への抵抗

イタリア生まれでフランス育ちの文筆家、クリスティーヌ・ド・ピザンはヨーロッパで最初の女流職業作家で、フェミニスト文学の草分け的な作品の数々をものしたと見なされている。愛をテーマに詩作を始め、フランス王妃イザボー・ド・バヴィエール（左の絵では、ピザンの作品の原稿を受け取る姿が描かれている）などの裕福な後援者の目に留まった。ピザンは自らを、フランス宮廷にはびこる女性蔑視に抵抗するために神に選ばれた人間であると信じ、1404 年から 1405 年に『婦女の都』を著し、1405 年に教育の手引き書である『婦女の宝典』を出版した。ピザンの作品は女性を肯定的な視点で描き出し、同時代の男性作家が作品のなかで女性を暗黙のうちに差別する態度を非難した。

教育という経験

人生の教訓

過去の多くの社会では、女性は博識であることを求められなかった。教育を受けた女性は、自分たちの受けた教育が、知識それ自体の追求というよりむしろ、敬虔な生活もしくは結婚生活に備えるために用意されたものだったと気づいた。

▲ 石板
18世紀から20世紀まで、少女たちは文字を消すことのできる石板を使うのが一般的だった。教室では書き方や計算を習うのに、この1890年代に使われていた写真のような石板が使われた。

歴史の大部分において、女性は男性と同等に教育を受けることはできなかった。女性は結婚して子どもを産むことを期待され、もし家庭が貧しければ、夫を手伝って働くことを求められたからだ。農業や洗濯、家事などの仕事には正式な教育は必要なかった。識字能力はしばしば女性の階級や身分と結びついていて、文化によっても大きく異なった。たとえば古代のアテナイやローマでは、多くの女性が初歩的な数学の教育を受けていた。経済と商売は切っても切れない関係だからだ。また奴隷女性のなかにも読み書きのできる者はいくらかいた。

過去から現在まで、女性の識字率はスムーズに上がっていったわけではない。むしろ進歩と後退を繰り返しており、後者が最も顕著だったのは、女性の読み書きのレベルが急に落ち込んだ中世の時代である。10世紀以降の都市化の促進は、女性の教育環境がふたたび改善されるうえで重要な要因の一つだった。というのも都市に住む女性たちは、日常生活の一部として読み書きと基本的な計算能力を必要とされはじめたからだ。ドイツでは、ヴィンケルシューラ（路地裏学校）と呼ばれる小さな学校を設立して少年少女たちに読み方を（書き方や計算はなかった）教える女性もいた。このような男女共学の学校教育は、宗教改革の時代にはとくに人気で、そうした学校が子どもたちに聖書の読み方も教えた。

花嫁修業学校

多くの文化で女性の教育は、少女を妻にふさわしい女性にするために何が必要かということに焦点が当てられていた。古代中国の周王朝では、男の子と女の子は10歳になると別々の教育を受けさせられ、女の子は〈三従四徳〉という教えに取り組んだ。この教えは、女性は結婚したらどのようにふるまうべきかという考えに基づいていた。また女の子は話し方や立ち居ふるまい、身なり、

「私たちは頭だけでなく心と手も訓練しなくてはならない。そう私は確信する」

宋美齢　蔣介石の妻　1940年

「教育は心の育成と呼ぶのにまさにふさわしい」

メアリー・ウルストンクラフト
英の作家、社会思想家　1792年

> 「若い女性の教育は道義的に正しいだけでなく、人々の利益を増やすために、あらゆる社会で最も重要な投資である」

ヒラリー・クリントン 2013年

将来の夫に気に入られるにはどうすればいいかなどを学んだ。2000年以上のちの社会でも、同じような訓練が施され、20世紀に入ってさえも、西洋の良家の子女は〈花嫁修業学校〉に入れられ、上流社会に溶け込むために必要な立ち居ふるまいや技術を学んだ。こうした学校は女の子に、上品な会話の仕方など、社交上のたしなみを教え、〈淑女〉であることの大切さを叩き込んだ。たとえば、1970年代にウェールズ公妃ダイアナも入学したスイスのアルパン・ヴィデマネット学院では、料理、スキー、ドレスづくり、フランス語などの授業があった。

大学教育

　18世紀には、女子向けに高等教育を施す教育機関がさかんに出現するようになった。新しい学校は、尼僧や女性統治者が設立することが多かった。アメリカで最も古い女学校は、1727年に聖ウルスラ修道会の尼僧たちによってニューオーリンズに設立された、ウルスラ学院である。ロシアでは1786年に、女帝キャサリン（エカチェリーナ2世）が、女子の小学校と中学校教育を無償にした。西洋では、高等教育への女性の参加は11世紀までさかのぼる。イタリアのボローニャ大学では、設立の1088年から、女性も勉強したり教えたりすることが許されていた。1237年には、ベッディシア・ゴッザディーニという女性が当大学で法学の学位を取得し、1239年から教鞭を執った。しかし女性の受け入れを認めない大学がほとんどで、この問題は、アメリカやそのほかの国々で女子大が設立される19世紀まで続いた。1837年に設立されたマウント・ホリヨーク女子神学校は、現存しているアメリカ最古の女子大である。

　今日では、学校や大学のほとんどが男女共学だ。

しかし、女子のほうが男子よりも学業成績がいいことを示す研究結果がある一方で、よりハイレベルな学術研究の場では、女性の人数はいまだに男性を下まわっている。また大学での地位も、女性には臨時や非常勤のポストが与えられることが多く、その割にきつい勤務時間で契約をさせられたりする。また大学教育の対極にも、最も基本的なレベルでの不平等が存在している。とくに発展途上国ではその現象が顕著であり、今日、世界に7億5000万人いる読み書きのできない大人の3分の2は女性だ。

18世紀ドイツの家庭教師

> 「もし男子を教育したら、個人を教育することになるが、女子を教育したら、国家を教育することになる」

ファンティ族のことわざ アフリカ

純潔、敬虔、そして財産

衰退する自由

李氏朝鮮

男子と長男を賛美する朱子学の教えが朝鮮と日本に導入されたこと（⇨ p.124-125）は、あらゆる分野での女性に対する迫害につながった。李朝（1392-1910年）は朝鮮半島を最も長いあいだ統治した儒教王朝で、朱子学が国家および社会のイデオロギーとして確立したのもこの時代だった。だが家父長制の隆盛にもかかわらず、王朝は女性の知識人や詩人、偉人が輩出される文化的発展期も迎えていた。

朝鮮の女性は、その前の高麗王朝の時代には、より自由を謳歌し、影響力をもっていた。李朝の出現とそれに伴うイデオロギーや法律の変化は、女性の生活に大きな影響を及ぼした。女性は結婚すると、以前のように生家にとどまることはできず、持参金を受け取った夫の家族と暮らすことになった。つまり娘をもつのは高くつくということで、娘はトドゥンニョ、すなわち泥棒女などと呼ばれた。相続財産の女性の取り分が姻族に渡ってしまうのを防ぐために、相続分が減らされたり、まったくなくなったり、男性が財産のほとんどを受け継ぐようになったりした。

貞節を守ることは女性の最大の責任となり、自決するための携帯用小刀（ペド）が渡されるのが習慣となった。もし一族の名誉が汚されるようなことがあれば、それで自害することが求められたのだ。王族や貴族の女性も、この慣習から逃れることはできなかった。たとえば15世紀の李朝の王、成宗は、いとこで未亡人の王女、李仇之が夫の死後に奴隷と同棲していたのを見つけ、自害を命じた。

ほとんど無名の人々

15世紀後半、李朝の王、燕山君は地方から数千もの女性を連れてくると、妓生という名の歓待役として宮廷に仕えさせた。厳密にいえば奴隷の身分の妓生たちは、性的奉仕もさせられたが、ほとんどの女性よりもずっと自由があった。家族からの束縛もなく、男性と会話もでき、文学や芸術や礼儀正しい会話はもちろん医学や鍼治療まで、さまざまな教育を受けることができた。妓生たちの本名はほとんど忘れ去られ、実際、李朝の末期にはみなほぼ名無しになっていた。妓生たちはつねに、〈誰々の妻〉や〈誰々の母〉などのように、夫や子どもの名前で呼ばれた。

◀ **家父長制と駕籠**
控えめを美徳とする儒教の教えに従い、女性は駕籠に乗って移動し、家を出るときには、通行人から顔を隠すために頭飾りを身につけた。

◀ **権力の座にある宮廷の女性たち**
この李朝時代の絹に描かれた帛画は、宮女と呼ばれる宮廷の女官たちを描いている。宮女たちは王家の奴隷の身分であったが、もしも王に気に入られれば、地位を上げることができ、いくらかの政治的権力をふるうこともできた。

衰退する自由

人物伝
黄真伊
こうしんい

1506年頃に生まれた、芸達者で名高い黄真伊は、最も有名な妓生の一人である。類いまれなる美貌と知性、機知と気丈な性格で知られた黄真伊は、詩を詠み、伽耶琴（カヤグム）の音楽をつくった。黄真伊の詩には、自身が出会った風景の美しさや、自身の失恋の経験などが詠まれている。今日でも黄真伊は、作家や映画制作者に刺激を与えつづけており、彼女を題材にした小説や映画、テレビドラマがつくられて人気を博し、さまざまな賞を獲得したりしている。

◀ **仕事のための着替え**
もてなし役として、妓生たちは主人が役人や客人に力を誇示できるよう、美しく洗練された女性であることを求められた。この絵は身支度をする妓生たちを描いている。

84　純潔、敬虔、そして財産

族長、女王、そして
血縁者

植民地時代以前のアフリカ

植民地時代以前のアフリカの王国の女性たちは、人々から多大な尊敬を集めていた。それぞれの村や町で、皇太后、女王の姉妹、王女、族長など、高い地位に就いてその役割を果たしたり、戦士や治療師になる女性もいた。また自分の属する地域社会での、農業や交易や工芸品づくりといった経済生活でも活躍した。

親族と権力

地域社会は家族や親戚が軸となっていた。アフリカの女性は、男女問わず自分の親族に責任をもっており、近い親戚には援助の手をさしのべ、儀式や結婚や葬儀などの重要な行事を執り行った。近しい親族のあいだで、女性は母親や娘としてだけでなく、一夫多妻制の場合には妻や妾などさまざまな役割を担った。母親の血統が受け継がれていく母系社会では、女性は正式に指導者的な地位に就いていたのだ。父親の血統が受け継がれていく父系社会では、普通、女性がそのような重要な地位に就くことはないが、年齢を重ねれば重ねるほど、影響力は増していった。父系社会でも母系社会でも、序列は性別よりも生まれた順番によって決定づけられたので、年上の姉のほうが年下の弟よりも地位は上だった。

植民地時代以前のアフリカでは、公的な行政機構において女性が重要な地位に就いていたことはもちろん、男女それぞれに長がいたことも注目に値する。つまり、男性と女性それぞれに独立した組織があったということである。西アフリカのヨルバ族の政治風土では、司法機関である王（アラフィン）の議会に、女性問題を担当するイヤロデと呼ばれる女性の代表が存在した。19世紀のシエラレオネでは、女性が町や村の長を務めることもあった。

アフリカの女性はしばしば、公的な場や私的な場を統率する、女性のための組織をつくった。ナイジェリアのオーワンでは、

人物伝
エチオピアの女王エレニ

1450年生まれの女王エレニは、植民地時代以前のアフリカで、政治的に重要な役割を果たした多くのアフリカ女性の一人である。イスラム国家のダワロ出身だが、キリスト教徒の王ザラ・ヤコブとの結婚でキリスト教に改宗し、1468年の夫の死後は、自身の息子ナオドを含め、3人の若い王の摂政女王を務めた。エレニには卓越した外交手腕があり、血族結婚と平和的交渉を通して近隣のイスラム諸国と良好な関係を保った。

ザザウ王国の女王アミナは**2万人**のハウサ族戦士の軍隊を指揮した。

族長、女王、そして血縁者 85

◀ **王国の母**
皇太后を記念してつくられたナイジェリアの彫像。このような黄銅鋳物の頭像は、影響力のあった女性に捧げて祭壇を飾るためにつくられた。

同じ一族のあいだで、未婚の娘たちのためのグループ、イデベ と、既婚女性のためのグループ、イクポサフェンがつくられた。

植民地時代以前のアフリカの女性は、戦士としても戦った。南アフリカのソト族では、副族長の娘がしばしば女戦士部隊に加わった。ダホメ王国のアマゾン軍団は（左の絵）、有名な女戦士の部隊である。女戦士たちは仲間のために新たな土地を征服し、移住を進めた。たとえば16世紀には、ザザウ王国の女王アミナ（⇒ p.36-37）が北アフリカを征服し、ハウサ諸王国を繁栄の高みへと押し上げた。

土地はおもにコミュニティー全体が所有していたので、一個人がその土地に対して権力をふるうことはなかった。ガーナなど、アフリカの特定の地域では、土地はそれぞれの部族が所有しており、結婚は土地の所有を親族内にとどめておくために重要な役割を果たした。そのため、同じ一族内での結婚が奨励された。土地の耕作はおもに女性が担い、その結果、女性は土地開発に不可欠な存在となった。たとえば西アフリカのバンバラ族の女性は林産物の管理をし、土地に対して慣習上の権利をもっていた。ほとんどのアフリカの国々は農業を生業とし、食料生産と食品加工で女性が非常に大きな役割を担っていたので、女性たちはアフリカ経済の発展にきわめて重大な役割を果たしていると見なされた。

◀ **ダホメ王国の戦士たち**
アマゾン軍団は、現在のベナンにあたるダホメ王国の、全員女性からなる軍事連隊である。ダホメ王国は19世紀の終わりまで続いた。1897年に描かれたこの絵の部隊が、当時唯一の女性戦闘部隊だった。

純潔、敬虔、そして財産

「私の体は汚れなく健全であり、けっして堕落していない。そして今日……焼かれて灰になるだろう」

ジャンヌ・ダルク　「死後の再審にて」ジャン・トゥームイエによる引用　1449年

戦いのヒロイン

　1412年、フランスのドンレミの農家に生まれたジャンヌ・ダルクは、自分は100年もの長きにわたって続く戦争で、イングランドを打ち負かすために神に選ばれた者だと信じた。この神の啓示に従い、ジャンヌは1429年にオルレアンでイングランド軍を破ってフランス軍に勝利をもたらした。しかし2年後、コンピエーヌでとらえられ、イングランド軍によって火あぶりにされた。魔術を使ったと非難され、異端の罪に問われたのだ。短い人生にもかかわらず、ジャンヌの勇気はのちに多くの芸術作品に着想を与えた。戦いでのジャンヌを描いた1843年のヘルマン・アントン・スティルケによる油絵もその一つである（右）。ジャンヌはフランスの象徴となり、1920年に、ローマ・カトリック教会の聖人として列聖された。

LA GRAN
Nusta Mama
Occollo. de dico su
Birginidad al Sol. quiso
biolar sus botos un Indio Noble
desendiente de Manco Capac
y como fue degollado por sus
propias manos y fue la
primera Christiana.

太陽崇拝と
生け贄

インカ文明とアステカ文明

インカとアステカの社会では、15世紀と16世紀初頭に儀式で生け贄が行われていた。インカ帝国は南アメリカ西部の大部分を統治し、アステカ帝国は現在のメキシコにあたる地域で絶大な権力を誇っていた。どちらも太陽神を崇拝し、女性は巫女として重要な役割を果たしていた。実際、インカ帝国の高位の巫女コヤ・パスカは、太陽神インティの地上の配偶者と信じられていた。

アステカの巫女シワトラマカスキは処女が条件で、寺院の装飾や儀式の準備という責任を担っていた。インカの宗教では、アクリャ（選ばれた女性）が似たような役目を負っていた。アクリャは8歳から10歳で選ばれ、アクリャワシという学校に入れられ、儀式で使う織物やチチャという酒のつくり方などを習った。アクリャたちは純潔を誓わされ、聖なる火の番をし、儀式のための供物の準備をした。奉仕が終わると、選ばれた数名が、スペイン人が〈太陽の処女〉と呼ぶママコナとなった。ママコナは未婚が条件で、寺院で働き、少女たちが〈選ばれた女性〉になるための訓練を施した。役目を終えたアクリャは、姻戚関係を強化するために貴族に嫁がされたり、儀式で生け贄として捧げられたりした。アルゼンチンで見つかった冷凍の少女のミイラは、アクリャだったと考えられている。この少女は13歳で火山の頂上に連れていかれ、生け贄となったのだ。遺体を分析した結果、チチャとコカの葉で長い時間をかけて沈静させられていたことがわかった。

成人女性となること

インカの家庭での女性の役割は、寺院での役割と似ていなくもなかった。女性たちは食事の支度や掃除、服づくり、燃料集め、子どもの世話などを担当した。アステカの社会でも、男女の役割は

◀ **残酷な罰**
このスペイン植民地時代の、インカの女王の肖像画は、インカ帝国の最初の女王、ママ・オクリョを描いている。ママ・オクリョは、自分を暴行して神聖な純潔の誓いを破らせようとした男全員の首をはねたと伝えられている。

◀ **アクリャの小像**
〈選ばれた女性たち〉とは、寺院で暮らし、寺院に仕えた哀れなインカの少女たちである。彼女たちは才能や魅力に基づいて選ばれ、6年か7年ほど寺院から離れることができなかった。

はっきりと分かれていた。女の子が生まれると、助産師はミニチュアの糸巻き棒や紡錘、杖、箒などを赤ん坊の手に握らせた。これらはその後、女性の家庭での義務を象徴するために、トウモロコシなどを挽く石臼の下に、へその緒と一緒に埋められた。

インカの社会では、女の子は初潮を迎えることで成人女性と見なされた。初潮を迎えた女性は3日間家に閉じこもり、その後、集まってきた親戚を食べ物や飲み物でもてなす。そして初めて髪を切り、贈り物をもらい、いちばん年長の伯父から一生使う名前を授けられる。インカの女性は16歳から20歳で結婚するのが一般的だった。儀式は簡素で、花婿とその家族が花嫁の家まで訪ねていき、花嫁の足下に、花嫁が処女ならば木のサンダル、処女でなければ草のサンダルを置くというものだった。

インカの人々はすべての女性に貞淑を求めてはいなかったが、アステカの人々は、婚前交渉は危険で、病気につながると信じていた。アステカの少女たちは15歳くらいで結婚し、羽根やさまざまな色で飾られた服を着て複雑な儀式を執り行った。花嫁は、家族の祭壇に供物を供えるとき以外は、4日間花婿とともに寝室で過ごし、4日目に結婚が成立した。

最大のアクリャワシでは、1500人もの選ばれた少女たちが暮らしていた。

時代を超えて
犯罪

　子育てという役目を負わされるせいか、女性は重罪を犯したりなどしない存在と見なされがちである。女性の犯罪者には、犯した罪の重さのためだけでなく、社会の不文律を破ったために、厳罰が下されることが多い。

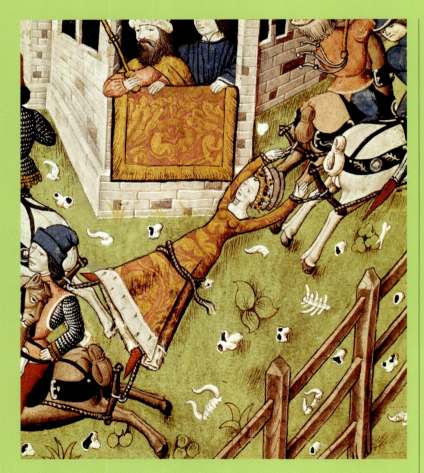

▲ 殺人者の王妃
6世紀のヨーロッパの王国、アウストラシアの王妃ブルンヒルドは、残忍なソアソン王妃フレデグンドとの不和がもとで死刑を宣告された。フレデグンドの息子はブルンヒルドの体を4頭の馬に縛りつけ、引き裂いて処刑した。

　売春は例外として、女性は実質的にあらゆる種類の犯罪において、男性よりも犯罪率が低い。1750年から1815年のヨーロッパでは、女性が犯した犯罪の大半（売春、強盗、窃盗）は、金や食べ物や物資の不足と結びついていた。ヴィクトリア時代には、犯罪を犯した女性は厳罰に処せられた。たとえばエミリー・ブレナンは、万引きで7年の懲役刑を2度受けた。

究極の犯罪
　女性の殺人者は犯罪史では異質の存在と見なされる。なぜなら多くの社会で、殺人は女性が生来もっているはずの母性本能に反した行為だと考えられているからだ。したがって、女性が殺人を犯すと、男性よりも厳しく非難される。男性と同様、女性もさまざまな理由で殺人を犯してきた。ベル・ガネスやオッティリー・クリメックといった、金目当てに結婚して夫を殺した〈ブラック・ウィ

> 「私は後悔してないわ…誰も殺してないし。後悔するような物は何も盗んでない」
>
> ドリス・ペイン
> アメリカの宝石泥棒　2015年

ドウ（クロゴケグモ）〉のような女性たち。あるいは日本の助産師、石川ミユキは、子育てに困った母親から手数料を取って赤ん坊をもらい受け、約束通りに里親に引き渡さずに死なせた。女性による殺人は、介護者という立場から子どもや老人に対して起きる場合と、嫉妬や自己防衛という動機から恋人や強姦魔に対して起きる痴情沙汰が多い。しかし1930年代には、悪名高いマ・バーカーが、自身の4人の息子による殺人強盗集団バーカー＝カプリス・ギャング団の全米での犯罪行為を支援するという珍しい事件が起きた。

1980年代以降、歴史家たちは、男性または女性に特有の行為など、性差が表れている犯罪と、性別によって分けられる罰に着目してきた。たとえば女性は、罪を犯しているいないにかかわらず、魔術で最も重い刑を宣告された（⇨ p.120-121）。女性が殺人を犯す手段は、男性とは違っていた。紀元1世紀のローマのローカスタから、ロンリーハート・キラーの異名を取るナニー・ドスに至るまで、女性たちはしばしば、準備の最中に食べ物に簡単に忍ばせることのできる沈黙の凶器として、毒物を殺人に使ってきた。もっと男性的で、暴力的な方法を取る女性ももちろんいた。たとえばフアナ・バラッザは、42人から48人の年配女性を棍棒で撲殺または絞殺して、2008年に投獄された。

歴史的には、男性の共犯者とのみ犯罪を犯す女性もいた。アメリカの無法者、ボニー・パーカーは、1920年代にクライド・バロウと出会い、多大に理想化された、強盗と殺人を繰り返す生活に心を奪われた。1960年代には、悪名高い女殺人者マイラ・ヒンドレーが、イギリスの荒れ地で少年少女を誘拐して拷問し、殺した罪で投獄された。ヒンドレーは、自分の行動は脅迫的な相棒のイアン・ブレイディに責任があると主張したが、ブレイディの影響がなければ殺人を犯さなかった可能性は否めないものの、彼女自身が殺人に積極的に荷担していたという事実もあった。

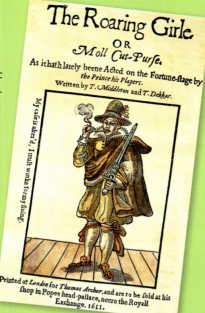

▲ 『どなる女』
（トマス・ミドルトンによる小説）
〈巾着切りのモル〉の異名を取るメアリー・フリスは、17世紀末のロンドンで掏摸と盗品売買を生業としていた。つねに男性用の服を身につけていた異性装者で、品のないユーモアの持ち主でもあり、そのいずれも、掏摸のターゲットの気を逸らすのにひと役買っていた。

ボニー・パーカー　アメリカの強盗　1934年

歴史を変えた女性
悪党と女殺人者

ルクレツィア・ボルジア（1480-1519年）　ローマ教皇アレクサンドル6世の娘。並はずれて野心的な一家に生まれた。敵対者からは、目的を果たすためなら毒薬も使う、男を惑わす女と評され、兄のチェーザレと近親相姦の関係にあったとして非難された。ルクレツィアの2度の政略結婚は、花婿が原因で悲劇に終わった（1人目は婚姻無効、2人目は殺害された）。だがいずれの場合も、ルクレツィア自身が陰謀に荷担していたのか、駒として使われていただけなのかはわからない。

エリザベート・バートリ（1560-1614年）　ハンガリーの自身の城、チェイテ城で何百人もの娘を拷問して殺していたことから〈血の伯爵夫人〉の異名を取る。おそらく美を保つために若い娘の血の風呂に浸かる目的で、最初は使用人や農奴の娘を殺すことから始めたが、エチケットを学ぶために城にやってくる下級貴族の娘を手にかけはじめて捕まった。1611年、80人を殺害したとして有罪判決を受け、死ぬまで独房で監禁された。

アメリア・ダイアー（1837-1896年）　おそらくイギリス史上最も多くの殺人を犯した連続殺人犯。手数料と引き換えに子どもを引き取って養育する託児所を開いていたアメリアは、20年にわたって、引き取った子どもを200人から400人殺したといわれている。世話をする名目で金をもらって引き取った子どもを殺し、母親が子どもに会いたがった場合は、殺した子どもの代わりに新しく引き取った子どもに会わせ、頻繁に住む場所を替えていた。最後には殺人の罪を認め、絞首刑に処せられた。

アイリーン・ウォーノス（1956-2002年）　子どもの頃に性的虐待を受け、14歳で娼婦となった。フロリダの州間道路75号線を仕事場とし、高速道路やモーテルで客引きをした。1989年から1990年にかけて、至近距離から拳銃で7人の男を殺し、アメリカで最も多くの殺人を犯した女連続殺人犯となった。裁判でウォーノスは、すべての殺人は強姦しようとした相手に対する正当防衛だと主張したが、2002年、薬物注射により死刑となった。

グリセルダ・ブランコ（1943-2012年）　コロンビアの麻薬密売者。〈コカインの女王〉の異名を取る。1970年代と1980年代にフロリダのマイアミで起きた麻薬抗争の中心人物だった。走行中のオートバイから敵対者を殺すよう命じたことで知られたが、2012年、犯罪から足を洗ったと見られる頃、まさにその同じ方法で暗殺された。

イングランドの王位
をめぐる争い

薔薇戦争

1455年から1485年まで、プランタジネット朝の敵対する2つの家が、イングランドの王位をめぐって争った。多くの貴族の女性が、薔薇戦争の名で知られる一連の戦争の裏側で、政治的陰謀や交渉に参加した。敵対し合う勢力とは、エドワード3世の2人の息子の子孫たちで、ランカスター家とヨーク家である。

10年以上ものあいだ、ランカスター家を統率してきたのは、シェイクスピアが〈フランスの雌狼〉と呼んだことでも名高い、マーガレット・オブ・アンジューだった。マーガレットは1445年にイングランドのヘンリー6世と結婚したが、ヘンリーの精神不安定がすぐに政権の空白状態を招いた。夫が無能なため、マーガレットは政治に介入し、夫の王位と息子エドワード・オブ・ウェストミンスターの王位継承権を守るためにひるむことなく戦った。しかし1471年の戦いでエドワードが戦死し、深刻な打撃を被った。ヘンリーは処刑され、マーガレットはとらえられてフランスへ追放された。

結婚を通じた平和

薔薇戦争の、女性にまつわる記録の大部分は、貴族の女性に関するものだ。この時代、女性の生活を決定づけるには社会的地位だけでなく、誠実さも重要だった。女性たちはより豊かで影響力のある人々と近づきになることで、成功を手にした。女性は20代前半で結婚して、夫の所領を受け継ぐ子どもを産むことを期待されたが、20%もの女性が出産で命を落とした。内戦のあいだは、女性も不安定な政治的見通しの変化に対応しなくてはならず、支持する派閥が台頭したり力を失ったりするたび、王の利益を保つために奮闘した。

この時代の貴族階級の結婚は、同盟づくりに重要であり、愛情よりも野心のために成立するものだった。高貴な女性の多くは自分たちの遺産を守るために争いに巻き込まれ、一族の継続的な成功のために、息子や娘を王位や有利な立場に就かせた。ヨーク朝の王エドワード4世の王妃、エリザベス・ウッドヴィルは、ランカスター家の出自と身内びいきのせいで、多くの人に嫌われたが、夫の死後も、宮廷政治で支配力を維持した。1485年の戦いでランカスター家のヘンリー・テューダーがリチャード3世を倒し、戦争がようやく終結したが、ウッドヴィルの影響力は続いた。彼女は娘のエリザベス・オブ・ヨークを新しい王、ヘンリー7世に嫁がせ、2つの派閥を結合させる象徴的な婚姻関係を整えた。しかしこの結婚にもかかわらず、ウッドヴィルとその支持者たちは、王位をヨーク家の支配下に取り戻すために奮闘しつづけた。義理の姉のブルゴーニュ公妃マーガレット・オブ・バーガンディーにまで取り入り、死んだ息子であるヨーク公のふりをさせた詐欺師の青年を送り込んで、王位を要求させたが失敗に終わった。

> 「彼女は王の母親に服従させられている」

サンタ・クルーズ修道院副院長「エリザベス・オブ・ヨークについて　スペイン王フェルナンドとイサベルへの訴え」1498年

イングランドの王位をめぐる争い 93

◀ フランスの女王
夫のヘンリー4世が無能だったため、夫の代わりに実質的に国を治めたマーガレット・オブ・アンジューは、容易に権力を手にすることとなった。左の絵には、結納を交わすマーガレットが描かれている。

人物伝
エリザベス・ウッドヴィル

エリザベスはサー・リチャード・ウッドヴィルとジャケット・ド・リュクサンブールの娘である。最初の夫はランカスター派の貴族だったが、薔薇戦争中の1461年の戦いで戦死した。次にエリザベスは1464年、ヨーク朝の王、エドワード4世と極秘結婚した。この結婚は多くのヨーク派の人々の怒りを買い、魔術を使ったとエリザベスを非難する者まで出た。エリザベスの娘がヘンリー7世と結婚すると、エリザベスに皇太后の称号が贈られたが、その後謀反を企てたとして修道院へ送られた。

94　純潔、敬虔、そして財産

戦士、妻、そして
未亡人

スペインの国土回復運動

　8世紀初頭、アラブのイスラム諸国は北アフリカからイベリア半島（スペイン）に侵入して征服し、その地域をアル・アンダルスと呼んだ。それは、キリスト教徒とユダヤ人にまで広げられた宗教の自由が実践された、ヨーロッパで最も国際的で、文化的に高度な地域の一つとなった。その一方で、北部で生き残っていたキリスト教の諸王国（レオン、カスティーリャ、ナバラ、アラゴン、ポルトガル）は、イスラム諸国から主導権を取り戻そうと、およそ8世紀も続くことになる抵抗を試みた。これが国土回復運動、すなわちレコンキスタである。

　ほぼ間断なく続くレコンキスタの戦争によって、未亡人は当たり前の存在になり、再婚したい女性は、夫が本当に死んでいるかの確認など（その時代の、連絡を取り合うことの困難さを考えると、なかなか簡単なことではなかった）ある種の困難に直面することとなった。重婚に重い処罰が下される国もあり、1241年にカスティーリャ王国に導入された法律では、もし最初の夫がまだ生きているのに妻が再婚した場合、妻と新しい夫はどちらも農奴（地主に仕えなくてはならない百姓）として売られた。

　何年もの戦いを経て、15世紀までにはイベリア半島の大部分は、ふたたびキリスト教国に掌握された。最後まで残ったイスラム国家は、現在のスペイン南部にあたる、グラナダ王国である。カスティーリャ女王イサベル1世と夫のアラゴン王フェルナンド2世は、同等の権力をもつ共同統治者として、グラナダ王国を制圧してキリスト教国の主導のもとにスペインを統一しようと決意した。そして10年に及ぶ激しい戦いののち、1492年、グラナダはついに陥落した。レコンキスタは16世紀にスペインがヨーロッパで最も影響力をもつ国となる基礎をつくったが、その道のりは長く凄惨で、宗教的不寛容と暴力という遺産を残した。

異端審問

　当初、イサベルとフェルナンドはグラナダに住むユダヤ人とイスラム教徒に宗教の自由を認めることに同意したが、すぐにその約束を反故にし、キリスト教への強制的な改宗を求めた。1492年3月、両君主はすべてのユダヤ人を追放するという法令を布き、1501年には、イスラム教徒は改宗か国外退去を命じられた。何万もの人々がグラナダを離れ、ヨーロッパや北アフリカ、アメリカなどに移住した。

　カスティーリャやアラゴンと同様に、グラナダでもフェルナンドとイサベルは、異端者を見つけるのに調査官を送り込んだため、改宗したユダヤ人（コンベルソ）と改宗したイスラム教徒（ムーア人）は、引き続き迫害にさらされた。ムーア人の女性は従来の言語や伝統的な衣装を諦めることを強いられた。コンベルソの女性は尋問官に特別に目をつけられ、安息日を守ったりユダヤの戒律に従った食べ物をつくったりしていないかチェックされた。キリスト教をやめるために、洗礼のあとで赤ん坊から聖水を洗い流したのではないかと疑われる女性もいた。そうした女性たちはほかの疑わしい異端者とともに裁判にかけられ、有罪となれば火あぶりの刑に処せられた。

> スペインで
> 異端審問にかけられた
> 人々のうち、
> 処刑されたのは
> **1%**
> 未満だった。

▼ **コンベルソの女性**
スペインの異端審問では、民事裁判所は偽改宗者に火あぶりとは違う処刑方法を用いた。死刑判決を受け入れたあとに本当に改宗した女性には、鉄環による絞首刑（比較的慈悲深い処刑方法と見なされていた）が行われることもあった。

「信念から実現まで
の道のりは遠い」

カスティーリャ女王イサベル

▶ グラナダ陥落
フェルナンドとイサベルは、ともにグラナダに侵攻し、新たな領土を征服したと宣言した。

▶ 卓越した統治者
イサベル1世は実践的な方法を取り、カスティーリャの借金問題を解決して政府を再建した。グラナダとの戦争でも、物資補給路や野戦病院を確保したりなど、積極的な役割を果たした。

帝国の時代から啓蒙の時代へ

1500-1800 年

　16 世紀、世界は列強の領土拡大とともに変化していった。交易路が発達し、商船が遠方の島々とのあいだを行き来するようになると、世界の国々の力関係に変化が生じた。それによって旧来の価値観が揺らぎ、女性の人生は時代時代の政治闘争や軍事闘争に深く関わるようになった。権力や影響力を手にする女性も少なくなかった。新しい社会階級が形づくられるなかで、変化を推し進める女性が現れた一方、基本的権利を勝ちとるために闘う女性の数は、その数十倍や数百倍にのぼった。世界各地で地域特有の文化や風習が消滅の危機にさらされ、さまざまな社会変化の弊害により、女性はしばしば不自由を強いられた。

文化の摩擦

新世界

　15世紀末、ヨーロッパ人が南北アメリカ大陸にやってきて新しい思想をもちこんだため、先住民の伝統がおびやかされ、男女の役割の意識が揺るがされた。北アメリカ先住民のチョクトー族、ハイダ族、ホピ族、ナヴァホ族、トリンギト緒族と、南アメリカ先住民のコギ族などは母系制をとり、子どもは普通、父方ではなく母方の血縁集団の一員になったが、この社会制度もまた非難の対象になった。ニューヨークのホデノショニ諸族などの部族では、女性は部族長の選出について発言権をもっていたし、夫と離婚することも、子どもを何人もつかを決定することもできた。チェロキ

▶ 誤った表現
ヨーロッパ人は先住民を蛮族のように描くことが多かった。人肉をごちそうとして楽しむ裸同然のブラジル先住民の男女が描かれたこの16世紀の木版画には、旧世界と新世界の違いが誇張して表現されている。

文化の摩擦 99

▶ **民話**
多くの部族で、ストーリーテリングは女性たちの役割だった。西アラスカのイヌイットの女性はこういう小さい仮面を指につけて踊り、宇宙の物語を手ぶりを用いて語り伝えた。この仮面に刻まれた円は宇宙を表す。

一族の部族長会議にはギガウと呼ばれる〈女戦士〉が参加した。またブラックフット族のシャーマンの数は男女だいたい同じくらいだった。

ヨーロッパ人とアメリカ先住民のあいだの文化摩擦は、まずは農業の分野で生じた。北アメリカ東海岸の先住民族の多くは、畑仕事は女性がするものだと考えていた。先住民の女性は、穀物を植え、育てた。土地を耕し、必要であれば、土が痩せないよう畑を別の場所に移した。ところがヨーロッパでは、畑仕事は男性のすることだった。入植者は先住民の農法を軽んじた。その結果、その土地に適した農法を用いなかったせいで、多くの者が最初の冬を越せなかった。

男女の接触

性的な風習の違いから、ヨーロッパ人と先住民のあいだに対立が生じた。入植者によって書かれた文書には、先住民の女性はふしだらであるという記述が少なからず見られる。イエズス会修道士の書簡では、現在のカナダ・オンタリオ州にあたる地域の先住民ヒューロン族の病気治癒の儀式中、女性の集団と若い男性の集団とが性交渉をもつことについて批判されている。しかし、先住民の女性は性的に奔放であると書き記すのは、入植者自身の罪悪をごまかすためであることもあった。スペインのコンキスタドールのエルナン・コルテスがメキシコのユカタン半島に上陸したとき、先住民の部族長たちは黄金の装飾品を身につけた女性たちを側女として差し出した。コルテスとその部下はこの女性たちをキリスト教に改宗させ、愛人を兼ねた女奴隷としてそばに置き、〈馬のたてがみのような髪の未開人〉呼ばわりした。また、先住民の女性とのあいだに生まれた〈メスティソ（混血）〉の子どもを認知することを拒み、帰国する際にはたいていその女性を置き去りにした。

人物伝
マリンチェ

1502年、中央メキシコのコアツァコアルコスに生まれる。マヤの首長からコンキスタドールのエルナン・コルテスに献上された。彼女の高い知性を見てとったコルテスは、アステカ征服（1519-1521年）の際、愛人を兼ねた通訳およびガイドとして彼女をともなった。ナワトル語と、マヤ語のいくつかの方言に通じていた彼女はスペイン人入植者の貴重な財産になった。しかし先住民に対する裏切り者とも犠牲者とも見なされ、征服者と先住民のあいだの不平等な関係を象徴する存在になった。

▶ **好奇心の対象**
探検家は出会った先住民を絵に描くことが多かった。この絵は、ノースカロライナ沿岸部のオッソモコマックに滞在していたジョン・ホワイトが、部族長の妻と娘を描いたもの。

タイノー族の女性 101

「彼らは丸裸だった、女性でさえも……」

クリストファー・コロンブス サン・サルバドル島のタイノー族の女性について　1492年

コロンブスの罪
　15世紀末、探検家のクリストファー・コロンブスは、スペインのフェルナンドとイサベル（⇨ p.94-95）から任命され、アジアにいたる新しい交易路の開拓のため、西を目指して船出した。1492年、航海中にカリブ海の島に上陸した彼は、ヨーロッパ人による新世界の探検と植民地化の基礎を築いた。途上で会った女性たちについて、実際にはそうではなかったが、丸裸だったと故郷への手紙に書き、ふしだらだが素朴であるなどと伝えた。それだからこそ、キリスト教に改宗させ、使役するのにうってつけだというのがコロンブスの言い分だった。コロンブスとその部下は先住民の女性を単なる性の対象として扱った。探検隊員がつけていた記録のなかに、欲望を抑えられずに心ならずも現地の女性を手込めにしたことや、9、10歳の少女まで性奴隷として売買したことが書かれている。左の版画に描かれているのは入植者たちの奇抜な空想である。現在のメキシコのタバスコにあたる地域の先住民が、コンキスタドールのエルナン・コルテスに女性を献上する場面である（⇨ p.98-99）。

育児という経験
母親の役割

昔から、育児は女性の最も重要な役割とされてきた。育児のために、目標としていた何かをあきらめざるをえないこともよくある。母親のほとんどが家庭の外で働いている今日でも、子どもの世話に割く時間はたいてい父親よりも母親のほうが長い。

ギリシャ神話のメデイアからヒンドゥー教の女神カーリーまで、世界各地の神話や古くから伝わる大衆文化には有名な母親像が登場する。だが、古代の法律で一家の長とされたのは父親だった。子どもを産むことは自然の摂理だが、母親としてあるべきすがたは社会からもたらされる要因によって決まるので、時代や場所によってさまざまである。多くの場合、女性は妻や母親としてふるまうことを本来の役割とされていた。その一方で、男性よりも劣っていると見なされていた。

両親とその子どもからなる核家族の概念が一般に広まる15世紀まで、母親のみが育児を担うことは当たり前ではなかった。母親の親族、たとえばその母親、おば、姉妹などが子育てを手伝った。年長の子どもたちも弟妹の面倒を見た。アマゾンの熱帯雨林の先住民エナウェネ・ナウェ族の場合、母親は10歳の子どもに赤ん坊の世話を任せ、家事を終えてから乳をやりに戻ってきた。親族がいなければ共同体がその代わりをした。シベリアの

> 「覚えておいて、私はあなたをお腹のなかで9カ月間育てた……あなたをゆりかごに寝かせ……あなたに乳を飲ませた」
> **アステカ族の母親から娘への言葉　16世紀**

◀ **赤ん坊の背負子**
クーテネイ族の背負子。木材、シカ革、ガラス玉、ホラ貝の貝殻でつくられている。子どもを背負ったまま働いたり遠方に移動したりできる背負子は、アメリカ先住民の母親には欠かせない道具だった。

南西部にはいまでもそのような慣習があって、〈お婆ちゃんの役割をする女性(アブシカ)〉が若い夫婦とその子どもを自宅に住まわせる。そして、仕事をもつ夫婦のために育児を引き受ける代わり、家族の一員として扱われ、老いたときに面倒を見てもらえる。

授乳と養育

母親が乳をやれなかったり、出産で亡くなったりした場合には、乳母が雇われた。イスラム教の聖典コーランは乳母の重要性をことさらに強調している。今日でも、イスラム法のもとでは、血のつながりや家のつながりに加え、乳のつながりが重視されている。〈哺乳瓶〉は古代から用いられていた。古代ギリシャでは、革製の乳首をとりつ

> 「母親はわが子の口に乳を含ませるが、わが子の頭に分別を吹きこませられぬ」
> **フィンランドとエストニアのことわざ**

子どもたちと子守り　フランス　1870年

> 「私は『子育て』について、愛情や義務感のなせるわざであるのみならず、このうえなくおもしろい、やりがいのある専門的職業でもあると考えていた」
>
> ローズ・ケネディ　ケネディ家の女家長　1974年

けた動物の角や、飲み口を設けた水差しなどを使い、代用乳ではなく、ワインとハチミツを混ぜたものなどを赤ん坊に与えていた。

しかし、19世紀にルイ・パスツールが乳の腐敗を遅らせる方法（低温殺菌法）を見つけるまで、哺乳瓶の使用は乳児の死亡率を高める要因になっていた。1867年には育児用粉ミルクが発明され、生後1、2年の子どもをもつ母親にとっては、授乳方法の選択肢が一つ増えることになった。

中世ヨーロッパの上流階級の人々は、乳母、子守り、寄宿学校に子育てを任せたが、労働者階級の人々は、将来家計を助けてくれるはずのわが子を、もっとそばに置いて世話することが多かった。18世紀に入ると、啓蒙思想の影響もあって、母親の役割はもっと高く評価されるようになったが、女性は相変わらず家庭にいるものとされた。

ヴィクトリア時代、西洋の多くの国で、人々は乳母を雇いたがらなくなった。見聞きするかぎり、乳母に育てられている乳児のほうが、そうでない乳児よりも死亡例が多かったからである。19世紀に女性解放運動がさかんになると、単なる子どもを産む機械のように見られるのを嫌がる女性が増えていった。とはいえ、20世紀に新しい避妊方法が登場するまで（⇨ p.278-279）、妊娠を避ける手段はかぎられていた。第2次世界大戦中のイギリスでは、女性が人手を必要とする工場労働に駆りだされたので、子どものいる女性も外で働けるよう、各地に託児所がつくられた。

現代の母親

20世紀、妊産婦の死亡率が低下したうえ、避妊方法も保育施設も増加したため、西洋の女性にとって子どもをもつことは、当然のように期待されるというよりも、どちらかといえば自分から選択する事柄になっていった。21世紀、その人の年齢、配偶者の有無、性的指向の点から考えても、母親の役割はいっそう変化しつつある。それでも、世界の女性たちのなかには、自分の国や地域の文化で当たり前とされることと、実際の子育てで突き当たる現実とのあいだで板挟みになっている人々が少なくない。たとえば、保育施設に預けるかどうか、母乳で育てるかどうかといった問題に、多くの母親が頭を悩ませている。

> 「女性にとって、子を産まないと決断することはとても難しい……世間からわがままな女と呼ばれるからだ」
>
> キャトリン・モラン　『女になる方法』2011年

女性
とスルタンの政治

オスマン帝国

オスマン帝国では女性にも影響力があった。1299年に小君侯国として現在のトルコに建国されたオスマン帝国は、やがて大きく発展し、600年以上存続した。最盛期の16世紀から17世紀には、中東、北アフリカ、東ヨーロッパの多くの部分を支配した。1922年まで続いたこの帝国の君主はスルタンと呼ばれ、その地位は、建国者オスマン1世を初代とし、36代にわたって直系の子孫に継承された。王家の安定の柱はスルタンの側室たちだった。その大半は、ハンガリー、南ロシア、カフカス地方、さらにはアフリカ、中東から連れてこられた奴隷だった。スルタンの側室が産んだ男子は嫡子と同等に扱われ、皇位継承者になれた。

スルタンの側室は、正室や女性の王族とともに、王宮内の隔離されたハレムに住んだ。ハレムの監督人と使用人は女性と宦官にかぎられた。ハレムは西洋人がイメージするような官能的な場所ではなかった。実際には、大勢の側女をもったスルタンはほんの一握りだったし、王宮を訪れたヨーロッパ人が観察したところでは、ハレム

▶ **西洋人の空想**
ハレムは西洋の画家たちの想像を掻き立てた。右の絵はそのような想像から生まれた作品の典型的な例である。イギリスの画家ジョン・フレデリック・ルイスが1850年頃に描いた。

女性とスルタンの政治

は組織体系がしっかりしていて、キリスト教の修道院のようだった。

ハレムでの力関係

オスマン帝国のハレムの女性のなかには政治権力をもつようになる者もいた。そういう例がとくに顕著だった1520年頃から17世紀半ばまでの期間は〈女人政治〉の時代と呼ばれる。16世紀にトルコを訪れたルター派の牧師で、コーランの翻訳者でもあるザロモン・シュヴァイガーは、「世界を支配するのはトルコ人、トルコ人を支配するのはその妻である」と述べている。男子を産んだ寵姫はハセキ・スルタンと呼ばれ、大きな影響力があった。この称号で呼ばれた最初の女性はヒュッレム・ハセキ・スルタンといい、壮麗帝というあだ名のあるスレイマン1世と婚姻関係を結んだ。それまで、側室がスルタンの正式な妻になった例はなかった。在任中のスルタンの生母はヴァリデ・スルタンと呼ばれ、もっと大きな力をもっていた。その役割はまだ年若いスルタンの摂政を務めることだった。たとえば、ギリシャ出身の女奴隷だったキョセム・スルタンは、1623年から1632年までは息子のムラト4世の摂政、1648年から1651年までは孫のメフメト4世の摂政を務めている。

ハレム外でも、オスマン帝国の女性は自立し、主体的に行動した。女性も賃金労働者として働き、おもに衣類などの繊維製品の製造に携わった。裕福な女性のなかには、金貸し業を営む者や、表に出ずに男性と共同で商業を営む者もいた。一夫多妻はイスラム法で認められていたが、オスマン帝国でそれを実践する者は、16、17世紀まではほとんどいなかった。離婚は珍しくなかった。夫は、理由を告げずに妻を離婚することができたが、その際には慰謝料を支払わなければならなかった。妻は、慰謝料の請求権を放棄するという形で、離婚を〈購入〉することができた。オスマン帝国の女性は、やはり男性に従うものとされてはいたが、他のヨーロッパやアジアの女性に先駆けて、さまざまな権利を行使していた。離婚の権利もその一つである。

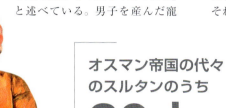

オスマン帝国の代々のスルタンのうち **30人** はハレムの女性を生母とした。

◀ **トルコ人の贅沢**
ナルギル（水たばこ）をたしなむ19世紀末の女性。ナルギルは17世紀にトルコで生まれた嗜好品で、上流階級の人々のステータス・シンボルだった。

人物伝

ヒュッレム・スルタン

1520年頃、ルテニア地方（現ウクライナ）に生まれる。本名アレクサンドラ・リソフスカ。タタール人にとらえられ、スレイマン1世のハレムに売られた。イスラム教に改宗してヒュッレムと名乗るようになったが、ロクセラーナという別名もあった。スレイマン1世の寵愛を受け、5人の男子を産んだ。1533年頃正式に結婚して皇后となり、奴隷の身分から解放された。その後、夫スルタンに助言を与え、国政に積極的に関わるようになった。先例のないほどの出世を果たしたために魔女ではないかと噂されることもあったが、1558年に亡くなるまで権勢をふるいつづけた。

プロテスタント対 カトリック

宗教改革

16世紀、カトリック信仰への革命的挑戦として起こった宗教改革は、ヨーロッパ各地でプロテスタント教会が設立される発端になった。1517年、ドイツの神学者マルティン・ルターはカトリック教会を批判する95カ条の論題を発表し、キリスト教改革運動の火付け役となった。ルターは修道士だったが、1525年、改革派の思想に関心をもった元修道女のカタリナ・フォン・ボラと結婚した。プロテスタント教会で、聖職者は結婚できるようになったが、女性は相変わらず偏狭な考えに抑えこまれ、家庭での役割に縛られていた。フォン・ボラは大家族であるルター家の切り盛りを担い、夫を支える妻の模範になった。生涯独身を貫くカトリックの聖職者とは対照的に、プロテスタントの聖職者はルターにならって妻をめとり、家庭を築くようになった。

もう一人、重要な元修道女にエリザベト・クロイツィガーという女性がいた。発足したばかりのプロテスタント教会のために賛美歌をつくった詩人である。だが、プロテスタントの女性作家として最初に世に知られるようになったのは、バイエルンの貴族の家柄に生まれたアルギュラ・フォン・グルムバッハである。彼女はルターら改革派を支持する内容の小冊子や書簡を出版した。

16世紀、プロテスタントからの批判への対応として発生した運動である対抗宗教改革には、カトリックの女性たちも大きな貢献をした。なかでも有名なのは、スペインで修道院改革に取り組んだカルメル会修道女のアビラのテレサや、イタリアで1535年に設立され、カトリックの信仰教育を行ってきた伝統ある女子修道会、ウルスラ会の創立者のアンジェラ・メリチである。

宗教改革の主導

ヨーロッパ大陸での動きはイングランドでの宗教改革の後押しになった。ここで大きな役割を演じたのは女性たちだった。その一人はアン・ブリンである。1534年、ブリンとの結婚を望んだイングランド国王ヘンリー8世は、最初の妻との結婚を無効にするため、イングランド国教会をローマ・カトリック教会から独立させた。ルターの改革に関心をもっていたブリンからの影響と、英訳聖書の出版の推進によって、プロテスタント思想家たちが世の中に知られるようになった。その後に即位した女王たちも宗教に関わった。メアリー1世は数百人のプロテスタントを異端の罪によって火あぶりにした。この殉教者たちには50人以上の女性が含まれていた。メアリー1世の死後に王位を継承したその異母妹のエリザベス1世は、イングランドをプロテスタント国として確立するための改革を実施した。

宗教改革の指導者ジャン・カルヴァンがスイスのジュネーヴに移り住むと、この都市は宗教改革の中心地になるとともに、プロテスタント思想家の避難場所にもなった。たとえば、マリー・ダンティエールは大修道院院長だったが、迫害から逃れるために修道院から離れ、牧師と結婚し、1528

> 1580年から1675年に、プロテスタント国のザクセン公国では女子校が **30%** 増加した。

◀ **アヴェ・マリア**
スコットランド女王メアリー・スチュアートが使っていたロザリオと祈禱書。メアリーはカトリックで、スコットランドとイングランドのプロテスタントから信頼を得られなかった。その後、エリザベス1世によって処刑された。

年にジュネーヴに移り住み、女性も宗教に積極的に関わるべきだと主張した。ジュネーヴには宗教改革記念碑があって、プロテスタント教会の発足に関わった人々の名前が刻まれているが、そのなかで女性名は彼女のみである。

宗教改革において、女性はこうして大きな貢献をしたが、公的な役割を与えられることはなかった。ルターもカルヴァンも、家庭を守り、夫や父親に従うことこそ女性の本分であると明言していた。プロテスタントの教派のほとんどは女性が牧師として教えを説くことを禁じたが、アナバプテストなどの急進派の教団は女性が説教師として活動することを許した。宗教改革では女子修道院の閉鎖が進められたため、女性が教育を受け、ある程度の自立を得るわずかな機会の一つが奪われてしまった。

人物伝
ジャンヌ・ダルブレ

フランスとスペインの国境にあったナヴァラ王国の女王。在位は1555年から1572年。カトリックとして育ち、人文主義の学者から教育を受けた。1560年にプロテスタントへの転向を宣言。1562年にフランスでユグノー戦争が起きたときには中立であろうとしたが、結局はプロテスタント側についた。1570年に和議が成立すると、紛争は一時収まった。1572年に死去。ユグノー戦争は1598年、彼女の息子のアンリによってようやく終結した。

◀ 9日間の女王
ジェーン・グレイは、イングランドの王位をプロテスタントに継承させる目的で、1553年に女王として即位させられた。9日後にメアリー1世が即位を宣言し、ジェーンはわずか16歳で処刑された。

「いかにも脆く か弱い女の身ではあるが、私には王にふさわしい心臓と肝とが備わっている」

▼ **エリザベス1世** スペイン無敵艦隊（アルマダ）来襲前のティルベリーでの演説
1588年8月9日

兵を鼓舞

エリザベス1世は1558年から1603年までイングランドを統治した。未婚だったことから〈ヴァージン・クイーン〉のあだ名で呼ばれるようになった。前女王のメアリー1世とは異なってプロテスタントだったエリザベス1世は、カトリックを迫害した。メアリー1世の夫のスペイン王フェリペ2世は、エリザベス1世を廃位に追いこんでイングランドをふたたびカトリック国にしようと考え、1588年7月にスペイン無敵艦隊〈アルマダ〉を差し向けた。同年8月、女王はイングランド軍の兵士たちを激励し、彼らと生死を共にすることを約束した。イングランド軍が思いがけず勝利を得ると、国内ではエリザベス1世の人気が高まり、その功績を称えて「アルマダの肖像画」（右）が描かれた。

時代を超えて

演 劇

演劇史における女性の役割は、国や地域の文化によってさまざまである。女性が舞台に立つことを認めた社会でも、演出家や劇作家はたいてい男性だった。こういう偏った状況はいまだに続いている。

▲ **奈良時代の舞人**
奈良時代（710-794年）の舞をともなう雅楽の舞人をかたどった人形。当時の装束を再現した着物をまとっている。この頃、宮廷で演奏されていた音楽は、中国の唐から伝わった唐楽から影響を受けていた。

演劇史上、すぐれた女性の登場人物はあまた生みだされてきたが、女性に演じられることは少なかった。古代から、女性役は男性、とくに少年に演じられた。ソフォクレスのエレクトラからシェイクスピアのマクベス夫人まで、演劇界でよく知られる重要な女性役も、男性俳優のためにつくられたものだった。ヨーロッパでは、女性が舞台に立つことは教会によって禁じられていたが、ローマ教皇の権威を揺るがした宗教改革ののち、その状況に変化が生まれた。スペインでは、16世紀にようやく女性が舞台に立てるようになった。17世紀初めのセルバンテスの小説『ドン・キホーテ』には、花形女優を抱える一座が登場する。フランスでは、16世紀末、マリー・ヴェルニエという女優がさまざまな舞台作品に出演している。

イングランドでは、17世紀の清教徒革命後、劇場は政権を握った清教徒のオリヴァー・クロムウェルによって閉鎖されたが、1660年の王政復古ののちに再開された。芝居好きのチャールズ1世から特別に許可され、女性も演者として活躍できるようになった。イングランド初の舞台女優は、1660年にシェイクスピアの『オセロー』のデズデモーナ役を演じたマーガレット・ヒューズである。同じ頃、女性が男装し、〈男役〉として舞台に立つことも可能になった。また、劇作家として成功する女性も現れた。アフラ・ベーンの戯曲『強いられた結婚』が上演されたのは1670年のことである。

アジアの状況はまったく異なった。古代インドの叙事詩『マハーバーラタ』と『ラーマーヤナ』には女性だけの劇団について言及されているし、論文『演劇典範』には女性だけが出演する演目『ラーシャム』について説明されている。7世紀末のインドでは、女性が舞台に立つことは禁じられていなかった。男性だけの劇団もあれば、女性だけの劇団も、男女混成の劇団もあった。だが、10世紀から11世紀にかけてイスラム教が伝来すると、演劇は次第に上演されなくなった。中国

> 「女性の役柄は、映画よりも舞台のほうがずっといい」
>
> キム・キャトラル　女優　2011年

マーガレット・ヒューズ　イギリスの女優　1672年

演劇 111

▲ 黒人女性たちの声
アメリカのフェミニズム作家であるヌトザケ・シャンゲは、1977年に発表した戯曲『死ぬことを考えた黒い女たちのために』の舞台に女優として出演した。7人のアフリカ系アメリカ人女性の独白から構成されるこの作品では、生き生きとした話し言葉がセリフにとりいれられている。

では、明朝（1368-1644年）にはすでに民間の劇団に女優が所属していた。女優の社会的地位は低く、売春婦と同じくらいだった。女性演者の活躍がもっと目立つようになったのは1850年代の上海でのことだ。この頃、李毛児がつくった〈毛児戯〉のような女優だけの劇団が劇場に雇われるようになった。

新しい役割

20世紀以降、女性の演出家や劇作家の活動の機会は増えている。1970年代からは、女性が共同で興行を企画する、女性だけの劇団で活動するなどの例も見られる。女性たちの協力のもと、女性ならではの体験をテーマにするフェミニズムの小説や戯曲が上演されることもある。よく知られているのは、1996年初演の『ヴァギナ・モノローグ』である。この戯曲は、200人の女性へのインタビューをもとに、イヴ・エンスラーという劇作家が書きあげた。こういう新しい取り組みもあるにせよ、欧米の劇場で上演される作品のほとんどで、出演者やスタッフとして関わる女性の数は、男性のおよそ半分である。一方で、そういう作品を鑑賞する女性の数は男性よりも多い。

歴史を変えた女性
演劇界のスター

ロスヴィータ（935-1000年）　ベネディクト会の修道女。南ザクセン地方のガンダースハイムの女子修道院で人生のほとんどを過ごす。古代ローマの劇作家テレンティウスの作品を手本に、6つの喜劇をラテン語で執筆。1500年頃に手書き原稿が発見されたため、劇作家であったことが認知された。

ペグ・ウォフィントン（1714-1760年）　アイルランドの女優。10歳のときダブリンでジョン・ゲイの『ベガーズ・オペラ』に出演し、名声を獲得する。1740年、興行主ジョン・リッチに週給5ギニーで雇われ、コヴェントガーデン劇場で上演された『募兵官』で、女装と男装の両方を要するシルヴィア役を演じた。1745年には週給10ポンドを稼ぐ人気女優になっていた。

サラ・ベルナール（1844-1923年）　フランスの女優。19世紀、フランスで人気を博した戯曲のいくつかに出演し、女優としては先例がないほどの名声を得た。舞台女優から草創期だった映画界に進出し、無声映画『椿姫』（1911年）、『エリザベス女王』（1912年）で主演した。

スワナクマリ・デヴィ（1855-1932年）　演劇史上初となるインド英語の戯曲を書いた劇作家。ベンガルの名門タゴール家に生まれる。未亡人の再婚をテーマにする戯曲『ウエディング・タングル』（1904年）を執筆。また、小説、詩、随筆、さらには過去に例のなかったベンガル語のオペラまで書き、インド社会での女性の立場を浮き彫りにした。

ロレイン・ハンズベリー（1930-1965年）　アメリカの劇作家。アフリカ系アメリカ人女性劇作家として初めて、ブロードウェーで作品を上演された。代表作『日なたの干しぶどう』（1959年）はシカゴの黒人居住区に暮らす黒人一家の物語で、シカゴのサウスサイド育ちである彼女自身の体験に基づく作品である。

ウシャ・ガングリー（1945年-）　インドの舞台演出家。1976年にランガカーミー劇団を創設。1980年代に演出家として活動しはじめ、『マハーボージ』（1984年）などの戯曲によってヒンドゥー演劇の復活に貢献した。少女に対する差別を扱った『ベーティアーイー』は、1996年の初演時には女性キャストのみで上演された。

贅沢と

隔離

ムガル帝国

かつて、ムガル帝国（1526-1857年）は栄華、文化、権力、富の代名詞だった。その皇宮内で、皇妃、皇太后、年長の女性皇族はたいへん敬われ、側室、使用人、奴隷とともに、男子禁制のきらびやかなハレム〈ゼナナ〉で暮らした。第3代皇帝のアクバル1世は、都ファテーブル・シークリーのゼナナに5000人の女性を住まわせていたといわれる。

ゼナナには、学校、遊技場、市場、洗濯場、厨房、浴場が備えつけられ、贅沢な装飾が施されていたうえ、緑豊かな庭園、噴水、あずまやまで設けられていた。そこに寝起きする女性のほとんどは皇帝中心の生活を送っていた。皇帝との間柄が近ければ近いほど、それだけ与えられる恩恵や特権は大きかった。

ハレムでの序列

ゼナナにはしっかりとした序列があった。最も地位が高いのは〈パディシャー・ベグム〉、すなわち皇妃だった。しかし、ムガル帝国では一夫多妻が認められていたので、皇妃が2人以上いる場合もあった。最上級の女官、〈マハルダル〉はゼナナの女性たちの監督役を担い、しばしば皇帝のためにスパイ活動を引き受けた。その下には〈パリスタランエーフドゥル〉と呼ばれる中級女官がいた。最も地位が低かったのは、皇帝に献上された、もしくは購入された女奴隷だった。

これらの女性たちは厳格な規則、〈プルダフ〉に従わなければならなかった。プルダフはペルシア語で〈幕〉を意味し、女性の隔離を意味する言葉だった。ゼナナは〈ナジル〉と呼ばれる宦官たちの監督下にあって、女性たちは自由に外出できなかった。しかし、皇帝の狩猟、遊行、巡礼の供をするときには外出を許可された。皇帝とゼナナの女性の警護役を担ったのは、〈ウルドゥベギ〉

◀ 豪華な調度品
ムガル皇帝一族の女性たちは贅沢品に囲まれていた。宝石をちりばめたこの容器もその一つ。ムガル皇帝の富はフランス皇帝とペルシア皇帝のそれをあわせたよりも多いといわれた。

と呼ばれる腕のたつ女性武将たちだった。

女性で教育を受けられるのは裕福な皇族にかぎられた。第5代皇帝シャー・ジャハーンと、死後にタージ・マハルに安置された皇妃ムムターズ・マハルのあいだに生まれたジャハナラ・ベグムは、17歳のときからハレムの女性たちを統括し、芸術家や建築家を支援した。一方、彼女の弟である第6代皇帝アウラングゼーブは、寵愛していた娘ゼーブンニサー・ベグムを幽閉してしまった。ゼーブンニサー・ベグムは皇宮内で数学、哲学、天文学を学んでいたが、詩や音楽に傾倒したことが父親の意に沿わず、亡くなるまでの20年間、デリーのサリムガル城塞に閉じこめられていた。

ムガル皇宮の踊り子だったベグム・サムルは、25歳でサルダナ地方の支配者になり、芸術、交易、金融、宗教の発展に力を尽くした。彼女は、1783年にシク教徒の侵入を防ぎ、第15代皇帝シャー・アーラム2世を守ったことで知られる。身長1.37mという小さい体で雄馬にまたがり、戦場に飛びこんだという。

▶ 黄金の鳥かご
贅沢品に囲まれていたとはいえ、ゼナナの女性たちは厳しい規則、プルダフに縛られていた。右はムガル皇帝の後宮、ゼナナの様子が描かれた細密画である。

▼ **芸者の時代**
江戸時代に登場した芸者は、客をもてなすことを仕事にする女性たちだった。一流の芸者は卓越した技芸を備えていた。

儒教の教え

江戸時代の日本

江戸時代（1603-1868年）に日本を支配した武家政権の江戸幕府は、新儒教ともいう朱子学を施策の基盤にとりいれた。それによって、女性は男性に従うものとされた。女性の道徳教育用の教訓書にもこの考えが盛りこまれた。『女大学』などの教訓書には儒教の〈男尊女卑〉の教えが具体的に記された。とはいえ、女性は相変わらず家内をとりしきったし、なんらかの形で権力を行使することもあった。

儒教思想では、年長者と先祖を敬うことが重んじられた。そしてこの考え方が、家父長制構造を要にする階級社会の柱になった。家長、すなわち家の当主は普通は男性だった。もっと前の時代には夫が妻の家族と同居するのが一般的だったが、やがて妻が夫の家族と同居するようになった。江戸時代には、娘に財産を相続させるのは家の財産の一部を放棄するのと同じことだったので、女性の相続権は序々に認められなくなっていった。

遊郭

儒教思想では、結婚に恋愛感情はそれほど重要ではなかった。そこで、色恋を求める男性は遊女のもとに通った。17世紀の江戸（現東京）では、幕府は風紀を取り締まるなどの目的のために公認の遊郭を設けた。板塀で囲われた遊郭は京都や大坂の周縁部にもつくられ、遊女は物理的にも法的にも他の女性たちから隔離された。1760年代以降には、芸者が増えていった。芸者は音楽、舞踊、会話で男性客を楽しませた。置屋（芸者の住居）とお茶屋（芸者の仕事場）を経営するのは女性だった。置屋は、芸者のために経費を立て替えてやる代わり、稼いだ金を納めさせ、手元にいる働けない芸者を含めた女性たちの面倒を見てやった。江戸時代の家父長制社会にありながら、芸者の世界は、少なくとも理論上は、女家長制的だった。

▲ **女性の着物**
これは商人の妻がまとったと思われる打掛。江戸時代以前には、こういう打掛を着るのはおもに武家の女性だったが、江戸時代に入ると、商人が経済力をつけ、武家の服装をとりいれるようになった。

◀ **役割の逆転**
江戸の社会では規制が厳しく、1629年以降、女性が歌舞伎の舞台に立つことは禁じられた。そして、左の版画に描かれているように、男性が女役を演じるようになった。

新天地
での生活

植民地時代のアメリカ

　ヨーロッパからの入植が始まると、北アメリカ大陸全体の状況が変わっていった。15世紀後半から16世紀前半にかけて、ヨーロッパ人はいわゆる新世界に植民地をつくりはじめたが、先住民を思いやることはほとんどなかった。アメリカ大陸への入植の理由はさまざまだった。約束の地を求めてやってくる者もいれば、金を稼ぐため、あるいは宗教的迫害を逃れるためにやってくる者もいた。ヨーロッパ人にとって、植民地の建設は新しい社会の一員になるチャンスだった。もちろん、女性にとってもそうだった。うんざりするような環境から飛びだし、もっといい場所であるはずの新天地を目指す女性はたくさんいた。

　ヨーロッパ人の多くは、アメリカ先住民社会での女性の役割が母国の常識からかけ離れていることに驚いた。イギリス人入植者が早い時期に出会った北アメリカの東部森林地帯先住民の場合、女性は男女の役割分担を決定する立場にあり、子育てと農耕では主導権を握っていた。一方で男性は、狩猟、漁猟、他の部族やヨーロッパ人との交渉や調整を担っていた。先住民の多くの文化で、女性

◀ **部族長の花嫁**
先住民の女性は、西洋の女性とは異なって、社会的に重要な役割を担っていた。1591年に制作されたこの版画には、結婚式のために運ばれていく部族長の花嫁が描かれている。

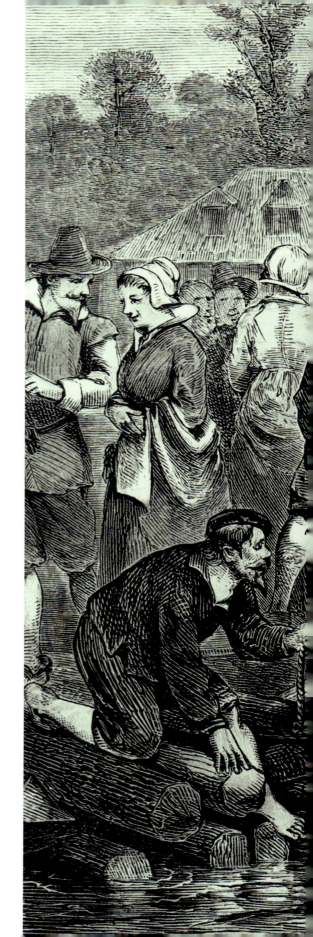

おもな出来事
新しい始まり

新世界の植民地化によって、入植者の女性はチャンスを手にしたが、先住民の女性は犠牲を強いられ、生活様式を咎められた。

1500

- **1503年** イスパニョーラ島のタイノ族の女部族長アナカオナが処刑される。このとき、交渉のために訪れたはずのスペイン人がタイノ族を虐殺した。

1600

- **1608年** 北アメリカ初のイギリス植民地、ジェームズタウン植民地にイギリス人女性2人が到着する。
- **1613-1614年** ポカホンタスがイギリス人入植者にとらえられ、その1年後にキリスト教に改宗し、ジョン・ロルフと結婚する。
- **1662年** ヴァージニア植民地で、奴隷の母親から生まれた子どもは奴隷であるとする法律が制定される。
- **1663年** フランス国王ルイ14世が、カナダのフランス植民地ヌーヴェルフランスの人口を補うため、現地に800人の〈フィユ・ド・ロワ(王の娘・未婚の娘)〉を派遣しはじめる。
- **1671年** ロードアイランドの先住民サコネット族の女性部族長アワションクスが、ほかの部族の部族長たちとともに、プリマス植民地との和平条約に署名する。
- **1691年** ヴァージニア植民地で、自由白人の女性と、アメリカ先住民を含む非白人との婚姻を禁止する法律が制定される。
- **1692年** マサチューセッツのセイラムで数百人にのぼる女性が魔女として告発される。結果として女性14人と男性5人が処刑された。

1700

- **1756年** マサチューセッツのアクスブリッジで開かれた対話集会で、アメリカ初の女性有権者リディア・タフトが投票権を行使する。
- **1773年** フィリス・ウィートリーが詩集『宗教および道徳に関するさまざまな主題の詩』を発表し、北アメリカとヨーロッパで評判になる。

◀ **入植者との結婚のためジェームズタウンに到着した女性たち**
1876年にウィリアム・ラドウェル・シェパードによって描かれた。

は政治的指導者や精神的指導者として重要な役割を果たしていた。また、多くの家族は母系制をとり、伝統や部族内での立場を母方の祖先から受け継いでいた。イロコイ連邦を構成する各部族もそうで、女性は部族長の選任権（または解任権）をもっていた。

植民地社会

北アメリカ大陸に到着した最初のイギリス人入植者の集団では、女性よりも男性のほうがずっと多かった。植民地の建設は事業として行われていたので、女性はなかなか移住したがらなかった。男女の数が不釣り合いだったことで、初期の植民地社会は不安定だった。また、入植者は近隣の先住民の部族に対処しなければならなかった。先住民の多くは植民地の常設に不満を抱き、入植者に戦争をしかけた。対立を緩和する方策の一つとして、イギリス人入植者のジョン・ロルフと、ポウハタン族の有力な部族長の娘ポカホンタスが結婚した。その後、入植者とポウハタン族の関係は改善された。ポカホンタスはキリスト教に改宗してレベッカと改名し、言語や習慣を学んでイギリス文化に順応したので、先住民から「西洋人に飼いならされた野蛮人」と呼ばれた。

最初のイギリス植民地、ヴァージニアのジェームズタウン植民地が建設されたのは1607年のことだったが、それからの10年は山あり谷ありだった。植民地初の女性は入植者の妻のフォレスト夫人とそのメイドのアン・ブラスで、ブラスは1608年に植民地初の花嫁になった。人口の男女差は1619年から1621年までのあいだに縮まっ

人物伝
聖女カテリ・テカクウィサ

1656年頃、現在のニューヨークにあたる地域に生まれる。アメリカ先住民初のカトリック教会の聖人。モホーク族出身で、両親の死後、イロコイ族のロングハウスに住まう親族のもとで育てられ、フランスのイエズス会宣教師を通じてカトリックの教えに触れた。19歳のときキリスト教に改宗。1677年にヌーヴェルフランスにあったイロコイ族キリスト教徒の集落に移り住み、貞潔と自己苦行の誓願を立てた。その3年後に24歳で亡くなり、2012年に聖人に列せられた。

▲ **異人種間の関係**
入植者のなかには先住民女性と関係をもつ者もいた。18世紀のメキシコを描いたこの絵画には、結果として子どもを得た入植者が描かれている。後日、非白人女性との結婚は法律によって禁止された。

ていった。ヴァージニア会社が〈花嫁候補の乙女〉150人を送りこんだからである。会社側は、女性を派遣して入植者と結婚させることが植民地の存続につながると考えた。家庭をもち、心を満たされた男性はもっと熱心に働くようになるというのがその理由だった。

女性入植者のなかには年季奉公人の募集に応じてやってくる者もいた。数年間の労働と引き換えに、新世界への渡航費用と奉公期間の衣食住を賄ってもらったのである。英国国教会分離派によって築かれたニューイングランド植民地では、家族単位で移り住んだ入植者が多かったので、人口の男女差は当初から小さかった。

植民地時代のアメリカでの女性の地位と役割は、人種、宗教、地理的環境によって異なった。家父長制はずっと幅を利かせていたが、アン・ハッチンソンのように、そのことに疑問を抱き、異議を唱える女性が現れた。ハッチンソンは清教徒で、説教師として活動したために、マサチューセッツ湾植民地の聖職者たちの怒りを買った。そして、裁判にかけられて有罪を宣告され、植民地から追放された。

ラテンアメリカのスペイン植民地はキリスト教の布教を運営の基盤にした。ここでの先住民支配にはカトリックの教えが鍵となった。植民地の人

> 「私は不可視のお方にお会いしたのですから、もう人にされることなど恐ろしくありません」
>
> アン・ハッチンソンの法廷での証言　1637年

人は社会的階級、性別、宗教、人種によって人生を左右された。16世紀から17世紀にかけてスペイン人入植者は、植民地化の一環として、先住民女性がもっていた、土地の所有権などの特権を剥奪した。また、伝統的な治療法の実践を禁止した。北アメリカの場合と同様に、ヨーロッパ人によるキリスト教化の推進と自国文化の導入で、先住民女性の権限は狭められてしまった。

▼ アメリカの姫君？

ポカホンタスに関する最も古い記録はジョン・スミスが残した文書に見られる。それによれば、彼女の父親に殺されそうになったスミスを救ってくれたという。しかし、文献に記されている彼女の生涯は脚色されていることが多い。先住民の同化の例としてとりあげるのに都合がよかったからである。

「私が同意すると、悪魔があの人たちに危害を加えに行くのです」

アビゲイル・ホッブズの証言　1692年4月

魔女であることを自白

　1692年2月から1693年5月にかけて、マサチューセッツ湾植民地では魔女として告発された人々の一連の審問、セイラム魔女裁判が行われた（⇨p.122-123）。告発された女性の多くは潔白だったが、拷問されて、あるいは強要されて魔術の実践を自白してしまった。自白は処刑されるのを先延ばしにする手段でもあった。自白した者は尋問され、共犯者の名前を明かすよう要求されたからである。十代の少女アビゲイル・ホッブズも、悪魔に魂を捧げたこと、魔女の集会に参加したこと、隣人を殺したことを認めたのち、尋問されて何人もの人々を告発した。セイラム村の元牧師ジョージ・バロウズも名前を挙げられた一人だった。ホッブズの告発に基づき、裁判が相次いで行われたが、彼女自身の裁判は1693年に決裂し、彼女への死刑執行は猶予された。魔女裁判をテーマにする絵画には、自白する女性の姿が、空想をまじえて表現されていることが多い。1892年に制作されたこの作品もその一つで、魔力で判事の動きを封じようとする魔女が描かれている。

時代を超えて

魔女術──ウィッチクラフト

魔女(ウィッチ)の概念はたいへん古くから存在するが、それが女性を指すようになったのは、15世紀のヨーロッパでさかんに行われた異端審問でのことだった。魔女狩り熱がピークに達した17世紀までに、大勢の女性が不当に迫害され、惨殺されていた。

人類史上、ウィッチクラフトと呼べるものは多くの国や地域の文化にあって、人々から恐れと疑いの目で見られてきた。ウィッチクラフトを実践したと疑われて責められるのはたいてい女性だった。とくに多かったのが貧しい老女である。医術が男性のものとされてからは、伝統的な民間療法を貧しい人々のために用いる〈女賢者〉も標的にされた。

魔女のもつ力については、時代や場所によってさまざまに定義された。空を飛ぶ、悪魔をあやつるとされることが多かったが、それ以外にも、動物(使い魔と呼ばれた)を使って人を監視したり攻撃したりする、自ら動物に変身するなどといわれた。また、人の病気、性的不能、不妊を引き起こすとか、家畜の病気、繁殖不能をもたらすなどとも考えられていた。

迫害

ヨーロッパでは識者からも一般大衆からもウィッチクラフトの存在が疑われるようになり、18世紀末までに魔女狩りはほぼ行われなくなったが、15世紀半ばからそれまでのあいだに約10万件の魔女裁判が行われ、約5万人が処刑された。犠牲者のおよそ80%は女性で、処刑のほぼ半数はドイツ語圏で行われた。この時期のヨーロッパでは戦争、宗教論争、経済不安がほぼ絶えず、人々を悩ませていた。そのこともあって、憎しみをぶつける対象としての社会悪が求められるようになった。だから、不況の時期に

▼ 魔女の鉄槌
魔女を起訴する根拠になったのは、1486年の〈魔女に与える鉄槌〉のような、魔女を拷問し、処刑することを推奨する論文だった。こういう手引書に記された魔女像は、悪魔とつるむふしだらな女性というものだった。

> 「嘘つき！ 私は魔女ではありません、あなたが魔法使いではないのと同じように」
>
> **サラ・グッド** セイラム魔女裁判の犠牲者
> 1692年

は魔女裁判が目立って増えた。多くの場合、一件の裁判からいくつもの告発が生まれた。たとえばスウェーデンでは、メレット・ヨンスドッターという女性が魔女の疑いをかけられた。するとそれをきっかけに集団パニックが生じ、1668年から1676年にかけて約280人が処刑される結果になった。職務に熱心になりすぎた役人が大規模な迫害を主導したこともあった。イギリスでは、〈魔女狩り将軍〉を名乗るマシュー・ホプキンスという男性が、1644年から1647年にかけて300人の女性を処刑している。

ニューイングランドに入植したイギリス人によって、魔女騒動はアメリカに広がっていった。1692年から1693年にかけて行われたセイラム魔女裁判は、人々の疑心暗鬼から引き起こされた。その発端は、降霊会に参加していた数人の少女たちが悪魔憑きの兆候を表し、彼女たちをたぶらかした妖術使いとして3人の女性の名前を挙げたことだった。セイラム魔女裁判では女性14人と男性5人が処刑された。

アメリカ先住民にも彼らなりのウィッチクラフ

魔女術──ウィッチクラフト 123

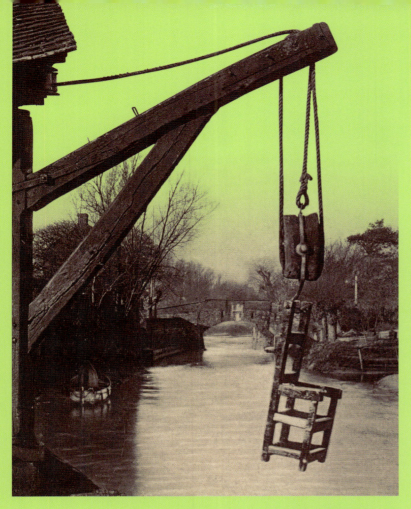

▲ 水攻め用の椅子
ウィッチクラフトを実践したと疑われた女性のなかには、池や川の水に沈められ、有罪かどうかを決められてしまう者もいた。体が水に浮けば有罪とされた。

トの概念があった。ウィッチクラフトの実践者は人に災いをもたらすことができると信じられ、一部の部族の人々には、魔女は動物に変身できる、あるいは憑依できると考えられていた。ナヴァホ族はそういう魔女を〈スキンウォーカー〉と呼んだ。魔女ではないかと疑われた者は、たいていは老女だったが、とらえられて拷問され、警告、追放、殺害のいずれかの処分を受けた。西洋からの入植者のせいで居住地を追われ、疫病に悩まされるようになると、先住民の人々のあいだで魔女告発が増えていった。

現代のウィッチクラフト

ウィッチクラフト信仰は現在もいろいろな国や地域にあって、とりわけアフリカに多く見られる。アフリカの部族社会では、〈善良な〉呪術師ともっと邪悪な魔術師とが区別され、邪悪なほうはたいてい女性である。一部の地域でときおり魔女の迫害が行われているが、欧米とは異なって、アフリカでは大規模な魔女狩りが行われたことはない。

ウガンダの癒しの集会での呪術師

歴史を変えた女性
魔女として告発された女性たち

アリス・キテラ（1263頃-1325年） アイルランドの裕福な女性。4回結婚した。1324年、継子たちから魔女として告発された。地域の司祭の主導で取り調べが行われ、複数の罪に問われた。キリストを否定した罪、悪魔に捧げものをした罪、薬を調合した罪、魔法使いに元夫を殺させた罪である。彼女は外国に逃げ、処刑を免れた。

徽嬪金氏（きひんきんし）（1410-1429年） 李氏朝鮮の高官の娘で、1427年に皇太子である文宗の結婚相手に選ばれた。宮廷の他の女性たちに目移りする文宗を振り向かせるために魔術を行ったといわれる。ライバルの女性たちの履きものを焼いたほか、文宗の寵愛を得る目的で、ヘビの血に浸した衣をまとったという。そのことが明るみに出ると、宮廷を追われ、平民に格下げされた。

メルガ・ビエン（?-1603年） ドイツの都市フルダに生まれる。1602年、フルダで城主の命令によって魔女狩りが行われ、200人以上の市民が有罪をいいわたされた。ビエンは3人目の夫と結婚して14年後にようやく子宝に恵まれた。すると、悪魔と通じあって妊娠したといわれ、魔女として告発された。それに加え、2人目の夫を殺したことを拷問によって無理やり自白させられ、火あぶりの刑に処せられた。

カトリーヌ・モンヴォワザン（1640年頃-1680年） フランスの産婆、占い師、媚薬販売者。〈ラ・ヴォワザン〉のあだ名で知られた。パリで占い師として活動し、国王の愛妾などの貴族を顧客にしたことで裕福になった。1679年、黒魔術および毒殺事件の関係者の中心人物として告発され、その1年後に火あぶりの刑に処せられた。

マリー・ラヴォー（1794/1801頃-1881年） ニューオーリンズの自由黒人の家庭に生まれる。奴隷として連れてこられたアフリカ人が北アメリカにもちこんだ信仰から派生した宗教、ブードゥー教のまじない師として広く評判になった。〈グリグリ〉という幸運の護符の販売、まじない、予言、さらには病人の治療を行った。そのすぐれた能力によってニューオーリンズの〈ブードゥー・クイーン〉の異名をとった。

服従と貞節の国

清王朝

唐（618-907年）の滅亡とともに中国の黄金時代が終わると（⇨ p.48-49）、中国女性に許される自由と権利はその一つ前の時代に戻ってしまった。女性は男性に従うべき存在であるとする儒教思想が人々のあいだに広まった。儒教思想では、女性は「才がなければすなわち徳」といわれた。

教訓

清（1644-1912年）の時代には、女性の徳は国家の安寧と威信に結びつけて考えられるようになっていた。三従四徳（⇨ p.80-81）は、女性が従うべき3つのことと、心がけるべき4つの徳について説いた昔の中国の教えで、10歳頃から始められる女子教育の根幹をなしていた。女の子は10歳頃からは兄や弟から離して育てられた。三従とは、子どものうちは父親に、嫁いでからは夫に、老いて夫を亡くせば子に従うべきであるということであり、四徳とは、「正しい心をもち（婦徳）、よい言葉を使い（婦言）、身だしなみに気を配り（婦容）、務めをきちんと果たすこと（婦功）」だった。未婚女性の貞節は、この教えの核をなす理念であるとともに、若い女性の名誉の土台だった。女子教育では、家事、食品やぶどう酒の知識、立ち居ふるまい、化粧なども教えられた。一般的な水準以上に読み書き能力のある女性は疑いの目で見られることがあった。古くから、読み書きできる女性といえば妓女と呼ばれる高級娼婦であったため、そういう学問には不健全な影響があると考えられていた。

1736年から1795年にかけて、〈貞節信仰〉は国家主導の社会運動になった。貞節を守るために命を絶った女性は表彰され、彫像や廟を建てられ、崇められた。国家がこういう価値観を定めたことで、未婚女性は純潔を失うくらいなら死んだほうがいいと考えるようになった。女児の間引きが横行していたこともあって、適齢期の男性の結婚相手がいっそう不足する事態になった。一方、夫に先立たれ

> **清の建国時、100-150万人の女性が売春に従事していた。**

▲ **ステータス・シンボル**
結婚した女性のほとんどは家のなかで身を粉にして働いた。しかし、身分の高い宮中の女性は例外で、こういう凝った装飾の付け爪をつけ、手作業をする必要のない地位にあることを誇示した。

▶ **官能の喜び**
清朝の人々のセクシュアリティのとらえ方は複雑だった。それは、禁欲的な儒教の教えが重んじられた結果だった。前時代にさかんだった、もっと開放的な道教思想は、儒教の隆盛とともに衰退していった。一方で、清朝に入ってからも、画家たちへの官能的な絵の依頼は絶えなかった。

> **「なんとしても純潔を守ろうと、[彼女は]自分の命を犠牲にした」**

純潔のために自害した女性**ワン・アグァン**を〈貞節烈女〉として推挙する清朝の役人の言葉　1752年

服従と貞節の国

た女性が再婚すれば、世間から白い目で見られることになった。寡婦は独り身でいて当然とされたからである。再婚も独り身も選ばず、自ら命を絶ってしまう寡婦も少なくなかった。清朝の皇帝たちは寡婦の自殺を禁じたが、たいして効果がなかったため、表彰の条件をもっと厳しくした。

19世紀末から20世紀初めにかけての清朝末期、知識階級の人々は儒教の女性観に異議を唱え、女子教育の必要を訴えた。多くの著書のある思想家の梁　啓　超も女子校の設立に賛同したが、その主張は、女子によい教育を施せば良妻賢母になり、中国社会全体のためになるというものだった。

▼ 碁を打つ女性たち
清朝の人々がもっていた徳の観念は、性的なふるまいに関することにかぎらなかった。中国に古くから伝わる戦略ゲームである囲碁は、暴食や怠惰を避ける手段にもなるといわれ、女性にも娯楽として認められていた。

「あなたがたの手を仕事に、心を神に差し出しなさい」

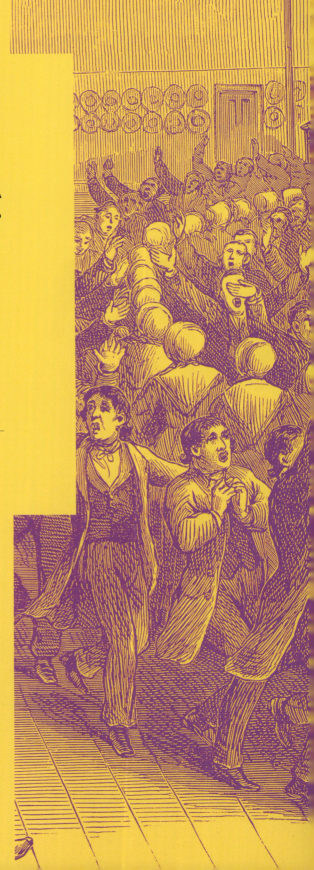

シェーカー教の創始者**マザー・アン・リー**の言葉　チャールズ・ノードフの著書より　1875年

シェーカー教

　プロテスタントの一派であるシェーカー教（キリスト再臨信者協会。礼拝のときに体を揺するところからこう呼ばれた）は、18世紀に創始者のマザー・アン・リーによってイギリスからアメリカにもちこまれた。ニューヨークのオールバニで最初の信徒団が結成された1770年代から19世紀半ばまでは発展したが、それ以降はだんだん衰退した。信者は共同生活を送り、勤勉、質素、禁欲を重んじた。また、神には男女の二重性があることを信じたので、男女平等を推し進める教義を生みだした。シェーカー教信者の男女は「スクエア・オーダー・シャッフル」や「クイック・ステップ・マナー」などのセットダンスと呼ばれるフォークダンスを踊った（1870年代に制作された右の木版画にその様子が描かれている）。ダンスは〈贈り物〉を授かることを目的としていた。贈り物とは預言の力、または病気治癒の力のことだった。

海賊とは船舶、金品、人を強奪する船乗りのことで、戦利品は普通、男性船長を筆頭にする組織のなかで分配する。海賊行為は従来女性には習得の機会がなかった操船と戦闘の技術を要するので、女海賊は昔からめったにいない。女性を船に乗せることは、かつては縁起が悪いとか、他の船員たちの注意散漫を招くなどといわれ、忌み嫌われていた。船長の妻や未亡人ならば乗船を許されることもあったが、女海賊の場合はたいてい仲間として受け入れてもらうために男性を装った。

歴史上、女性を〈海賊〉と呼ぶ場合には、洋上で血なまぐさい冒険をくりひろげる女丈夫を指すことが多かった。たとえば、古代ギリシャの都市ハリカルナッソス（現トルコ）の王妃アルテミシアである。紀元前5世紀、ペルシア艦隊が2度目にギリシャに攻め入ったとき、彼女は5隻の戦艦を率いる指揮官として戦った。中世、女海賊

「血の気の多い部族長も、ヴァイキングも……勇猛さでは彼女にかなわない」

グレース・オマリーのことをうたった歌詞
1798年

◀ 公海上での略奪行為
1961年公開のイタリア映画『海の女王』のポスター。イギリスの男装の女海賊、メアリー（マーク）・リードが主人公である。リードは18世紀初めに海賊行為によって有罪判決を受けた。

時代を超えて

女海賊

　女海賊の例はたいへん少ない。冷酷きわまりない海賊として、ときには男装までして大暴れした女性は実際にいるものの、その生涯はさまざまな神話に彩られている。一般的には、何ものにも縛られず、自由奔放にふるまう女傑というイメージで語られることが多い。今日、そういう女性はおもにオフィスで暗躍しているようだ。

女海賊

と呼べる女性はごくわずかだが存在し、その大半は北欧人だった。代表的なのはデンマーク王妃アルフヒルトである。北欧のサガにはヴァイキング船の女性船長たちのことが記されている。8世紀にジーラントの君主になったヘータもその一人だ。彼女を始めとする、〈女の身と男の魂〉をもった洋上の女傑たちは、男性の手になる文献のなかで、よそ者よりは忠実な人物として描かれている。

16世紀、海賊として名を馳せたグレース・オマリーは、亡き父親のあとを継ぎ、西アイルランドで海運業をいとなむオマリー家の当主になった。父親の存命中、長い髪がロープに巻きつくからといわれ、航海についていくことを許してもらえなかったので、髪をばっさり切った。そのため、短髪を意味するグラニュエールというあだ名で呼ばれるようになった。

海賊の黄金時代（1650-1726年）には、8人の有名な女海賊がいた。その全員が白人で、大半はイギリス人もしくはアメリカ人だった。カリブ海とアメリカ東海岸沖で、イギリス船、フランス船、スペイン船をねらった海賊行為が多発していた頃、彼女たちも金になりそうな積荷を強奪していた。アン・ボニーとメアリー・リードは、当時のおもだった海賊たちをおもしろおかしく紹介してベストセラーになった『海賊史』（1724年）にとりあげられ、広く名前を知られるようになった。

現代の海賊

19世紀末から20世紀初めには中国の女海賊たちが台頭した。貧しい家庭に生まれたが、亡き夫のあとを継いで大規模なジャンク船団の指揮をとるまでになった女性が、少なくとも2人いた。性別を問わず海賊は、捕虜を冷酷に扱った。1920年代には、羅夫人の率いる64隻からなるジャンク船団が、捕虜にした若い女性たちを性奴隷として売り飛ばしている。今日では、ソマリア沖の海賊とは異なって、陸上で海賊行為に従事する女性たちがいる。オフィスで貨物船に関する機密情報を伝達したり、盗品を売買したり、脅迫メールを送ったりするのだ。

▲ 略奪の女王
18世紀のアイルランド系アメリカ人の女海賊、アン・ボニーを描いた絵。ボニーはカリブ海で活動する海賊〈キャリコ・ジャック〉の手下になった。仲間に対して男性のふりをすることはなかったが、略奪におもむくときには男装していた。

19世紀の広東人の女海賊、鄭一嫂

歴史を変えた女性
おもな女海賊

アルテミシア（紀元前480年頃）　しばしば世界史上初の女海賊といわれる。古代ギリシャの都市国家ハリカルナッソスの王妃で、夫に先立たれたあと、ギリシャとペルシアのあいだで戦われた戦争で、5隻からなる艦隊の指揮をとった。その大胆不敵な戦いぶりを見たペルシア王のクセルクセス1世は、アルテミシアの勇敢さを称え、彼女の本質は男性であると述べた。

ジャンヌ・ド・クリッソン（1300-1359年）　フランスの貴族の娘。夫を処刑したフランス王フィリップ6世に復讐するため、艦隊を率い、王所有の商船団を襲撃した。ブルターニュの雌獅子というあだ名で呼ばれた彼女は、イギリス海峡を航行する王の商船を襲い、フランスの村々に奇襲をかけ、イングランド軍に補給品を運んだ。

サイーダ・アル・フッラ（1485-1561年）　16世紀のモロッコ王妃。ムスリムである家族がグラナダから追放されたことに憤り、キリスト教徒である敵に復讐するため、海賊行為、あるいは私掠行為を指揮するようになった。自ら航海に出ることはなかったようだが、西地中海の海賊行為の指導者として名を馳せ、その手腕を大いに称えられた。

グレース・オマリー（1530頃-1603年頃）アイルランドの海賊の女王として知られた。裕福な一族の当主で、40年以上、私掠船（国家からの許可のもと、他国で略奪をする海賊船）を率い、ポルトガルまでの広範囲を航海し、陸上と海上で略奪した。女性であることを隠さず、ドレスを着ていたし、船上で出産までしてのけた。彼女はイングランド女王エリザベス1世に改心を誓い、そののちに彼女の息子は女王から子爵の位を授かった。

メアリー・リード（1690年-1720年頃）　若くして亡くなった父親の実家から養育費をだましとるため、幼い頃から男の子の格好をさせられていた。成長後に軍隊に入隊し、男性として生活した。20代で私掠船、そのあと海賊船に乗り、〈キャリコ・ジャック〉・ラッカム船長のもとで働いた。リードとその仲間のアン・ボニーは2年ほどその海賊船に乗っていた。逮捕されたとき、2人とも妊娠中だといって処刑を免れた。リードは獄中にいた1721年、病気もしくは出産で亡くなった。

鄭一嫂（ていいつそう）（1775-1844年）　清朝の頃、広東の妓女だったが、紅旗幇という海賊団を率いる鄭一と結婚し、夫とともに南シナ海で活動した。1807年に亡き夫のあとを継ぎ、7万人の海賊と400隻のジャンク船（中国の伝統的な船舶）からなる海賊団の長になった。政府と交渉して恩赦を受け、のちに賭博場をいとなんだ。

自由のため
の闘争

革命の時代

　歴史学では、1775年から1848年までの期間をしばしば〈革命の時代〉と呼ぶ。この動乱の時期には、いくつもの国で社会運動や政治運動が生まれ、それが大規模な内乱につながった。また、国家間の紛争に引きずりこまれる国もあった。最もよく知られるのはアメリカ独立戦争とフランス革命である。いずれも自由と解放をうたう社会運動、啓蒙運動に触発されて始まった。こういう大変革の空気にとりこまれた女性のなかには、女性の環境をもっとよくする好機がやってきたと考える人々がいた。

自由のために闘う

　植民地時代の北アメリカでの社会変革を目指した取り組みには、女性からの協力が不可欠だった。とくに、イギリス製品の不買運動ではそうだった。1774年には、入植者の交易を厳しく規制する法律への抗議としてノースカロライナのイーデントンの女性たちがイギリス製品の購入を拒絶し、根負けしたイギリス議会がその法律の廃止を決定している。アメリカ独立派とイギリス支持派のあいだで武力衝突が起こると、女性たちもさまざまな形で協力した。兵士の妻、洗濯人、売春婦として軍に同行する人々もいた。一方、軍の連絡係として力を尽くす人人もいた。有名なのは16歳の少女シビル・ルディントンである。1777年、彼女はイギリス軍がコネチカットのダンベリーに接近していることを植民地の民兵隊に知らせるため、65kmの距離を馬で走りぬいた。また1781年、サウスカロライナの18歳の少女エミリー・ガイガーは、前線にいるグリー

◀ **自由の女神**
自由の女神が描かれたこの旗は、1790年代に女性たちによってつくられ、フィラデルフィアで行われた市民パレードで掲げられたと思われる。女神が手にしている旗竿と、その先端にかぶせられたフリギア帽は、いずれも革命の象徴である。

おもな出来事
自由の闘士

革命には男性だけでなく女性も積極的に参加した。だが、多くの女性に望まれていた社会変化は実現しなかった。

1700

- **1774年** アメリカ独立戦争が始まる。女性たちは結託してイギリス製品の購入を拒絶した。

- **1775年** 「ダンモア卿の宣言」により、イギリス王党派に加わるために逃亡した奴隷には自由が与えられることになる。これに応じて自由になった元奴隷の3分の1は女性だった。

- **1776年** 大陸会議の代議員の妻アビゲイル・アダムズが夫に手紙を書き、アメリカ13植民地の新しい法典の起草にあたっては「ご婦人たちのことをお忘れなく」と訴える。

- **1783年** アメリカ独立戦争が終わる。イギリス王党派の女性の多くはアメリカを離れ、カナダもしくはイギリスに移り住んだ。

- **1789年** フランス革命が始まる。10月、平民の女性が大挙してヴェルサイユ宮殿に押し寄せた。

- **1791年** オランプ・ド・グージュが『女性および女性市民の権利宣言』を発表。

- **1792年** イギリスの作家メアリー・ウルストンクラフトが『女性の権利の擁護』を発表。フェリシテ・フェルニングとその妹のテオフィユが男装してフランス革命軍に入隊する。

- **1793年** フランスで〈恐怖政治〉が始まる。王妃マリー・アントワネットが処刑される。また、穏健共和派の女性数人も死刑に処せられる。

- **1797年** ニュージャージー州で女性参政権が認められる。

1800

- **1813年** 第1次セルビア蜂起が失敗に終わる。勝利したオスマン帝国が多くの女性と子どもを奴隷にする。

- **1848年** ヨーロッパと南アメリカの各地で革命が起こり、女性も戦闘に加わる。

◀ **モリー・ピッチャー**
アメリカ独立戦争中の1778年に行われたモンマスの戦いで、女性ながら勇敢に戦ったといわれる。

132　帝国の時代から啓蒙の時代へ

▶ 鬨の声
1789年7月14日、平民の男女の集団がバスティーユ牢獄を襲撃した。この牢獄の陥落は王権の失墜とフランス革命の開始を意味した。

ン将軍への伝言をあずかったあとイギリス軍につかまった。だが、内容をそらで覚えてから書きつけを飲みこんでいたので、持ちものに疑わしいところがなく、そのまま解き放たれた。

フランス革命でもアメリカ独立戦争でも、強固な意志をもって男性のふりをし、戦闘に加わった女性たちがいた。ヴァージニアのアンナ・マリア・レインも男装し、夫とともに独立軍（大陸軍）の兵士として戦った。ジャーマンタウンの戦いで負傷したが、治療を受けることは拒否した。これは無理もないことだった。男性のふりをした女性の大半は、傷の手当ての際に女性であることが露見したからである。こういう女性たちと同様に、フランス革命に身を投じた女性たちも、詮索されないよう苦心した。軍に入隊するため、胸に布を巻きつけ、髪を短く切って男性に扮したのである。

啓蒙された女性たち

1789年にフランス革命が始まると、戦乱の日々が長く続くことになった。それと同時に、君主制への反発を封じこめる戦いがヨーロッパ各地で始まった。女性たちは最初から革命の当事者だった。1789年7月には政治犯を収容するパリのバスティーユ牢獄の襲撃に加わり、10月にはヴェルサイユ宮殿に押しかけた（⇨ p.134-135）。啓蒙思想に基づく教育を受けていた女性識者たちは、女性の権利を堂々と主張する論文を発表したり、革命的共和主義者女性協会のような政治クラブに加入したりした。フランスでもアメリカでも、女性たちは小冊子や小説を書き、共和制国家での女性の役割について訴えた。

こういう政治的な反発は、男性にとってはもちろん、女性にとっても危険だった。1793年、フランス国民公会は女性の政治参加を禁止した。1793年から1794年にかけての恐怖政治の時代、オランプ・ド・グージュはポリムの筆名を用い、ロベスピエールと、彼を党首として政権を掌握した急進共和派の政党ジャコバン派を批判する記事を書き、処刑された。この頃、政権を批判する者、とくに女性は、死刑に処せられた。穏健共和派の政党ジロンド派の党員マリー＝ジャンヌ・ロランも犠牲になった一人である。ジロンド派の中心人物として処刑された彼女が獄中でしたためた回想録からは、彼女が勇敢な女性だったことと、啓蒙思想の揺るぎない信奉者だったことが読みとれる。ロランの回想録とド・グージュの記事には、フランス女性だけでなく、アメリカ女性も大きな影響

> 1848年、ハンガリーで急進派の女性たちが
> # 24回
> にわたって男女同権実現の請願を提出した。

人物伝
シャルロット・コルデー

本名マリー＝アンヌ・シャルロット・コルデー・ダルモン。1768年、フランスのカーンで貧しい貴族の家庭に生まれる。成長後、穏健共和派の政党ジロンド派を支持するようになった。1793年、ジャコバン派の恐怖政治に危機感を覚え、パリに出た。正体をごまかしてジャコバン派の革命指導者ジャン＝ポール・マラーに会い、故郷カーンでジロンド派の仲間だった人物の名前を教えるといって近づき、浴槽で湯につかっていたマラーを刺殺。その罪により、同年のうちにギロチンで処刑された。

を受けた。

　一方、1792年から1795年までフランスを支配した急進的な革命政権を積極的に支持する女性たちもいた。死刑執行が相次ぐなか、〈編み物女〉と呼ばれるその女性たちは、処刑場にやってきて断頭台のわきに腰かけ、昔から解放の象徴とされてきたフリギア帽などを編みつづけた。

革命の年

　革命時代には、ハイチ、セルビア、アイルランド、中南米でも反政府運動や暴動が勃発した。1848年にはヨーロッパ全体が革命の波に飲みこまれた。それ以前の革命のときと同様に、女性たちは力を合わせて政治クラブをつくり、男女平等を訴え、金策に走り、反政府運動家をかくまい、不買運動に加わった。たとえば、ノルトライン・ヴェストファーレン州エルバーフェルトの女性たちは、「ドイツ統一を思い描けば、胸の鼓動がより強く、より速く」なるからといい、ドイツ諸邦で購入した衣類だけを身にまとった。

　女性はヨーロッパでも南北アメリカでも革命に貢献したが、その行動で女性の立場が大きく変わることはなきに等しかった。フランス革命後に成立したフランス民法典、別名ナポレオン法典は、女性の公民権と参政権の大部分を認めていなかったし、アメリカ合衆国憲法も、女性の地位向上につながるものではなかった。アメリカ独立宣言には、すべての人間は平等につくられているとうたわれていたが、女性は明らかに度外視されていた。

◀ **愛国者のバリケード**
1848年のバーデン革命で、反乱に立ち上がった共和主義者たちを指揮する女性。家具を積みあげ、ライン川の水をせき止めているこの人々は、バーデン大公国の共和国化を求めて蜂起した。

「女性たちよ！……あなたがたは革命から何を得ただろう？」

▼ フランスの作家で活動家**オランプ・ド・グージュ**
『女性および女性市民の権利宣言』1791年

革命への疑問

1789年、パリでパンの不足と価格高騰に不満を募らせた民衆が蜂起した。興奮した人々は暴徒と化し、約7000人の女性たちが市庁舎の武器庫から武器を奪い、ヴェルサイユを目指した。彼女たちは宮殿をとりかこみ、国王と各大臣のパリへの帰還を求めた。厳しい批判への対応を余儀なくされたルイ16世だったが、これは彼にとっての終わりの始まりだった。作家のオランプ・ド・グージュの見るところでは、女性はこの反乱に積極的に関わったものの、革命政府の成立後にも市民としての権利を得られなかった。それに憤ったド・グージュは『女性および女性市民の権利宣言』を発表し、あらゆる女性に与えられるべき権利を提示した。たとえば、女性もギロチンで処刑されうるのだから、政治的な意見を公然と述べる権利をもつべきだなどと記している。しかし、こういう見解を発表したためにジャコバン派の革命政府（⇨ p.130-133）にとらえられ、1793年に死刑に処せられた。この頃、政治に関わった有名な女性が何人も処刑された。

知識と権力

1800-1914 年

　19 世紀、欧米諸国は知識欲と探求欲にとらわれた。この頃、女性を家庭に縛りつけようとする社会から飛びだし、見知らぬ土地を旅して見聞を広める女性が現れた。また、産業革命が到来し、労働力が大量に動員されるようになったため、賃金をもらって働く女性がぐんと増えた。前時代に旺盛だった革命の精神はまだ消えずに残っていた。女性は世の中の変化に関わったが、その変化によって害をこうむり、抗うこともしばしばだった。また、仕事場ではしょっちゅう都合よく酷使された。そして、ヨーロッパ列強の拡大政策のもと、植民地化された土地の女性はもともともっていた権利を奪われた。

囚人と植民

南半球への移住

オーストラリアとニュージーランドの女性史には、先住民（アボリジニとマオリ）と入植者（自らの意思で、またはやむを得ずやってきたヨーロッパ人）それぞれの生活様式、女性観、自由に対する植民地事業からの影響が反映されている。

オーストラリアにはヨーロッパ人到来の6万年以上前から人が住んでいた。アボリジニとトレス海峡諸島民は小さい共同体をいくつも形成し、たいていは移動しながら生活していた。彼らは血縁による結びつきの強い民族で、居住する土地の管理に責任を負っていた。アボリジニは代々、民族の歴史と伝統を口伝えしてきた。一方、初期に

窃盗罪などの犯罪でタスマニアに流刑になった女性は
1万2500人
にのぼった。

オーストラリアに上陸したヨーロッパ人がシドニーのエオラ族の女性の印象を日記や絵に残している。こういう日記にとりあげられた女性のうち、今日に至ってもよく知られている人々は多い。たとえば、イギリス海軍士官ウィリアム・ドーズに協力し、エオラ族の言語の記録に貢献したパテガラングである。また、魚や動物をとって暮らした女狩人のバランガルーは、西洋の衣服を身につけるのを拒んだエピソードや、窃盗罪でつかまった白人の囚人が鞭打たれているのを憐れみ、鞭打ち人の手から鞭を奪いとろうとしたエピソードが有名である。

オーストラリアが植民地化されると、先住民女性は大きな打撃をこうむった。政策によって先住民の子どもたちが母親から強制的に引き離された、いわゆる〈盗まれた世代〉の件は、彼女たちが味わっ

▲ **儀式用の釣り針**
18世紀につくられた、彫刻の施されたこの釣り針はマタウと呼ばれ、ニュージーランド南島のマオリ、ナイ・タフ族に特有のものである。マオリはこういう釣り針を使い、神、神官、女性に捧げる魚をとった。

◀ 1950年に行われた祭典で、ポリネシアからニュージーランドに渡ってきたマオリの歴史を祝する**マオリ女性たち**。

おもな出来事
入植史

オーストラリアとニュージーランドの植民地化で、女性の社会運動は活発になった。とくに、人種差別や家父長制に反対して活動する女性が増えた。

1700

- **1769年** ジェームズ・クックがニュージーランド北島のポヴァティ湾に上陸する。
- **1788年** 最初の植民船団〈ファースト・フリート〉で、192人前後の女性の囚人がオーストラリアのニューサウスウェールズに到着する。

1800

- **1806年** 流刑囚のシャーロット・バッジャーがオーストラリアから逃亡し、当時まだヨーロッパ人女性が少なかったニュージーランドに居住したと思われる。
- **1814年** 北島のランギハウで、ジェーン・ケンドル、ハンナ・キング、ダイナ・ホールが夫に協力して英国聖公会宣教協会ニュージーランド本部の設立に貢献する。
- **1840年** イギリス政府とのワイタンギ条約締結の際、マオリの女性たちが署名者になる。
- **1861年** 南オーストラリアで、資産のある女性の投票権が認められる。
- **1888年** ケイト・シェパードが『ニュージーランド女性が投票するべき10の理由』を発表。
- **1890年代** マオリ女性がキリスト教婦人禁酒同盟に加盟し、女性参政権運動に参加する。

1900

- **1901年** クイーンズランド州で、アボリジニ女性と非アボリジニ男性の事実婚が違法とされる。
- **1962年** 性別を問わないアボリジニにオーストラリア連邦議会議員選挙の投票権が与えられる。
- **1967年** 性別を問わないアボリジニにオーストラリア市民権が与えられる。
- **1975年** ウィナ・クーパーが先頭に立ち、マオリの土地権復活要求の行進が初めて行われる。
- **1997年** 〈盗まれた世代〉に関する報告書『彼らを家に連れ戻す』が刊行され、1910年から1970年までに母親から引き離された先住民の子どもの数は全体の10分の1から3分の1にのぼることが明らかになった。

»

た苦難のほんの一部である。先住民女性は入植者から暴力をふるわれもした。なかには、入植者にむざんに殺される者や、アザラシ狩り業者にさらわれ、家事使用人として無給で働かされる者もいた。

オーストラリアの先住民女性には状況改善のために行動してきた歴史がある。これまでさまざまな分野の女性たちが奮闘してきた。詩人のウージェルー・ヌナカルはアボリジニを差別する憲法条文の廃止を求めて運動し、1967年にそれを実現させた。オーストラリアの代表的な芸術家の一人であるトレーシー・モファットは、アボリジニへの文化的理解をテーマにする写真や映像作品をいくつも発表している。

マオリ女性の条約締結

ヨーロッパ人の到来以前のニュージーランドでは、マオリの地位は血筋によって決まり、性別には関わりがなかった。だから、重要な役割を担う女性は少なくなかった。たとえば、ニュージーランド建国の礎になるワイタンギ条約にはマオリの女性たちが署名している。だが、社会のなかで女性がどう扱われ、どう守られているかが文明国と野蛮国とを分ける要素の一つであると信じていたヨーロッパ人は、自分たちの考える女性の役割をマオリに押しつけた。植民地化によって、マオリ女性は対等な地位を失った。そのことへの不満はくすぶりつづけ、今日も社会運動に身を投じるマオリ女性たちの原動力になっている。

社会運動家として知られるマオリ女性の一人に、女性参政権を求めて活動したメリ・テ・タイ・マンガカヒアがいる。1893年、マオリ女性の投票権だけでなく、マオリ議会の議員資格をも要求した彼女は、ヨーロッパの女性参政権運動家に先駆

▼ オーストラリアへの船旅
1866年から1891年にイギリスとオーストラリア間を航行していた定期船、ソブラロン号の乗客の記念写真。この汽船には1等船室と2等船室のみが備わっていた。

けていた。マオリ首長として最も長く在位した（1966-2006年）テ・アタイランギカアフは、国内外からのマオリへの関心を高めたことで知られる。彼女はマオリの文化と言語の復興に力を尽くし、教育と福祉の向上に努めた。それからウィナ・クーパーは、1975年、マオリの土地保有権の問題について訴える人々の先頭に立ち、デモ活動を行った。

元囚人と建国の祖

　入植が始まった頃のシドニーには、女性がきわめて少なかった。女性の囚人は、家事使用人として、また配偶者として、需要がたいへん高かった（⇨ p.192-193）。1788年から1852年までにシドニーに移送された囚人は、女性がおよそ2万人、男性がその7倍だった。この女性囚人の80%は軽犯罪者だった。当時、売春では流刑にならなかった。また、凶悪犯罪で処罰される女性はごくわずかだった。刑期満了後もオーストラリアに残留した元囚人は、かつては社会的に不名誉であるとされたが、いまや建国の祖としてとらえられている。その代表例がメアリー・ライビーである。彼女は13歳のときに馬を盗んで有罪になり、1792年にイギリスからシドニーに送られてきた。その後、商人・地主として成功し、ニューサウスウェールズ銀行の共同創立者になった。1994年から流通しているオーストラリアドルの20ドル紙幣には彼女の肖像が描かれている。

　1790年代には、夫あるいは家族と連れだって、オーストラリアに初めて女性入植者がやってきた。彼女たちの日記から、当時の植民地での日常生活がうかがえる。大都会シドニーの華やかな社交界、辺鄙だがのどかな田舎の生活、入植者と先住民女性との交流などについて記されているのである。女性入植者としてよく知られる人物には、1790年にシドニーに到着し、オーストラリアのメリノ羊毛産業の先駆者になったエリザベス・マッカーサーや、1838年にシドニーに上陸し、女性入植者の福祉のために慈善活動をしたキャロライン・チザムなどがいる。

　1814年以降、植民地にいっそう多くの人々が移り住むようになり、宣教師もたくさんやってきた。男性は女性よりもずっと多かったので、移住する際に妻を同伴することを推奨された。また、1860年代以降、植民地に移住する未婚女性にはイギリス政府から奨励金が支給されるようになった。大家族は珍しくなく、白人人口は急増した。そのなかには、さまざまな社会問題の解決を目指す自由な思想の持ち主がいた。たとえば、1850年に兄とともにニュージーランドに渡ったジェーン・アトキンソンはユニテリアン派の信者で、進歩的な考えをもち、女性参政権運動に熱心にとりくんだ。1854年に家族とニュージーランドに移り住んだエレン・ヒューエットは、のちに回想録『過去を振り返る』（1914年）を書いた。そこには当時の女性入植者の暮らしぶりが生き生きと描写され、長い別離、つらい労働、病気、原野の開拓に伴う危険について詳述されている。

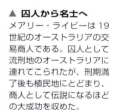

▲ 囚人から名士へ
メアリー・ライビーは19世紀のオーストラリアの交易商人である。囚人として流刑地のオーストラリアに連れてこられたが、刑期満了後も植民地にとどまり、商人として伝説になるほどの大成功を収めた。

「分離というものは……人種分離であれ……性別分離であれ、ことごとく非人道的である……［だから］撤廃しなければならない」

ケイト・シェパード　女性参政権運動家
社会の平等と正義に関する本人の認識について

142　知識と権力

かつて、探検や見知らぬ土地への旅に出かけようとする女性はいくつもの障壁に突きあたったが、最も乗り越えがたかったのは、女性のほうが「男性よりも弱い」という偏見だった。行っていい場所も、行った先でしていいことや見ていいものも、たいていは性別によって決められていた。昔の女性は、聖地を巡礼したり、軍人である夫の遠征に同行したりすることはあったが、探検と征服の時代には、すでに探検の終わった国や地域に、男性のあとについて出かけることが多かった。

冒険家から作家へ

大航海時代（1450-1600年）、クリストファー・コロンブスのような探検家は、肉体的にも精神的にも不向きだという理由から、女性を探検に連れていきたがらなかった。だが1700年代以降、帝国の拡大と交易網の発達にともない、開拓者精神旺盛な夫をもつ既婚女性は、未婚女性もしくは同伴者をもたない女性にくらべ、旅行をする機会に恵まれるようになった。女性のなかには男性のふりをして世界を見てまわる者もいた。ルイーズ・セガンもその一

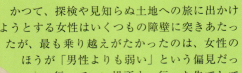

◀ **フェミニストの登山家**
アメリカの登山家アニー・スミス・ペックは熱心な女性参政権運動家でもあった。1911年に65歳でペルーのコロプナ山登頂に成功し、〈女性に投票権を〉と書かれた旗を山頂に掲げた。

▲ **型破りの飛行士**
1932年、女性飛行士アメリア・イアハートが大西洋単独横断飛行を達成したときにかけていた飛行用ゴーグル。1937年、彼女は最後の飛行の直前に夫宛に手紙を書いている。「男性のように、女性だっていろいろ挑戦するべきです」

人で、1772年から1773年にかけてヨーロッパ人女性初の南極圏到達者になった。

女性は探検隊への参加をめったに許されなかったが、同行を認められた数少ない女性たちは貴重な貢献をした。彼女たちは、地図を作成したり、見聞きしたものを詳細に記録したりするのが得意だったほか、概して現地の人々から比較的よい反応を得ることができた。また、女性の冒険家たちは観察記録をつけ、異文化の理解に役立つような手紙、絵、小説、旅行記を残した。これまでに、そういう資料に感化されて探検家になった女性はたくさんいる。

19世紀半ば以降、イーダ・ファイファー（執筆した旅行記が7つの言語に翻訳された）のようなヨーロッパ人女性の旅行作家たちが、新しい発見を求めて陸海をさまよった。虫取り網をふりまわす変人だなどといわれて笑われることも少なくなかったが、こういう旅行作家の多くは最先端の科学に精通する専門家だった。たとえば、生物学者で植物画家のマリアン・ノースや、女性初の王立地理学会会員に選ばれたナチュラリストのイザベラ・バードなどである。

19世紀後半以降、探検は新しいテクノロジーのおかげでもっと楽になった。列車、飛行機、気球、オートバイ、自動車での移動が可能になったのだ。すぐれた運動家のマリー・マルヴァンは、

時代を超えて

冒険家たち

偏見や障害を乗りこえ、女性として周囲から期待されることに逆らって未知の土地を旅した、意志の強い、大胆で勇敢な女性たちがいた。旅行家、探検家、登山家、飛行家、冒険家などだ。

> 「誰がなんと言おうと、あの山に登りたいという気持ちに疑いはなかった」
>
> 田部井淳子　エヴェレスト登山について 1975年

1908年に男性のみの自転車大会、ツール・ド・フランスへの出場を拒否され、大会終了後に同じルートを自転車で走った。彼女は冒険家でもあって、1909年に女性として初めて気球でのイギリス海峡横断に成功している。黒人女性初の飛行士ベッシー・コールマンは、第1次世界大戦で活躍した飛行士たちの記事を読み、飛行機を操縦したいと考えるようになった。アメリカの養成学校からは相手にされなかったので、フランス語を学んで1921年にパリに行き、そこで操縦士免許をとった。

『ナショナル・ジオグラフィック』誌などの雑誌、映画、テレビ番組も女性の活躍を後押しした。水中映像制作者のロッテ・ハースや、1963年に女性初の宇宙飛行士になったワレンチナ・テレシコワ（⇨ p.258-259）の偉業はテレビで放送された。今日、女性が到達していない魅力的な場所は世界にまだたくさんある。冒険家のロイス・プライスいわく、「冒険に出かける覚悟を決めるには、冒険に出かけてしまうしかない」。

▶ **冒険との結婚**
オーサとマーティンのジョンソン夫妻は東アフリカと中央アフリカの奥地を探検し、その体験に基づいてつくられた映画や本を通じ、全米の人々に興奮をもたらした。これはオーサの自伝『私は冒険と結婚した』を原作にした1940年公開の映画のポスター。

歴史を変えた女性
恐れ知らずの探検家

ジャンヌ・バレ（1740-1807年）　女性初の世界一周航海の達成者。海軍士官ブーガンヴィルが1766年に開始した世界一周航海に男性のふりをして加わり、植物学者フィリベール・コメルソンの助手を務めた（当時のフランス海軍は女性の艦船乗船を禁じていたため、バレは胸に亜麻布を巻きつけていた）。ところが1768年、タヒチ到着時に女性であることが露見してしまった。タヒチ人のアフ＝トルから男装した女性ではないかといわれ、バレは女性であることをブーガンヴィルに打ち明けたが、引き続きコメルソンの助手として同行することを許された。

サカガウィア（1788頃-1812年）　レムヒ・ショショニ族の女性。言語能力に秀でていたことで、少数民族の女性には珍しくたくさんの冒険をした。ルイスとクラーク探検隊がルイジアナ地域を探査したときも、案内人、通訳、仲介人、博物学者として同行した。それは、地図作製、科学調査、交易事業を目的とする2年間の旅で、探検隊員のうち女性は彼女一人だった。

ネリー・ブライ（1864-1922年）　アメリカの調査ジャーナリスト。72日間で世界一周を達成した。勤務先の『ニューヨーク・ワールド』紙の編集長には、付き添い人とたくさんのスーツケースが要るだろうから、成功はおぼつかないだろうと思われていたが、その予想を見事くつがえしたのである。それは公共輸送機関を利用しての旅だった。女性誌『コスモポリタン』の編集部が送りだしたエリザベス・ビスランドも、彼女とは逆に西回りで世界一周に挑んでいたが、もっと日数がかかってしまった。

クレレノーレ・シュティネス（1901-1990年）　1927年から1929年にかけて、自動車での世界一周を成し遂げた。これは女性では初めての快挙だった。実業家の娘で、優勝歴のあるカーレーサーでもあった彼女は、たった2日前に知りあったカール＝アクセル・ゼーデルシュトレームとともに、アドラー社の「スタンダード6」で4万7000kmを走りきった。この2人には整備工2人が伴走トラックで同行した。

バーバラ・ヒラリー（1931年-）　アフリカ系アメリカ人女性として初めて南北両方の極地到達を成し遂げた。76歳だった2007年に北極に、2011年に南極に到達。がんを2度乗り越えた元看護師である彼女は、黒人として初めて南北の極地到達を果たすことを決意し、2万5000ドルの資金を集めて実行した。

ナポレオン
との戦い

ヨーロッパのナショナリズム

フランス革命後、ナポレオン・ボナパルト（1799年に政権を掌握し、1804年に皇帝に即位した）はヨーロッパ征服を目指した。その目標のために1815年まで断続的に引き起こされた戦争により、数百万にのぼる人々が影響を受けることになった。ヨーロッパの都市で、また新世界の植民地でナショナリズムが高揚し、女性もそれに巻きこまれていった。

王妃の働きかけ

ナショナリズムはとくにドイツ諸邦で重んじられた。なかでも大国のプロイセン王国は、どっちつかずの君主フリードリヒ・ヴィルヘルム3世の主導のもとに中立を保とうとしたが、王妃ルイーゼはナポレオンの野心のもたらす脅威を見通していた。王妃の説得により、国王は1806年に宣戦布告した。プロイセン軍はベルリン市内を行進し、市民の歓呼の声に送りだされて出陣した。後日の（脚色された）文献によれば、男女のプロイセン市民にフランスへの抵抗を呼びかけた王妃は、深紅と青の大佐用の軍服を身にまとい、〈王妃の第5竜騎兵連隊〉を先導した。また王妃は、イエナ・アウエルシュタットの戦いでプロイセン軍とともに出撃し、ナポレオンと対峙した。そして、自軍が大敗したにもかかわらず、最後の最後まで戦場にとどまった。

各地の戦場で敗北を喫したプロイセンは、1807年に講和を求めることを余儀なくされた。ルイーゼ妃はこのとき身ごもっていたが、自ら交渉の席につき、ナポレオンに寛大な措置を訴えた。

▶ **英雄として**
ベルギー人の女性兵士マリー・シェリンクは、男装してフランスのために戦った。ナポレオンからレジオン・ド・ヌール勲章を授与された最初の女性として絵画の題材になっているが、実際に授与されたという記録は存在しない。

▶ **サラゴサの乙女**
アグスティナ・デ・アラゴンはサラゴサ攻囲戦でフランス軍を相手に戦った。サラゴサ占領後に投獄されたが、脱獄してゲリラの指導者になると、スペインの抵抗勢力の象徴的存在になった。

その嘆願は聞き入れてもらえなかったが、敵に包囲された市民を鼓舞し、軍備増強のための改革を後押ししたルイーゼ妃は、国家の強靭性の象徴になった。1810年に王妃が世を去ると、1814年にその功績を称えてルイーゼ勲章が設けられ、社会的階級を問わず、プロイセン王国に多大な貢献をした女性に授けられることになった。

女性愛国者

ヨーロッパの各国で、ルイーゼ妃にならい、ナショナリズムと反ナポレオン運動に身を投じる女性たちが現れた。彼女たちはこの時代の社会規範にしたがい、男性とは別に、昔から女性の役割とされていた仕事を受けもった。たとえば、負傷者の看護、軍旗の縫製、兵士への支給品の用意などである。また、愛国女性団体を結成し(ドイツ諸邦のみでも600以上の団体がつくられた)、資金を集めたり、慈善事業を行ったりした。戦時中に愛国的な活動に携わる女性は、社会に受容される女性らしさの範囲から逸脱しないかぎり、立派だといって褒め称えられた。それから、武器をとって戦うのは男性の役割とされていたので、そういうことはしなかった。

とはいえ、女性らしい愛国的活動に甘んじる女性ばかりではなかった。ナポレオン支配下の国々でとくに激しく抵抗したのは、さまざまにゲリラ活動を展開したスペインの女性たちだった。たとえば、1808年にたった一人でサラゴサを守りぬいたアグスティナ・デ・アラゴンである。フランス革命のときと同様(⇨ p.130-133)、戦地におもむく軍隊についていく女性はたくさんいた。なかには、男性のふりをして兵士になる者もいた。最も有名なのはナジェージダ・ドゥロヴァである。1807年に少年になりすましてロシア軍の騎兵連隊に入隊した彼女は、戦闘では際立って勇敢だった。のちに女性であることが露見したが、除隊させられることはなかった。それどころか、皇帝アレクサンドル1世から勲章を授与され、昇進し、1816年に退役した。一方で、それほどの幸運に恵まれなかった女性闘士もいた。多くの場合、命のあるあいだは制裁を受け、亡くなってからようやく救国の士として褒め称えられた。

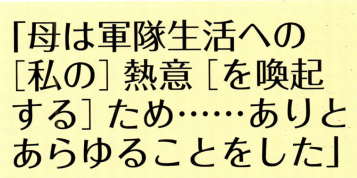

「母は軍隊生活への[私の]熱意[を喚起する]ため……ありとあらゆることをした」

ナジェージダ・ドゥロヴァ(1783-1866年)
回想録『軽騎兵の乙女』

働く
女性

> 1832年、アメリカの綿糸工場で働く男性の賃金は女性の**1.58倍**だった。

産業革命

18世紀半ばから19世紀半ばにかけての経済・産業界では、製造の分野に劇的な変化が起こった。産業革命と名づけられたその変化はイギリスで始まり、西ヨーロッパの他の国々と北アメリカに広がった。繊維などの製造のいくつもの工程で機械化が進み、生産の場が工場に移っていった。新技術の誕生により、もっと頑丈な鉄鋼をもっと安価につくれるようになった。機械・機関の動力には蒸気（石炭と水から発生させた）が用いられた。農業技術の向上で人手が少なくてすむようになったので、農村の人々が都会に出ていくようになった。産業革命は、20世紀の人々の収入の増加や平均余命の延びにつながった一方、社会に大きな混乱を引き起こしもした。

女性の利益

産業革命が女性にとってどれほど有益だったかについては、歴史学者のあいだで意見が分かれている。一つには、家庭の外で賃金をもらって働く機会が増え、経済的な自立が促されたのだから、女性全体に利益をもたらしたといわれる。だが、もっと悲観的な見方もある。産業革命以前には、農業であれ〈家内制工業〉（自宅で行う、紡績、織物などの小規模な製造業）であれ、男女が力を合わせて家業にいそしんでいた。ところが、生産の場が工場に移ると、労働者階級の男性はわずかな賃金をもらって工員として働き、女性と子どもも家計を支えるために工場の労働力に加わった。女性は、成長いちじるしい鉱業、重工業、鉄道などの運輸業といった経済部門からほぼ締め出されていた。当時は、女性

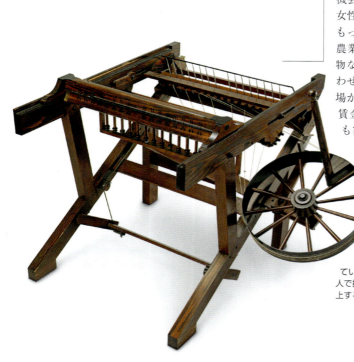

◀ **織物革命**
1770年に特許を受けたジェニー紡績機は、従来の紡ぎ車にくらべて飛躍的に進歩していた。紡ぎ車の8倍も効率がよかったうえ、一人で操作することができたので、生産性が大幅に向上することになった。

おもな出来事
産業の急発展

機械化の拡大で、女性労働者はさまざまな影響を受けた。職業によっては、仕事をずっと効率よく進められるようになる者もいた。

1700

- **1764年** ジェームズ・ハーグリーヴズがジェニー紡績機を発明する。複数の糸巻きをとりつけたこの機械を使えば、一度に8本の糸をつむぐことができた。

- **1769年** リチャード・アークライトが水車を動力にする紡績機、水紡機の特許を取得する。

- **1776年** マシュー・ボールトンとジェームズ・ワットが独自の蒸気機関を製造する。これは従来の製品よりも動作がなめらかになるよう改良したものだった。

- **1793年** ハンナ・スレーターが綿糸紡績の技術を改良し、アメリカ女性初の特許取得者になる。

1800

- **1828年** 記録上、アメリカ史上初となる女性労働者のストライキが実施される。ニューハンプシャー州ドーヴァーの綿糸工場で、規則の厳格化に抗議した女子工員400人が職場を放棄した。

- **1832年** イギリス史上初となる女性労働者のストライキが実施される。ヨークシャー州ビープグリーンの織物工場で働く女子工員1500人による、賃金の平等を求めるストだった。

- **1842年** イギリスで鉱山および石炭鉱業法が制定され、女性の地下鉱山での労働が禁じられる。

- **1844年** イギリスで工場法が改正され、女性の1日の労働時間が12時間以内と定められる。

- **1847年** イギリスで工場法が改正され、女性と若年者の1日の労働時間が10時間以内と定められる。

- **1888年** イギリス労働組合会議でクレメンティア・ブラックが男女同一賃金を要求し、承認される。

1900

- **1903年** アメリカで女性労働組合連盟が設立され、女性の労働環境の改善を求める運動が開始される。

◀ スペインの**綿糸工場**で働く女子工員、1898年。

148 知識と権力

▼ **女性の労働**
ヨーロッパの一部の国では、19世紀後半まで、女性も鉱山労働者として雇われていた。1873年に制作されたこの絵には、ベルギーのエノー州の鉱山で石炭を積みこむ女性労働者たちが描かれている。

労働者のほとんどが数種類の限られた業種にむらがっている状態だった。とくに、織物と衣服の製造、家事労働、農業に従事する女性が多かった。

19世紀には〈領域分離論〉の影響が高まった。女性は〈家庭の領域〉にいるのがふさわしいとされた。つまり、妻として、また母として生きるべきだといわれたのだ。産業革命によってミドルクラスの男性の賃金は増加した。そのため、家庭によっては夫の稼ぎだけで十分に暮らしていけたので、妻がわざわざ外で働かなくともよかった。ミドルクラスの既婚女性は、外で働くことよりも、家を切り盛りすることを期待されるようになった。

そんなわけで産業革命は、多くの女性の経済的・公的役割に変化をもたらした。とはいえ、人口の約3分の2を占める労働者階級の家庭では、女性も外で働かざるをえなかった。

18世紀から19世紀には、女性の賃金はたいてい、同じ仕事をする男性の半分から3分の2だった。女性労働者は、男性よりも低い賃金で働かされたうえ、危険だったり、不衛生だったりする労働環境に置かれることも少なくなかった。多くの女性は、男性と同様に、子どもの頃から労働に従事した。子どもの場合、織物工場で働く者がとくに多かった。子どもは安い賃金で雇えるため

に重宝された。19世紀半ばに規制が導入されるまで、子どもは長時間働かされ、職場での事故で死傷することも珍しくなかった。大規模な産業災害の代表的な例に、1911年にニューヨークで発生したトライアングル・シャツウエスト工場火災がある。この火災では女性123人と男性23人が逃げ遅れて亡くなったが、2カ所あった出入り口の1カ所が盗難防止のために施錠されていたこともその原因の一つだった。

女性の団結

トライアングル・シャツウエスト工場火災をきっかけに、女性たちは労働環境の改善を求めて動きはじめた。ときにはストライキを行った。たとえば、マサチューセッツ州ローウェルの女子工員たちは、賃金の引き下げと工員寮の家賃の引き上げに抗議し、1834年と1836年に職場を放棄した。その後、女性の労働組合がまだ珍しかった1844年にローウェル女性労働改革協会を設立した。当時、労働組合運動に関わる女性は少数派だった。多くの労働組合は女性の加盟を抑止もしくは禁止していた。だが、20世紀に入る頃には、女性の労働組合員は数万人にのぼっていた。規模の大きい団体の一つに、1900年にニューヨークで設立された国際婦人服労働組合があった。1909年には、1903年設立の女性労働組合連盟が、ユダヤ人がほとんどを占めるシャツブラウス工場労働者による抗議運動〈2万人蜂起〉を、法律面でも金銭面でも支援している。

産業革命により、それまではほぼ農村社会だったヨーロッパは、工業中心の都市社会に生まれ変わった。新しい発明のおかげでよりよい生活を送れるようになった人々は多く、なかには大きな富を手に入れる者もいた。だが一方で、貧困と劣悪な労働環境に苦しめられる人々もいた。こういう変化のなかで女性の労働は重要な役割を担ったが、女性はそれ以前と同じく、社会的にも経済的にも過小評価されつづけた。

▲ **つらい重労働**
20世紀初頭の日本には紡績工場で働く女子工員がたくさんいた。その多くは農村出身の少女で、概して低賃金で働かされていた。

人物伝
マーガレット・ナイト

1838年、アメリカ・メイン州生まれ。子どもの頃から綿糸工場で働く。十分な教育を受けられなかったが、12歳のとき従来の製品よりも安全な織機を発明。1867年、コロンビア・ペーパーバッグ社に雇われる。この会社で、底の平らな紙袋をつくる機械を発明。同僚にその発明を横取りされ、特許を取得されてしまったが、ナイトは異議を申し立て、1871年にようやく特許を取得できた。1914年に亡くなるまで、いくつもの発明をした。

> 「［会社は］か弱い若い女性を窮乏におとしいれることで富を得ている」
>
> **アニー・ベサント**「ロンドンの白人奴隷」1888年

◀ **過重労働と低賃金**
19世紀に描かれた絵。都会で働く若い女性が田舎に帰るため、疲れきった様子で列車に揺られている。

暗黒と悪徳

ロマン主義の時代

18世紀末から19世紀初め、啓蒙主義の理念への反動として、美術、音楽、文学の分野でロマン主義が起こった。それまでの芸術運動では知識、進歩、理性が重んじられたが、ロマン主義ではまったく異なり、暗黒、感情、自然、悪徳がテーマになった。ロマン主義芸術のうち女性が最も活躍した分野は文学だった。女性作家は作品を通じて女性のセクシュアリティを表現し、社会秩序を批判した。詩人のクリスティーナ・ロセッティもその一人で、「ゴブリン・マーケット」（1862年）では禁断の果実を寓意に用い、女性の性的誘惑、犠牲、救済を表現すると同時に、男性の性的暴力を非難した。この詩に登場する姉妹の一人は〈小鬼ども〉の呼び売りの声に引かれ、彼らに押さえつけられ、ドレスを引き裂かれてしまう。

暗黒のジャンル

ゴシック小説はロマン小説のサブジャンルとして人気を博し、多くの女性作家を引きつけた。荒れ果てた城や薄気味悪い森などの陰鬱な舞台背景と、一見科学的に思える説明がなされた空想上の概念、いわゆる〈説明がなされた超自然現象〉を特徴にする文学である。イギリスのアン・ラドクリフはゴシック小説家の先駆の一人で、女性を主人公にするゴシック・ロマン小説『ユードルフォの秘密』（1974年）を書き、大きな評判を呼んだ。女性作家はゴシック小説のなかで心の問題を深く掘り下げることがあった。アメリカの作家シャーロット・パーキンス・ギルマンも狂気におちいる女性のすがたを『黄色い壁紙』（1892年）に描いている。宗教をテーマにするゴシック小説もある。メアリー・シェリーの『フランケンシュタイン』（1818年）は神のような創造主になろうとする人間の傲慢さを批判する作品で、ゴシック・ホラー

◀ おとぎ話と民話
左は1865年に出版されたグリム童話集。今日のおとぎ話の多くは、グリム兄弟を始めとする男性作家が加筆・修正した民話を土台にしている。

小説の草分けになった。

民間伝承

ロマン主義はナショナリズムの思想の後押しでいっそうさかんになった。人々は芸術を用いて民族意識を高めた。ナポレオン帝国の時代（⇨ p.144-145）、フランスに征服された国では抵抗運動が始まり、その土地の言語や伝統に改めて関心が集まった。芸術家たちは民族音楽や民話を収集し、記録した。グリム兄弟もこの運動に参加し、数百にのぼる民話を収集して19世紀の読者向けに編纂した。その民話の多くは、1806年にフランスに占領されたヘッセン州カッセルの貴族の少女、ドルトヒェン・ヴィルトから聞きとったものだった。彼女はのちにヴィルヘルム・グリムの妻になったが、童話集への貢献を世間に認められることはなかった。新しい形になってグリム童話集に収録された民話の数々は、女性のロマン小説家たちが批判する道徳的な教訓を伝えるものだった。たとえば〈赤ずきん〉は、親の言いつけを守り、道を逸れずにいる大切さを少女に教えていた。

女性の手になるおとぎ話は、男性のそれとはまるで異なった。18世紀、フランスのサロンの女主人ドーノワ夫人などの女性作家が、悩める乙女ではなく機知に富んだ女性を主人公にし、君主制、結婚、宗教への批判をこめた物語を生みだした。だが19世紀に入ると、そういう挑発的な物語はあまり支持されなくなった。一方、グリムやシャルル・ペロー（童話集の編者）の教訓が盛りこまれた民話は称賛され、おとぎ話のジャンルの原型として継承された。

◀ 性的な寓意
クリスティーナ・ロセッティの詩「ゴブリン・マーケット」の挿絵。ローラは自分の髪と引き換えに小鬼から果物を手に入れる。果実のイメージによって聖書のアダムとイヴを思い起こさせるこの詩は、女性のセクシュアリティの禁断性を示唆している。

時代を超えて
文学

世界初の女性作家として知られるのは紀元前3世紀のシュメールの詩人エンヘドゥアンナである。しかし、女性の手になる英語の文学作品が初めて世に出たのは14世紀のことだった。それ以来、簡単なレシピから小説、戯曲、詩にいたるまで、さまざまなジャンルの作品が女性によって生みだされてきた。

中国、朝鮮、日本では、たいへん古くから女性が作家として活動していた（⇨ p.74-75）。だが、それ以外の国や地域で女性作家の作品がさかんに出回るようになったのは、印刷機が発明された15世紀以降のことである。とくにヨーロッパでは、1700年代に小説という文学形式が発展し、女性読者が増加したこともあって、女性作家の創作活動がいっそうさかんになった。ジェルメーヌ・ド・スタールや男装で知られるジョルジュ・サンドなどは、女性にたいする社会常識の影響を考察する小説を書いた。西洋の女性作家のなかには、女性の人生をテーマにする作品を発表する場合であっても、幅広い読者を得るため、または正体を隠すため、男性名を筆名に使用する人々もいた。有名な例には、1847年に『ジェーン・エア』

「人生のあらゆる出来事は、そうする勇気さえあれば、本に書くことができる」

詩人で作家の**シルヴィア・プラス**
本人の日記より 1950-1955年

◀ **バロック文学期の才媛**
たくさんの本と筆記用具に囲まれた、詩人・修道女のソル・フアナ・イネス・デ・ラ・クルスの肖像。1750年、ミゲル・カブレラによって描かれた。

を発表したシャーロット・ブロンテ（筆名
カラー・ベル）や、その妹で『嵐が丘』の
著者のエミリー・ブロンテ（エリス・ベル）
が挙げられる。また、メアリー・アン・
エヴァンズもジョージ・エリオットとい
う男性名で『ミドルマーチ』（1872年）など
の小説を発表した。別居中の妻のいる男性
と同棲していたため、世間から取り沙汰され
るのを避けたかったこともその理由の一つだった。

　時代とともに、女性たちは本名で作品を発表す
ることに抵抗がなくなった。イーディス・ウォー
トンとケイト・ショパンは、彼女たちが生きた19
世紀後半から20世紀前半のアメリカの世相を、
小説のなかで詳細に分析した。ウォートンの『歓
楽の家』（1905年）と『汚れなき時代』（1920年）
は、ニューヨークの上流社会の女性たちの日常を
描きだしている。ルイジアナ州在住だったショパ
ンの作品は、かつての奴隷制の影響で人種が入り
交じるアメリカ南部の社会に影を落とす差別意識
を浮き彫りにしている。もっとあとの時代に書か
れたトニ・モリスンの『ビラヴド』（1987年）は、
アフリカ系アメリカ人奴隷の女性マーガレット・
ガーナーの実話から着想を得た小説である。

限界を押し広げる

　20世紀の脱植民地化時代には、アフリカ人女
性作家の作品が目立って増えた。セネガルの作家
マリアマ・バーの小説『かくも長き手紙』（1979
年）は、アフリカのムスリム女性たちの体験を描
いた、アフリカ初のフェミニズム小説とされる。
また近年、新しい手法をとりいれつつ、世間の物
議をかもしそうな題材をとりあげる女性作家も出
てきた。マーガレット・アトウッドの小説
『侍女の物語』には、家父長制社会での女
性支配が赤裸々に描かれている。ジャネ
ット・フレイムの自伝『エンジェル・
アト・マイ・テーブル』（1984年）に
は、故郷のニュージーランドで精神
を病み、ショック療法を受けた著者
自身の体験が明かされている。

　しかし、あらゆる国の人々が表現
の自由を保障されているわけではな
い。中国では、1957年の反右派運動
と1966年から1976年の文化大革命で、
丁玲（ていれい）の著作が発禁処分となった。ようやく
再版されたのは1978年のことだった。

▲ 奴隷詩人
羽根ペンを手にしている詩
人フィリス・ウィートリー
の肖像。彼女はアフリカ出
身の奴隷だったが、19世
紀以前のアメリカでたいへ
ん有名だった詩人の一人で
ある。初めて出版された詩
を書いたときの年齢は13
歳前後だった。

ジャネット・フレイムが『国と共に去りぬ』（1936年）の執筆に使ったタイプライター

歴史を変えた女性
言葉の達人

ソル・フアナ・イネス・デ・ラ・クルス（1651頃-1695
年）　1667年、修道女になることを決意する。現在のメキ
シコにあたるヌエバ・エスパーニャの総督夫妻からの支援の
おかげで執筆や学問に没頭することも自由だった。1691年
に尼僧フィロテアへの返信「ソル・フィロテア・デ・ラ・ク
ルスへの手紙」を書き、あらゆる女性には知る権利があるこ
とを訴えた。彼女の詩で最も有名なのは「第一の夢」（1692
年）である。

アネッテ・フォン・ドロステ＝ヒュルスホフ（1797-1848
年）　ミュンスターで育ち、グリム兄弟、ヨハンナとアデー
レのショーペンハウアー母娘、フリードリヒ・シュレーゲル
などの文化人と交流があった。ドイツ語文学の代表的な女性
作家の一人で、ゴシック・ミステリー小説『ユダヤ人のブナ
の木』（1842年）で知られる。

樋口一葉（1872-1896年）　19世紀の日本の作家。すぐ
れた才能を備えていたことに加え、作家として成功する女性
がこの頃まだ珍しかったこともあって、大きな評判を呼んだ。
家が貧しく、家計を支えるために小説を書き、詩をつくった。
作品の主人公はたいてい女性で、孤児、離婚した女性、遊女
など、社会から疎外された人物であることも多かった。代表
作は『たけくらべ』（1895年）など。

マイルズ・フランクリン（1879-1954年）　本名ステラ・
フランクリン。ニューサウスウェールズのオーストラリア・
アルプス山脈の端で、開拓農家に生まれ育つ。16歳のとき、
最初の小説『わが青春の輝き』（1901年）をたった2週間
で書きあげた。女性であることを伏せておくために男性名を
使うことにした。オーストラリアの最も名誉ある文学賞のマ
イルズ・フランクリン賞は、彼女の功績を称えて設けられた
ものである。

マヤ・アンジェロウ（1928-2014年）　代表作はアメリカ
南部での子ども時代の思い出をつづった『歌え、飛べない鳥
たちよ』（1969年）。女性、詩人、歌手、公民権運動家とし
ての波乱万丈な人生をもとにした自伝的小説は、これを含め
て7冊のシリーズになっている。彼女はアメリカ黒人の
スポークスパーソンとして大いに尊敬された。

マーガレット・アトウッド（1939年-）　カナダの作
家。代表作は『侍女の物語』（1985年）と、ブッカー
賞に輝いた『昏き目の暗殺者』（2000年）。小説家と
してだけでなく、環境保護活動家としてもよく知られ、
人々の尊敬を集めている。

スパイ、兵士、そして犠牲者

ラテンアメリカでの諸革命

19世紀のラテンアメリカ社会はきわめて父権的である点を特徴としたが、1809年から1825年までにこの地域で発生した政変、戦争、紛争では女性が重要な役割を担った。スペイン支配への抵抗として行われた一連の血なまぐさい革命は、総じてイスパノアメリカ独立戦争と呼ばれるようになった。

戦場のヒロイン

この戦争に関わった女性のほとんどは戦闘ではなく後方支援を行ったが、一部は自らゲリラ戦に加わった。独立運動の初期に女性兵士として活躍したのがトゥパク・アマル2世の妻ミカエラ・バスティダスである。1780年、彼女はスペイン植民地のペルーで反乱を起こした夫とともに戦ったが、スペイン軍に鎮圧され、夫ともども処刑された。また、女性兵士の大隊を率いてスペイン軍とわたりあったトマサ・コンデマイタ隊長も、やはり死刑に処せられた。

独立のための戦いに、親族の男性や夫を説き伏せて参加させる女性は多かったが、なかには自ら参加する女性もいた。〈チリの母〉と呼ばれるハビエラ・カレラやヌエバグラナダ（現コロンビア）のポリカルパ・サラバリエタは、革命軍のために地下組織でスパイ活動を行った。こういう女性の多くは、男性の場合と同じく、命を落とす結果になった。

反乱軍の指導者になる女性革命家もいた。たとえば、上ペルー（現ボリビア）独立のために立ち上がったフアナ・アスルドゥイ・デ・パディジャである。騎兵用の軍服を身にまとい、ゲリラ戦をくりひろげ、大規模な作戦にも携わった。1816年に兵士たちを率い、スペインの主要な銀産地ポトシのセロリコ銀山を攻め落としたことは有名である。2015年、アルゼンチンのクリスティーナ・フェルナンデス・

◀ **献身的な闘士**
フアナ・アスルドゥイ・デ・パディジャは、ボリビアのゲリラ部隊に加わってスペイン植民地政府と戦い、優秀な指揮官として名を馳せた。独立運動に献身し、妊娠中も戦闘に参加するほどだった。

「私は……自分の命を危険にさらしてでも、彼ら［敵軍］に攻撃をしかけるつもりです」

ミカエラ・バスティダス　トゥパク・アマル2世宛の手紙より　1780年

デ・キルチネル大統領は、ラテンアメリカ独立運動へのアスルドゥイの貢献を認め、死後進級として彼女に将軍の位を授与した。

先住民の参加

一般兵士として独立戦争に参加する女性もいた。1821年のカラボボの戦いでは、王党派と独立派の両方で多数の女性兵士が戦死した。スペイン系市民の女性に加え、先住民女性も大勢、戦闘に参加した。それがとくに顕著だったのは、1819年から1820年にかけてのペルーのアンデス地方だった。

独立戦争に貢献する方法の一つに、反乱軍のために会合場所を提供することがあった。マヌエラ・カニサレスも、1809年にキトの独立派の会合用に自宅を提供していたところ、この独立派がそこで初めて独立を宣言した。独立派組織のネットワークに加入していた女性の多くは、勇敢にも、拷問されても仲間をけっして裏切らなかった。

ラテンアメリカの国々を独立に導いた戦いでは女性も重要な役割を果たしたが、新しい国が生まれても女性の〈解放〉は実現しなかった。女性には依然として参政権がなく、与えられるべき権利を勝ちとるための闘争は20世紀に入っても終わらなかった。

人物伝
マヌエラ・サエンス

ペルーの特権階級に属した若い既婚女性マヌエラ・サエンス（1797-1856年）は、スペイン支配からペルーを解放するため、夫に逆らい、反乱軍に協力した。やがて、南米の解放者とうたわれるシモン・ボリバルの愛人になった。サエンスは、重要な情報を集め、ビラを配布し、部隊を組織し、負傷者を救出した。女性の権利要求運動にも携わった彼女は、20世紀ラテンアメリカのフェミニズム運動に大きな影響を与えた。

◀ 有罪判決
ポリカルパ・サラバリエタ（1795頃-1817年）はスペイン植民地だったコロンビアで独立軍に加わった。1817年に反逆罪で有罪判決を受け、恋人ともども銃殺刑に処せられた。

イギリス領インド帝国
の支配

植民地時代のインド

1857年から1858年、イギリス東インド会社による支配に不満をもったインドの民衆が蜂起し、〈インド大反乱〉が発生した。これは第1次インド独立戦争とも呼ばれる。反乱は失敗し、領土の奪還はならなかったが、東インド会社による支配は終わり、イギリス政府による直接統治が始まった。〈イギリス領インド帝国〉が成立したのだ。

東インド会社の支配下にあった頃のインドには、さまざまな文化と人種が入り交じっていた。イギリス人女性がいなかったので、東インド会社のイギリス人男性はインドの上流階級の女性と結婚することを奨励された。そういう女性の多くは、〈ベグム〉という称号で呼ばれる、貴族階級のムスリムだった。夫とのあいだに子どもが生まれれば、イギリスで養育され、教育されることになった。18世紀半ばの時点で、インド在住のイギリス人男性の約90％がインド人女性と結婚していた。19世紀に入ると、こういう国際結婚はぐんと減った。だが、インド人女性を〈ビビ〉すなわち愛人にするイギリス人男性はまだ多かった。ある陸軍大佐などは、ムスリム女性を愛人にしたいあまりに、割礼をほどこされることに同意した。

インド大反乱が収束し、インド帝国が成立すると、人種間にはっきりとした線引きがなされた。白人優位の思想をあおるために、反乱のさなかにイギリス人女性が襲撃され、殺害された事実がもちだされた。〈レイプ犯の現地人〉と、純粋な白人女性を守る気高い紳士のイギリス人男性という対比がなされたのである。19世紀後半には、イギリス人男性がインド人女性と関係をもつことは実質的になくなった。だが、身分の低いイギリス人男性がインド人の売春婦もしくは使用人とそうなることはあった。イギリス人とインド人を両親にもつ子どもは白人優位をおびやかす存在とされた。インド人との全般的な交流もずっと少なくなり、イギリス人はインドに〈第2の故郷〉を築くようになった。〈現地人〉とのあいだに物理的距離をとり、高台に町をつくって、イギリス式の工場やヨーロッパ式の住宅を建てたのである。1869年のスエズ運河開通によってインド

▶ **舞台での輝き**
この時代のインドの女性、とくにカースト（インドの社会的階級）の低い女性が職業をもって生き生きと働くには、他のどの職種につくよりも、舞台芸術の演者になるのがいちばんだった。

「あなたがたは女性に発言の機会を与えていない！」

パンディタ・ラマバイ　インド国民会議にて　1889年12月

イギリス領インド帝国の支配

▲ 勇者の反抗
気骨のある女性君主、キットゥール・チェンナンマが描かれた記念切手。1824年、剣をとり、イギリス東インド会社に対する反乱を指揮したときのすがたである。

への渡航がずっと容易になると、イギリス人女性が増え、インド人女性がイギリス人男性に必要とされることはさらに減った。

作家と自由の戦士

インド大反乱後に出現した〈インド人女性の新人類〉は、男性上位・入植者上位の社会に異議を唱え、政治的平等を求めた。伝統と近代化のあいだで板挟みになっていたこの女性たちは作家や活動家で、特権階級に属する教養ある人々だった。たとえば、ボンベイ大学初の女性の卒業生のコーネリア・ソラブジはオックスフォード大学法学部初の女子学生でもあって、卒業後はイギリスとインドで弁護士として活躍した。そのほか、女性の権利拡大を訴えたパンディタ・ラマバイや、詩人で独立運動家でインド国民会議党の党首になったサロジニ・ナイドゥも新人類であった。彼女たちのようなインド人女性はたくさんいて、1857年以降にインドとイギリスとの間の討論会や講義などの文化的交流に積極的に参加し、男性による支配と入植者による支配の両方を率直に批判した。

人物伝
ハイルンニサー

帝国主義者のイギリス陸軍大佐ジェームズ・アキレス・カークパトリックは、1795年にイギリスからインドのハイデラバードに上陸したとき、この地を征服することに意欲を燃やしていた。しかし、いつのまにかインド＝ペルシア文化にすっかり魅了されていた。現地の特権階級の人々と交流するなかで、未来の花嫁に出会った。裕福な貴族の家に生まれた14歳の少女、ハイルンニサーである。この結婚は世間を騒がせたが、夫婦は2人の子どもに恵まれた。ウィリアム・ダルリンプルの社会史書『白いムガル人』（2002年）はこの2人の逸話に焦点をあてている。

158 知識と権力

体面 の維持

摂政時代とヴィクトリア時代のイギリス

ジョージ王朝時代のイギリス（1714-1837年）で社会的成功を手にするには、ふるまいや人づきあいに関するしきたりをうまくこなす必要があった。女性の場合はとくにそうだった。女性は、世間の評判がよければ結婚に有利になり、結果的に経済的安定を得ることができた。ミドルクラスと上流階級の女性が夫となる男性を引きつけるためには、洗練された着こなしや暮らしを心がけ、立ち居ふるまいに気を配り、こまごました礼儀作法をわきまえている必要があった。出会いのきっかけは他家への〈朝の〉訪問から生まれたが、それには厳格な作法があった。たとえばロンドンの女性の場合、社会的階級が同じか下位の女性を訪ねるのはよかったが、上位の女性を訪ねることはできず、相手からの訪問を待たなければならなかった。礼儀正しさがたいへん高く評価されたので、イギリスの上流社会は〈ザ・トン〉と呼ばれた。これは品のよさを意味するフランス語の〈ボン・トン〉に由来する呼び名だった。イギリスの作家ジェーン・オースティンの作品ではこういうしきたりが重要な役割を果たす。彼女の小説には上流階級の人々に対する論評が盛りこまれ、しばしば手厳しい指摘がなされている。

19世紀初めの摂政時代、女性は朝食、朝の訪問、午後の散歩、自宅での夜会、自宅外での晩餐会、舞踏会の場面に応じ、1日に6回着替えをした。そのときどきの政治動向や流行をよく知っていて当たり前とされたが、少しでもひけらかすような態度をとれば冷ややかな目で見られることに

▶ 扇の合図
ヨーロッパには舞踏会で男性に好意を伝えるときの作法があって、華やかな扇はその重要な小道具だった。女性は厳しいしきたりに縛られていたが、求愛者に扇で合図することは社会的に許容されていた。

体面の維持 159

▶ 偽りの広告
コーネリアス・ベネット・ハーネスは〈電気〉コルセットを製造し（実際には磁気コルセットだった）、着け心地がいいだけでなく、健康上のあらゆる問題を解消してくれると宣伝した。医師によって詐欺であることが明らかになると、返金を求める女性が殺到した。

▲ カゴのなか
クリノリンでできた骨組みを身につけた女性が使用人に着付けを手伝わせている。19世紀半ばのヴィクトリア時代にはふんわりと広がったスカートが流行した。この骨組みは裾を大きく広げるためにつける下着で、女性の全体のシルエットをいちじるしく変えた。当時の社会の保守的な傾向にふさわしく、この上からたっぷりとした布製のスカートがかぶせられた。

なった。この時代の女性は、上辺（うわべ）のみの態度をとることも、本音を態度に出すことも避けるよう、慎重にふるまわなければならなかった。

保守への移行

1837年にヴィクトリア女王が即位すると、社会の風潮が変化した。これには、2人の君主のやり方の違いが反映されてもいた。先代の摂政皇太子ジョージ4世の頃の宮廷は惜しみなく大金を使い、道徳的には緩やかだった。だが、ヴィクトリア女王の時代になると、道徳観がもっと厳格なものになり、家族との私的生活が重視されるようになった。ヴィクトリア時代、性規範から逸脱した女性は厳しく咎められた。売春婦であれ、単に不倫関係におちいった既婚女性であれ〈堕落した女〉と呼ばれ、そういう女性の救済を義務と心得る社会運動家のつくる小冊子の題材にされた。上流階級では、婚前交渉によって〈傷ものになった〉と見なされた女性は普通、社会に受け入れてもらえず、結婚の望みが絶たれてしまった。

下層階級の女性

18世紀から19世紀、労働者階級の女性のほとんどは家内制工業に従事し（⇨ p.192-193）、一定の収入と住居があった。女性の家事使用人は男性よりも安く雇えたので、1891年の時点で15歳から20歳までの女性のなんと3分の1が家事使用人として働いていた。しかし、しばしばこき使われたうえ、待遇もよくなかった。また、雇い主の家の使用人、住人、来客の男性から性的暴行を受けることもあった。この階級の女性には、婚前交渉はよくあることだった。だが私生児を出産した場合には、法的にも社会的にも制裁を受けた。

「結婚して幸せになるかどうかは、まったく運まかせである」

ジェーン・オースティン『高慢と偏見』1813年

知識と権力

> 「……制度上、賃金を低く抑えられ……女性たちは生活のために売春せざるをえない」
>
> アンドレア・ドウォーキン
> フェミニスト 1983年

貧しさに追い詰められて、あるいは強いられて売春するようになる成年女性や少女は昔からいた。だが、地域によっては宗教に関連する売春もあった。神聖売春や、金銭のやりとりのない神聖性行為は古代から行われてきた。古代ギリシャではウェヌス、古代ローマではアフロディテの神殿がその場所になった。証拠からわかっているのは、古代ローマでは売春が取り締まりの対象になっていたことと、紀元前4世紀の時点で公営の娼館があったと思われることである。アステカ帝国では、女性（それに、一部の男性）にはシワカリ、すなわち〈女の家〉へ行って売春することが許されていた。この場合の売春は、罪悪、疫病、浄化などをつかさどる女神トラゾルテオトルの像の足元で

▶ **イギリスの〈男をとらえる罠(わな)〉**
イギリスの娼婦が描かれた1780年頃の版画。ドイツのマルクス主義者で研究家のエドゥアルト・フックスが時代ごとの絵画や風刺画を用いて風俗の歴史を紹介した『風俗の歴史』（1911-1912年）に掲載されたもの。

時代を超えて

売春

金銭と引き換えに性を提供する成年女性や少女は、また少年や社会的地位の低い成年男性は、昔から存在した。古来、行政機関はこういう行為の法規制に苦労していて、全面的に禁じる場合もあれば、管理を試みる場合もあった。

行われた。

　非神聖売春もよく行われた。単なる性行為のほか、金銭と引き換えにいろいろな形で女性に相手をさせる例もあった。高級娼婦は、裕福な男性に雇われて行動を共にし、ダンス、詩の暗唱、会話などで楽しませることがあった。国や地域によっては、こういう女性はパトロンにかならず性的サービスを提供するものとは見なされていなかった。

売春と法規制

　現代の社会では、売春はさまざまな形で規制されている。全面的に禁止されていたり、部分的に違法とされていたりするほか、1811年に売春禁止法が廃止されたアムステルダム市のように、全面的に合法とされ、行政機関に管理されている場合もある。オランダ政府に管理されている〈赤灯街〉(歓楽街)で働く人々は健康診断を受けることを義務づけられている。ジョゼフィン・バトラーなどの初期のフェミニストは、女性の体への侵害であるといって、この健康診断の義務に対して異議を唱えた。

　20世紀後半になると、売春を取り締まる法律は、客引きを禁じるばかりでなく、女性の保護に主眼を置くようになっていった。1978年、活動家のキャロル・リーは〈性労働〉という言葉を用い、売春婦が労働者であり、もっといい賃金、労働環境、健康管理に値することを強調した。また20世紀、北欧諸国では〈北欧モデル〉と呼ばれる福祉制度が導入され、売春が合法になり、買春のみが処罰されることになった。

　20世紀の初め頃から、売春とトラフィッキングは法律のうえで区別されるようになった。トラフィッキングとは、女性に性労働を強制する人身取引のことである。トラフィッキングに関しては、国際連盟が1921年に問題解決に乗りだし、現在は国際法で禁止されている。一方、売春に関しては、国や地域によって規制のレベルがさまざまである。

▲ **古代の巫女**
紀元前8世紀に制作されたアッシリアの象牙の彫刻。神聖売春を行ったイナンナの巫女の像である（⇨ p.18-19）。イナンナの巫女は神殿にやってきた男性と性交渉し、神の活力を授けた。

ムーラン街のサロンの高級娼婦たち　パリ 1894年

> 歴史を変えた女性
>
> ## 労働者と改革者
>
> **蘇小小**（-501年頃）　中国の南斉の高級娼婦、歌人。その生涯については記録がほとんどないが、いくつかの文献によれば、15歳のとき家庭の事情でやむを得ず娼婦になったという。
>
> **デュ・バリー夫人**（1743-1793年）　フランス国王ルイ15世の公妾。20歳のとき、その美貌に目をつけたジャン＝バプティスト・デュ・バリーに貴族相手の高級娼婦に仕立てあげられ、のちにルイ15世に見初められた。フランス革命のさなかにとらえられ、処刑された。
>
> **ジョゼフィン・バトラー**（1828-1906年）　19世紀のイギリスのフェミニスト、社会運動家。1869年、売春婦に健康診断の受診を強制する性病法の廃止を求め、運動を始めた。この法律は1886年に廃止された。バトラーは国際廃娼連盟を設立し、ヨーロッパの他の国々でも同様の運動を展開した。
>
> **ティリー・ディヴァイン**（1900-1970年）　若くして売春婦になる。その後、夫とともにオーストラリアに移り住み、裏社会を牛耳るマダムとして名を馳せた。売春に関連する数十もの容疑で有罪になったほか、理髪店内である男性にカミソリの刃で切りつけたために投獄されたこともあった。マスコミには〈シドニー最悪の女〉〈夜の女王〉と呼ばれた。1968年まではシドニーで売春宿を経営していた。
>
> **マーゴ・セント・ジェームズ**（1937年-）　性労働の合法化を求める団体、コヨーテ（COYOTE、「古臭い道徳観念を捨てよ」の頭文字）の創設者。1999年、性労働者の運営する性労働者のための医療機関セント・ジェームズ診療所が、コヨーテの協力のもとサンフランシスコに開設された。セント・ジェームズ自身、かつて性労働に従事していた。
>
> **ソマリー・マム**（1970年-）　カンボジアの反トラフィッキングの活動家。性風俗産業の人身売買の問題に重点的に取り組んでいる。1996年、アフェシップ（AFESIP、「窮状におちいった女性のための行動」の頭文字）という団体を設立し、カンボジア、ラオス、ヴェトナムで人身売買の被害者になった女性や子どもの救済と社会復帰支援に携わっている。

使用人と郊外住宅

西洋の社会階級

19世紀半ば、産業革命によって商業が拡大し、富が増加したおかげで、ミドルクラス（あるいはブルジョワ階級）は急増しつつあった。そして、労働者階級からいっそう遠く隔たりつつあった。ミドルクラスの増加がとくに顕著だったのは、イギリス、ヨーロッパ北西部、アメリカである。工場経営者、銀行家などの上位層（アッパー）から事務員、教師、店員などの下位層（ロウアー）まで、ミドルクラスはじつに多種多様だった。労働者階級と異なるのは手工業に従事しない点だった。社会の根幹をなす、律儀で、堅実で、まじめな人間であることを自認するミドルクラスは、自らが無責任だと考える労働者階級からも、怠惰だと考える貴族階級からも距離を置いていた。

家庭の主婦

実質賃金が上昇したおかげで、ミドルクラスの世帯の大半と労働者階級の世帯の一部は夫の稼ぎだけで暮らすことができた。ここから〈男性稼ぎ手〉モデルが生まれ、女性はもっぱら家庭にいるものとされた。女性の義務は、大人しく従順であることと、家事をとりしきることだった。家事使用人を使いこなす能力も大切だった。メイド一人以上を雇えるかどうかがブルジョワ家庭であることの重要な指標だった。家庭の主婦向けに、料理、もてなし、育児のガイドブックが数多く出版された。家庭での女性の役割についての認識はこのまましばらく変わらなかった。アイルランドでは、女性は、学校教師を別として、1973年まで外で働くことができなかった。

労働者階級の人々はたいてい都市部に住み、工場や鉱山で働いた。彼らのもつ財産は労働力くらいだった。一方、ミドルクラスの人々は、公共交通機関での通勤が可能になったことで、労働者階級の住宅地から遠く離れた郊外に、貴族の屋敷をもっと小規模にしたような一戸建てを構えるよう

▼ 使用人の日常
家事の道具をもったこの2人の女性は、ヴィクトリア時代にあたる1880年頃の使用人である。1891年の時点で、イギリス国内で家事使用人として働く女性は、未成年者を含めて130万人にのぼっていた。

▶ 理想の暮らし
1910年にアメリカで撮影された、自宅でくつろぐミドルクラスの一家。縫い物をする女性と読書をする女性が、家長の裕福さをうかがわせる家財道具の数々に囲まれている。

「家事労働に携わるみなさんには、整理整頓を学んでいただかなければなりません」

イザベラ・ビートン『家政読本』1861年

使用人と郊外住宅

になった。ミドルクラスの女性の多くは郊外暮らしで孤独を感じるようになり、気をまぎらすために外で慈善活動を手がけることも多かった。対照的に、労働者階級の世帯は子だくさんで、衛生的とはいえない場合も少なくなかったが、ほかの階級よりも強い連帯意識をもっていた。

◀ **大衆の贅沢**
お茶は、イギリス社会に入ってきたばかりの頃はたいへん高価だったが、19世紀に価格が下がり、ミドルクラスにも労働者階級にも購入されるようになった。その当時、お茶の支度はすでに女性の仕事だった。

金の使いどころ

この時期、消費者の動向が変わってきた。輸送コストが下がったおかげで、お茶、コーヒー、砂糖のような輸入品が労働者階級にも手に入りやすくなった。また、大量生産が可能になったおかげで、多くの商品の製造コストが下がった。イギリスの陶磁器メーカーのウェッジウッドも蒸気動力を利用して大量生産を開始した。すると、贅沢品だったウェッジウッド製品がもっと日常的に使用されるようになった。ミドルクラスの女性は気晴らしに買い物を楽しみ、都市中心部に出かけて新商品の品定めをした。商店のほうは顧客を呼びこむためにショーウィンドーを設け、華やかに飾りつけた。さまざまな商品をとりあつかう通信販売カタログが発行され、鉄道で輸送され、郵便で各家庭に配達されるようになると、女性に大人気となった。とくに、地方の女性や、店主からの差別のために買い物に行けないアフリカ系アメリカ人の女性に重宝がられた。やがて、労働者階級の人々もこの新しい消費形態に慣れ親しむようになった。

「団結し、
扇動し、
教育することこそ
私たちの
鬨(とき)の声で
あるはずです」

スーザン・B・アンソニー　1850年

▲ **女性の団結**
アメリカ合州国の全国女性評議会にて、1895年。

▶ **女性の権利活動家**
1820年生まれのスーザン・B・アンソニーは、社会改革運動家として影響力を発揮した。1850年代、エリザベス・キャディ・スタントンとともに女性の権利獲得のための運動を牽引。世界各地を飛びまわり、著述家、講演家として活躍した。

改 革
闘 争

第1波フェミニズム

19世紀半ば以降、女性の権利を求める声は高まっていった。啓蒙運動とそれに続く革命（⇨ p.130-133）によって、西洋社会は大きく変わったが、女性の役割とされるものはほとんど変わらなかった。だが、活動家たちが団結すると、その状況が変化しはじめた。この人々が始めた運動は、1960年代に出現した第2波と区別し、第1波フェミニズムと呼ばれる。

女性はそれ以前にも、奴隷制廃止から刑務所改革までのさまざまな社会問題に関して、改革運動に参加し、かけがえのない貢献をしていた。だがその後、多くの女性運動家たちが女性の権利要求の運動に目を向けるようになった。たとえば、18世紀のイギリスで女性の教育を受ける権利を訴えたメアリー・ウルストンクラフトもその一人である。この頃、第1波フェミニズムの幕開けを告げる出来事があった。1848年7月、急進派クエーカー教徒が多く住むアップステート・ニューヨークで、セネカ・フォールズ会議が開催されたのだ。そのおもな主催者は奴隷制廃止論者のルクリーシア・コフィン・モットとエリザベス・キャディ・スタントンだった。2人は男女平等を求める内容の〈所感宣言〉を共同で起草した。男性を含めて300人ほどしか集められなかったものの、この会議は女性の権利要求の運動がアメリカ各地に広まるきっかけになった。

運動の拡大

イギリスでは、『イングリッシュ・ウーマンズ・ジャーナル』誌編集部の所在地にちなんで名づけられた活動家団体ラングム・プレイス・サークルが、女性たちに意見交換の場を提供した。この団体は、夫の保護下に置かれる妻の身分に関する法律の改正を要求するため、1855年に既婚女性財産権委員会を設立した。当時の法律では、結婚後、女性がもつ財貨、収益などの権利は夫に移されると決まっていた。委員会の働きかけが奏功し、1870年に既婚女性財産権法案が可決され、女性の賃金や財産は夫のものとは区別されることになった。

女性の権利拡大運動はもっと大きく広がりはじめた。セネカ・フォールズ会議の数週間前、ペルシア（現イラン）のバダシュトで会合が開かれ、バーブ教徒の女性たちが男女平等について話しあった。ヨーロッパでもいくつかの国で活動家団体がつくられた。1865年に全ドイツ婦人会、1866年にフランス婦人権協会、1871年にデンマーク婦人会が設立されている。1888年初めには国際婦人連合がアメリカの首都ワシントンで第1回大会を開催した。その会員たちは女性運動のことを世に知らしめ、後日の女性参政権運動の基礎を築いた。

▶ **男女同権を求めて**
1869年、スーザン・B・アンソニーとエリザベス・キャディ・スタントンはアメリカ全国女性参政権同盟を設立し、雇用機会や賃金の不平等などの問題を提起した。右は女性参政権をテーマにした風刺画。

発見の時代

科学と進歩

19世紀は大きな変化の時代だった。1800年、人々のほとんどは徒歩で移動し、手紙で通信していた。だが、その後の100年間に新しい科学的発見が次々となされ、1900年代に入る頃には鉄道線路と電信線によって世界の大陸同士がつながっていた。19世紀には、内燃機関で作動する自動車がつくられ、微生物が病気を引き起こすと証明され、電力がさまざまな用途に利用され、ダーウィンの進化論が発表された。1833年、世界を変える研究に打ちこむ人々を指して〈科学者〉というようになった。やがて、女性にも科学者として活躍する人々がだんだん増えていった。

この時代に現れた女性科学者の草分けには、スコットランドの数学者・天文学者のメアリー・サマヴィルがいる。また、解析機関と呼ばれる初歩的なコンピューターをチャールズ・バベッジと共同で製作したエイダ・ラヴレスもその一人である。この解析機関に使うパンチカードの作成を担い、初歩的な機械アルゴリズムを書いたラヴレスは、世界初のコンピューター・プログラマーであるといえる。しかし、この頃活躍した女性科学者で最も有名なのは、放射能を研究したポーランド出身の化学者・物理学者のマリー・キュリーだろう（⇨ p.167）。

19世紀、研究室から野外に出た博物学者たちが生物研究の分野に革命を起こした。メアリー・アニングやエリザベス・フィルポットのような古生物学者は、キリスト教の天地創造説を捨て去り、地中から掘りだした化石を寄せ集め、先史時代の生物のすがたを明らかにした。また、新しいアクアリウムを開発したジャンヌ・ヴィルプル゠ポウェルのような生物学者は生きた生物の研究にとりくんだ。植物学者のアンナ・アトキンスは最先端のテクノロジーを自然物の研究にとりいれた。発明されたばかりの写真技術を用いて藻や植物を撮影したのである。医療の分野では、アメリカでエリザベス・ブラックウェル、イギリスでエリザベス・ガレット・アンダーソンが、医学教育を受け、医師資格をとる権利を求めて活動し、その目的を達成した。

近代世界の形成

技術者や発明家になる女性もいた。エミリー・ウォーレン・ローブリングは、土木技術者である夫が病気になったためにその仕事を引き継ぎ、ブルックリン橋の建設工事の現場監督を務めた。イギリスでは、発明家のハーサ・マークス・エアトンが、その頃世界のさまざまな都市で照明に用いられはじめていたアーク灯の発明により、女性では初めて王立協会の会員に選ばれた。

19世紀に活躍した女性の科学者、技術者、発明家、医師たちは、新しい革命を促した。20世紀には投票権などの権利が女性にも認められるようになるが（⇨ p.206-209）、その土台をつくったのは、女性の教育と幅広い分野への参入を求めて奮闘したこの女性たちだった。

「私のこの頭脳は並の人間の頭脳を超えている」

エイダ・ラヴレス　イギリスの数学者、作家　1843年

発見の時代 | 167

人物伝
マリー・キュリー

1867年、マリア・スクウォドフスカとしてポーランドに生まれ、20代で物理学を学ぶためにパリに移り住む。そこで、のちに夫・研究パートナーになるピエール・キュリーに出会った。2人は放射性の新元素ポロニウム（マリーが母国にちなんで命名した）とラジウムを発見した。ピエールが亡くなると、マリーは娘のイレーヌとともに研究にとりくみ、X線撮影技術の医療応用の先駆者になった。1903年、女性初のノーベル賞受賞者になる。生涯に受賞したノーベル賞は、このときの物理学賞と、化学賞（1911年）の2つ。ノーベル賞を2回、異なる部門で受賞した女性は、現在に至っても彼女だけである。

◀ 研究所にて
1921年、フランスのラジウム研究所内に設けた自身の実験所を眺めるマリー・キュリー。彼女はここで約150人の女性を放射線学の研究助手として育てた。

時代を超えて

科学

　何世紀も前から、優秀な女性たちはこつこつと努力を重ね、自然界の未知の現象を発見し、分析してきた。だが、科学者や数学者として研究活動に打ちこむ女性たちは、成果をあげても学術界からはなかなか認めてもらえなかった。

　科学や数学にとりくむ先駆的な女性は古代から存在した。記録上、世界初の女性数学者は4世紀のアレクサンドリアに生きたヒュパティアである。彼女は新プラトン主義哲学校の校長に就任し、哲学と天文学を教授した。古代エジプトには女性治療師がいた。また、ハーブなどの天然物から治療薬をつくる女性は、昔からさまざまな文化圏に存在した。そういう女性は助産師や看護師として働き、もっている知識や技能を次世代に伝えた。中世ヨーロッパの女性は修道院で教育を受けることができた。当時、世界最古の大学群にかぞえられる学校は女性の入学を許可していなかったので、修道院は女性にとって重要な教育機関だった。その数百年後には、上流階級の女性が科学や数学を趣味として楽しむようになっていた。研究者である夫の助手を務める者もいれば、自ら研究を手がける者もいた。だが、彼女たちのような先駆者は、たいていは資格を認定してもらえず、研究成果を無視されてしまった。とはいえ、例外もあった。よく知られているのは、1732年、女性初のボローニャ科学アカデミーの会員になったイタリアの物理学者、ラウラ・バッシである。彼女は、博士号を授けられ、大学教授（ヨーロッパの大学初の物理学教授）の地位を与えられたが、女性であるために大学の教壇に立つことを許されず、自宅で学生に教えていた。1750年には、同じボローニャでマリア・アニェージが女性初の数学教授に任じられたが、実際に教鞭をとったかどうかは不確かである。

　19世紀、科学者として活躍する女性はますます増えた（⇨ p.166-167）。メアリー・アニングは、イギリス南部沿岸に広がるジュラ紀の海生生物化石層からいくつもの発見をし、先史時代と地球史について新たな理解をもたらした。キャロライン・ハーシェルやマリア・ミッチェルなどの天文学者は、天体望遠鏡で宇宙を観測し、銀河の謎を解明した。ところが、高名な科学者のチャールズ・ダーウィンですら、1882年の時点でこんなことを書いていた。「たしかに女性は、道徳面ではだいたいにおいて男性よりも優れているが、知能面では劣っている」。1870年頃には、オックスフォードやケンブリッジのような権威ある大学が女子カレッジを設けたが、女子学生は、講義や試験を受けられはしたものの、オックス

> 「価値あるものは容易には手に入らない……私が若かった頃、女は化学に首を突っこむものではないといわれた」
>
> ガートルード・エリオン
> ノーベル賞受賞者　1988年

▼ **数字に強い女性**
18世紀のフランスの科学者のエミリー・デュ・シャトレは、数学の才能をいかして賭博をし、その利益を本や実験道具の購入費にあてていた。ヴォルテールの愛人になった彼女は、彼とともにニュートンの論文をフランスに紹介した。

科学 169

では1920年まで、そしてケンブリッジでは1948年まで、学位を得ることはできなかった。

科学革命

20世紀、女性の科学者は爆発的に増えた。ヒトの新陳代謝についてのさまざまな発見につながる研究を手がけた生理化学者のゲルティ・コリから、1930年代と1940年代に核分裂の研究ですばらしい成果をあげた呉健雄やリーゼ・マイトナーまで、たくさんの女性が20世紀の重要な大発見に関わった。しかし、研究を大きく前進させたとしても、その成果は男性研究者のものとして発表されることが少なくなかった。マイトナーも、化学者のイザベラ・カールや天体物理学者のジョスリン・ベル・バーネルもノーベル賞の候補にも挙がらなかったが、同じ研究チームの同僚の男性が受賞者になっている。

現在、その状況はすっかり変わっている。いまや、技術者、研究者、原子物理学者などとして活躍する女性はたくさんいる。科学や数学をこころざす女子学生は多く、世界を変える女性はこれからも現れるだろう。だが、その偉業の背景に、草分けとなった勇敢な女性たちが存在するのである。

ジェーン・グッドール　タンザニアでチンパンジーの保護活動に従事　1995年

▼ 恐竜のスー
ティラノサウルスの全身の化石としては世界最大であるこの骨格は、1990年にサウスダコタで発見され、発見者の古生物学者スー・ヘンドリクソンにちなんでスーと名づけられた。

歴史を変えた女性
女性の学者たち

アレクサンドリアのヒュパティア（355頃-415年）　高名な数学者・天文学者の父親から教えを受ける。アレクサンドリアはローマ帝国の支配下にあったが、ヒュパティアはギリシャの数学者や天文学者の論文の保存に力を尽くした。天文学や幾何学の論文をいくつも書いたが、現在それらの行方はわかっていない。生前の彼女は幅広い分野の学問を教えた。講義ではさまざまな話題をとりあげ、多くの聴講者を集めた。

王貞儀（おうていぎ）（1768-1797年）　年長の親族から天文学、医学、数学、詩を学ぶ。読書好きで、性別を問わない学生のため、有名な数学書『計算原則』を易しく書きなおした。天文学の分野での業績には、天体の運動の計算、月蝕のしくみの解明などがある。

キャロライン・ハーシェル（1750-1848年）　声楽家として修業を積んだが、やがて音楽の道をあきらめ、天文学者である兄ウィリアムの助手になる。ウィリアムの天体望遠鏡用の反射鏡を研磨したり、天文観測に必要な数値を計算したりした。自分の天体望遠鏡を手に入れて宇宙を観測するようになってから、星雲3つと彗星8つを発見している。

ソフィア・コワレフスカヤ（1850-1891年）　女性であるためにベルリンの大学から入学を断られ、独学で学ぶ。微分方程式の研究をきっかけに数学界で認められ、のちにストックホルム大学で教鞭をとるまでになった。近代ヨーロッパで、数学の博士号を取得した最初の女性。また、正規の大学教授の職を与えられた最初の女性でもある。

ロザリンド・フランクリン（1920-1958年）　X線回折を用いたテクノロジー開発の草分け的存在。DNAの化学組成や構造がまだ不明だった時代に、X線回折現象を用いたDNA分析方法を編みだした。複雑な分子のすがたをX線のパターンとしてとらえ、DNAがらせん形であることを明らかにした彼女は、のちにノーベル賞を受賞するワトソンとクリックによるDNAらせん構造の解明に寄与した。

キャサリン・ジョンソン（1918年-）　アフリカ系アメリカ人女性には職業の選択肢があまりなかった時代に、教師として働いた。その後、NASAに勤務し、宇宙開発のためのデータ分析と数値計算を担当するようになった。月面着陸を成し遂げたアポロ11号などの宇宙船の軌道計算にも貢献。高い評価を得た2016年の映画『ドリーム』には、彼女の活躍が描かれている。

自由
のための戦い

奴隷貿易

1400年代から1800年代にかけて、ヨーロッパ列強はアフリカの人々をとらえ、商品として売買した。いわゆる大西洋奴隷貿易である。奴隷船にぎっしりと押しこまれ、船内の劣悪な環境を生き延びたアフリカ人奴隷は、南北アメリカに築かれたヨーロッパ諸国の植民地に連れていかれ、ただ働きをさせられた。北アメリカ、南アメリカ（奴隷の数が最も多かったのはブラジルだった）、カリブ海域行きの船に乗せられた奴隷は全部でおよそ1250万人だったが、生きて目的地に到着できたのは1070万人にすぎなかった。これらの奴隷の半数以上は18世紀中に輸送された。この頃、タバコ、砂糖などの商品作物を栽培するプランテーションの拡大にともない、労働力への需要がいっそう高まったのである。

アフリカの女性が奴隷制度から受けた影響は、男性の場合とは異なった。女性の場合、人種差別と女性差別にあい、性的暴行や性行為強要の被害者になりやすかった。女性奴隷は過酷な支配を受けたが、その状況に抵抗するためにさまざまな手段を用いた。逃亡、子殺し、自殺、病気や妊娠の詐称などである。

▼ **奴隷用の足かせ**
すし詰め状態の奴隷船で、黒人同士をつなぐのに使われた鉄製の足かせ。強制的に連れてこられた奴隷のなかには子どもを産める年齢の女性も多く、船上ではしょっちゅう性的虐待が行われた。

畑仕事

西洋文化の常識では、女性は肉体労働には向いていないとされたが、奴隷にされたアフリカ人は、男女で同じ仕事をさせられることが多かった。ヴァージニア植民地のタバコ畑では、鞭やピストルをもった監督人から監視されつつ、男女の奴隷が肩を並べて働いた。カリブ海域の砂糖プランテーションでは、女性奴隷がサトウキビ畑で猛暑に耐えつつ働いたり、製糖所で体に害になりかねない作業を行ったりした。白人女性には到底できないと思われる過酷な農作業を黒人女性に任せていたことになるが、植民地主義をよしとする奴隷所有

おもな出来事
奴隷から自由民へ

16世紀以降にアメリカに輸送されたアフリカ人奴隷はおよそ1200万人にのぼり、その多くは女性だった。女性奴隷はのちの奴隷制廃止運動にきわめて重要な存在になった。

1700年以前

- **1619年** アフリカ人奴隷の一団が、現在のアメリカ・ヴァージニア州にあたるイギリス領ジェームズタウン植民地に上陸する。この奴隷たちのなかには一人以上の女性が含まれていた。
- **1621年** オランダ西インド会社が設立される。この会社は大西洋奴隷貿易を大規模に手がけた。
- **1656年** エリザベス・キーという女性奴隷が、イギリスからの入植者を父親にもつことを理由に、解放を求めて裁判を起こし、勝訴する。それまで、ヴァージニアの植民地代議会は、奴隷の母親から生まれた子どもは父親の身分にかかわらず奴隷であると裁定していた。

1700

- **1716年** 西インド諸島のオランダ領キュラソー島で、マリアという奴隷の先導によって奴隷の反乱が発生する。
- **1781年** フィラデルフィアの奴隷エリザベス・フリーマンが、解放を求めて自分の所有者を訴え、勝訴する。
- **1791年** フランス領サンドマング植民地で奴隷が反乱を起こし、ハイチ革命が始まった。1802年、混血自由人である21歳の女性サニテ・ベレールが、この反乱に加わっていたかどで処刑された。

1800

- **1831年** ヴァージニア州で、ナット・ターナーの扇動によって奴隷の反乱が発生する。この反乱に関与したことで、女性一人が裁判にかけられた。
- **1833年** アメリカ反奴隷制協会に入会できるのは男性のみだったので、女性18人がフィラデルフィア女性反奴隷制協会を設立した。
- **1843年** キューバで、カルロッタという女性を含む3人の奴隷の先導によって反乱が発生する。この事件は〈はしごの反乱〉と呼ばれるようになる。
- **1863年** アメリカ南北戦争中、ハリエット・タブマンがコムビー川での襲撃を指揮し、南部連合の施設を破壊し、約750人の奴隷を解放する。
- **1865年** アメリカ合衆国憲法修正第13条によって奴隷制が廃止される（囚人になっている奴隷は例外とされた）。

◀ アメリカ・ジョージア州で監督人に監視されつつ綿花を摘む女性たち　1900年頃。

者のヨーロッパ人は、自らを正当化するため、黒人女性を人間以下の存在と見なした。なかには、黒人女性は苦痛を感じないとか、出産のとき手助けを必要としないとか、子どもから引き離されても平気でいるなどといいだす者すらいた。

女性奴隷から生まれた子どもは、法律上、奴隷所有者の財産と見なされたので、女性奴隷は増やす者を意味する〈インクリーザー〉と呼ばれ、投資の対象になった。奴隷は家庭をもつよう促されたが、法的な結婚を許されておらず、家族のうちの誰かがなんの前触れもなく連れだされ、どこかに売られてしまうこともあった。奴隷所有者と女性奴隷とのあいだに子どもができることはよくあった。所有者から言い寄られた奴隷には、法的にも、文化的にも、体力的にも抗うすべがなかった。奴隷制廃止を訴えた改革論者のハリエット・ジェイコブズは所有者のもとから逃亡した元奴隷で、自分の体験を『ある奴隷少女に起こった出来事』（1861年）に書き、まだ14歳の頃から性的な嫌がらせや虐待はしょっちゅうだったと明かした。

抵抗と奴隷制廃止運動

奴隷にされた女性たちは思うように生きられなかったが、虐げられた立場にどうにかして抗おうとした。抵抗の手段としてよく行われたのは、労働を拒否することや緩慢に作業することだった。なかには、法律に違反し、逃亡して自由の身になる者もいた。ワシントン大統領夫人マーサのメイドとして働いていた奴隷のオーニー・〈オーナ〉・マリア・ジャッジは、1796年に大統領官邸を飛びだし、30年以上逃げまわった。もっと大がかりな抵抗を試みた者もいる。1835年、元奴隷のルイザ・マヒンは、ブラジルでは最大規模となった奴隷の反乱、マレーの乱の際に、反乱奴隷の本部として自宅を提供したという。また1791年8月、ハイチのブードゥー教の神官のセシル・ファティマンは、ハイチ革命の発端となった奴隷たちの会合で、ブードゥーの儀式をとり行った。フランスの植民地支配に抵抗し、奴隷解放を求めて蜂起したこの奴隷たちは、革命を成功させた。

人物伝
ハリエット・タブマン

1820年頃、メリーランド州のプランテーションで奴隷の子として生まれる。奴隷解放運動に生涯を捧げ、〈地下鉄道〉の〈車掌〉役を務めた。地下鉄道というのは奴隷を自由州に逃がす秘密ルートの呼び名だった。タブマン自身も1849年に逃亡した元奴隷で、鉄道でフィラデルフィアに逃げ、自由の身になった。1851年から1857年まで、年2回南部州に舞い戻り、家族やその他の人々を逃がす手助けをした。1913年、肺炎で亡くなる。

1838年の時点で、イギリス植民地で畑仕事に従事する人々の 60% が女性奴隷だった。

奴隷制については、17世紀後半以降、進歩的かつ自由な社会とは相いれないという意見が哲学者たちから上がっていた。1700年代後半には奴隷制廃止運動がさかんになり、フランスでは〈黒人の友の会〉が、イギリスでは1787年に〈奴隷貿易廃止促進協会〉が設立された。アメリカ独立戦争（⇨ p.130-133）以降の数十年のあいだに、奴隷制を廃止する国は増えていったが、綿花栽培のさかんなディープサウスと呼ばれるアメリカ最南部は、プランテーション経済を維持するために奴隷制を継続した。

自由のための戦い　173

◀ **待望の自由**
2人の男性とポーズをとる元奴隷の女性。この男性たちはいわゆる奴隷解放連隊の隊員で、〈地下鉄道〉と呼ばれる秘密ルートを使い、この女性を自由の身にした。女性奴隷の場合は外に抜けだす機会を見つけにくく、たいていは面倒を見るべき子どもがいたので、逃亡はことのほか難しかった。

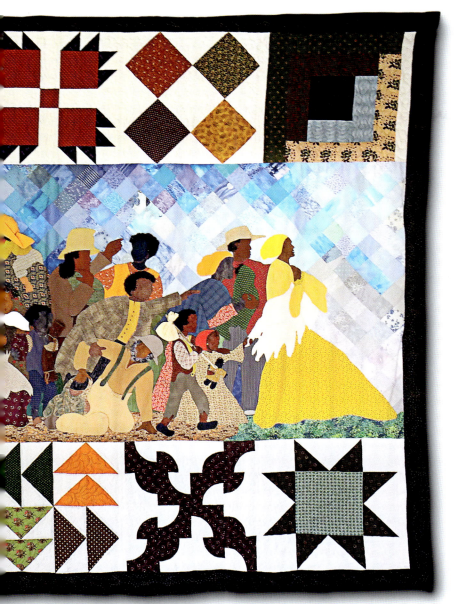

奴隷制廃止運動は勢いを得て、女性もそれに大きな役割を果たした。ソジャーナ・トゥルース（⇨p.174-175）、ハリエット・タブマン、メアリー・アン・シャッド・ケアリーのような黒人女性はアメリカ各地で講演し、奴隷制のぞっとするような実態や偽善について熱弁をふるった。生き別れになった子どもを必死に探しまわる黒人女性のことを耳にし、その身の上に同情を寄せる白人女性たちが現れた。小説家のハリエット・ビーチャー・ストウもその一人で、奴隷制廃止のために力を尽くした。しかし、アメリカで奴隷制の全廃が実現したのは、血なまぐさい南北戦争（⇨p.176-177）の終結後、1865年になってからのことだった。1888年にはブラジルも奴隷制廃止に踏みきった。多くの識者はこの1888年を大西洋奴隷貿易終焉の年とする。

▲ **光のなかへ**
「光のなかへ」と題されたキルトの壁掛け。秘密ルート〈地下鉄道〉を歩き、逃亡奴隷を自由へと導くハリエット・タブマンの姿が描かれている（⇨p.172）。

「自立こそ、
自主独立への
真の道である」

メアリー・アン・シャッド・ケアリー　彼女が1853年に
創刊した『プロヴィンシャル・フリーマン』紙のスローガン

ソジャーナ・トゥルース 175

「私は、男と同じくらい筋肉をもっている……[だから]男と同じくらい働ける」

ソジャーナ・トゥルース オハイオ州アクロンで開催された女性の権利大会にて 1851年5月

堂々主張

フェミニストで奴隷解放論者のソジャーナ・トゥルースは、本名をイザベラ・ボームフリーといい、1797年頃奴隷の両親のもとに生まれた。1826年に逃亡して自由の身になると、奴隷の解放と女性の権利獲得を求めて公の場で意見を述べる、数少ないアフリカ系アメリカ人女性の一人になった。1851年5月に開催されたオハイオ女性の権利会議では、女性のほうが弱いという男性聖職者の主張を受けて、感動的なスピーチをした。このスピーチはのちに「私は女ではないの？」と題され、広く知られるようになった。壇上に立ったトゥルースは、女性にも腕力があることを示すため、長年の奴隷労働でついた筋肉を指さしたといわれる。アメリカ南部で男女の奴隷がさせられていた仕事の一つに、綿花摘みがあった。奴隷制撤廃後のアフリカ系アメリカ人の男女は、引き続き綿花摘みによって生計を立てた。

176　知識と権力

北部と対立する
南部

アメリカ南北戦争

　1850年、アメリカ北部の奴隷解放運動家（⇨p.170-173）は、奴隷制の全廃を実現させるため、いっそう積極的に活動を展開していた。ハリエット・ビーチャー・ストウの小説『アンクル・トムの小屋』が1851年に新聞に連載され、1852年に全2巻の書籍として出版されると、奴隷制の現実と非人道性に人々の関心が集まり、奴隷解放を求める声がますます高まった。だが、南部人の意見は北部人のそれとはまったく異なった。サウスカロライナ州が奴隷制の廃止に反対して連邦から離脱すると、そのほかの南部諸州もあとに続き、血なまぐさい南北戦争の火蓋が切られた。その発端は、〈南部連合〉軍による1861年4月12日のサムター要塞砲撃だった。

戦時労働

　アメリカ史の重大事件の一つにかぞえられる南北戦争のさなか、女性は戦場、病院、家庭で重要な役割を担った。看護師として軍の病院で働く女性は、南北あわせて約2万人にのぼった。メイン州の教養ある白人女性のドロシア・ディックスは、1861年に北軍の〈女性看護師長〉に就任し、看護師と負傷兵のための環境改善に尽力した。戦況の進展とともに、元奴隷の黒人女性たちも自ら志願し、看護師、料理人、洗濯人として軍を支援した。いわゆる〈非戦闘従軍者〉として軍隊に随行する人々には、兵士の妻もいた。それに、売春婦もいた。さらに、400人から750人の女性が男性のふりをして入隊し、兵士として戦った。たとえば、カナダ

▼ **女性パルチザン**
アメリカ連合国の旗としてデザインされたこの旗は、1861年頃、ワシントンDCの〈南部分離を支持する婦人たち〉によって制作されたといわれる。この旗は、その女性たちからヴァージニア第6騎兵連隊に進呈され、終戦まで使用された。

▶ **野営**
左端の女性は北軍兵士の妻で、一緒に写っているのは夫と子どもたちである。場所はペンシルヴェニア第31歩兵連隊の野営地。この女性は、ここで家族の世話をしたほか、連隊の洗濯人か料理人か看護師として働いていたと考えられる。

北部と対立する南部

> 「神がおつくりになったこの地上の生き物のうち……奴隷ほどみじめなものはない」
>
> ハリエット・ビーチャー・ストウ 『アンクル・トムの小屋』1852年

出身のサラ・エドモンズはフランクリン・トンプソンを名乗り、ブラックバーンズ・フォードの戦いと第1次ブルランの戦いに北軍兵士として参加した。元奴隷のメアリー・エリザベス・バウザーは、南部諸州からなるアメリカ連合国の大統領、ジェファーソン・デイヴィスのヴァージニア州リッチモンドにある官邸でメイドとして働き、北軍のために情報を収集した。記憶力に優れていた彼女は、デイヴィスの机の上に置かれた書類を見ると、その内容をほとんど余さず、諜報組織のリーダーに正確に伝えることができたという。

戦場により近い南部の女性たちは戦争の残酷さを痛感した。400万人近くの奴隷に依存していた南部の経済は大きく衰退し、南北戦争への人々の見方は、おおむねその人の社会階級や経済状態によって異なった。南部州の政治家の妻メアリー・ボイキン・チェスナットの日記によれば、裕福な女性のなかには南軍を個人的に支援する人々もいた。だが、貧しい白人女性の多くはこの戦争を金持ちの喧嘩のようなものだと考えていた。1863年には、ジョージア州コロンバスで、65人の女性からなる武装集団が商店を襲い、食料品を奪う事件が起きている。

1863年1月1日にエイブラハム・リンカーン大統領から奴隷解放宣言が発せられ、南部の奴隷頼みの経済は事実上の終焉を迎えた。1865年、南北戦争は北軍の勝利をもって終結した。この戦争によって62万人が命を失った一方、数百万人の奴隷の男女が自由を勝ちとった。

人物伝
クララ・バートン

マサチューセッツ州生まれのクララ・バートン（1821-1912年）は、南北戦争の開戦後に看護師になった。教養のある女性で、以前は教師だったが、1861年に自ら志願し、北軍の野戦病院の看護師として働きはじめた。看護方法を独学で学んだ彼女は、兵士たちから〈戦場の天使〉と呼ばれた。ある日、前線で看護にあたっていたとき、流れ弾がバートンの白衣の袖を貫き、手当てしていた負傷兵の命を奪った。1881年、彼女はアメリカ赤十字社を設立した。

帝国主義
との戦い

太平天国の乱

　中国初の農民の反乱、太平天国の乱は1850年から1864年まで続き、2000万人から3000万人の死者を出した。広西省から始まったこの反乱は、キリスト教信仰と、満州族の王朝である清朝によってもたらされた文化の変化（⇨ p.124-125）や儒教の教えを批判する政治運動とが融合して生じたものだった。またこの反乱は、古い思想や帝国主義に盾突いたことにより、中国初の女性の権利運動にもなった。太平天国とはヨーロッパから伝わったキリスト教信仰の影響のもとに生まれた運動団体だった。宗教的な信念をもって戦われた太平天国の乱の根底には、神学概念としての平等観があった。つまり、男性も女性も等しく神の子であるから、平等に扱われなければならないという考え方である。19世紀半ば、洪秀全という指導者に率いられた太平天国は、中国南部の重要な地域を支配することに成功した。

抑圧からの解放

　太平天国がその支配地域に打ち立てた王朝では、女性をとりまく環境がさまざまな面で改善された。たとえば、本妻以外に妻をもつことや売春への考え方が変わった。結婚について、洪秀全は聖書の教えを順守することを重んじた。このため、一夫多妻と売春は禁じられた。洪秀全は当初、男女の平等を唱えたが、そのことも中国社会にいい影響をもたらした。太平天国の乱に参加したイギリス人オーガスタス・リンドレーの記述によれば、太平天国の支配地域では、女性の纏足の風習が明らかに廃れていった。太平天国を組織したのは広西などの地方を基盤にする民族、客家人で、清朝の支配層とは社会規範が異なった。もともと客家人の女性は纏足をしておらず、太平天国政府はこの風習を抑圧的だと考え、やめさせようとした。戦乱のあとにもキリスト教宣教会と中国プロテスタント教会によって纏足廃止運動が展開され、それが20世紀の纏足禁止につながった（⇨ p.196-197）。

　太平天国は女性に雇用機会をもたらしもした。女性は、清朝ではもっぱら家事をするものとされたが、太平天国政府のもとでは労働者として農業や建設業に携わった。なかには、政治家や教育者になる女性もいた。また女性は、科挙と呼ばれる官吏採用試験を受験することと、論語を精読することを初めて許された。

▼ **物質的な特権**
絹と繻子の使われた贅沢な部屋着。清朝満州族の上流階級に属する女性に物質的な特権があったことをうかがわせる。ただし、清朝の女性には社会権も公民権も認められていなかった。

帝国主義との戦い

　新しい機会はこうして創出されたが、実際のところ、名目と内実のあいだには大きな差があった。太平天国政府は男女平等と女性解放をうたったが、この頃に自立しはじめた女性たちは、ふしだらだとか無節操などといわれることが多かった。さらに、職場では男性の作業集団から隔離されたし、なんらかの政治的権威を手にした場合でも、男性にたいして権限を行使することはできなかった。男女平等は建前で、性差別はやはり存在したようである。太平天国の王朝では、相変わらず女性の貞操が重視され、場合によっては清朝の古い慣習が尊重されたので、真の男女平等はけっして実現しなかった。

▲ **支配層**
清朝満州族の上流階級に属する女性たちが描かれた19世紀の石版画。南京を攻略した太平天国軍は、現地の満州族の男性を皆殺しにし、女性を焼き殺した。

▼ **安慶攻略**
清軍は太平天国の支配地域の都市、安慶を包囲攻撃した。1年後にこの都市を攻め落とした清軍は、太平天国の男性を殺し、1万人以上の女性を慰みものにした。

◀ **先住民の医療**
カワカワを調合するサモア人女性たち。カワカワとは、マオリの伝統的な医術〈ロンゴン〉でよく用いられた、薬草を調合してつくる薬である。古代から、薬草を用いて病気を治療する女性は世界のさまざまな国や地域に存在した。

時代を超えて

医 療

歴史を通じ、女性は治療師、薬草師、看護師、助産師として活躍してきたが、医師になれるのは男性ばかりで、女性医師はほとんどいなかった。だが19世紀半ば以降、研鑽を積んで内科医や外科医になる女性がだんだん増えていった。

歴史上、女性医師として最も古い文献に登場するのはメリト＝プタハである。紀元前2700年頃、彼女は古代エジプトのファラオの宮廷で重要な地位を占めていた。だが、19世紀以前にはそういう女性医師はめったにいなかった。許可されて医療行為を生業にする場合でも、たいてい婦人科と産科の処置について学び、助産師になることが多かった。
また、薬草を用いて治療を行う薬草師になる者もいた。女性は職人ギルドや大学に入ることができなかったので、ほとんどの場合は非公式に学んだ。だが、修道院に入れば医療を正式に学ぶことができた。それに関しては、12世紀のドイツの大修道院院長ヒルデガルト・フォン・ビンゲンなどの女性たちが、医療者になることを希望する尼僧向けに医学書を執筆している。
医療行為を生業にする女性にはリスクがあった。患者を治せなかった場合、あるいは死なせてしまった場合、魔女の烙印をおされかねなかったのだ（⇨ p.122-123）。18世紀、古くから伝承されてきた民間療法は、保身をはかる男性医師たちから、根拠のないまじないと決めつけられることが増えた。また、裕福な人々は、女性助産師ではなく男性産科医を頼みにするようになった。産科医の治療のほうが〈科学的〉であるように思えたからである。
19世紀、医学教育の権利を求めて立ち上がる女性たちが現れた。エリザベス・ギャレット・アンダーソンのような先駆者は、男性医療者からの差別的な態度にもめげず、どうにか医師になるこ

12世紀に描かれたヒルデガルト・フォン・ビンゲンの肖像

> 「医者のようにふるまうのは……女性の本能である」
>
> アン・プレストン
> 女性初の医科大学学長

とができた。ロンドン生まれのギャレット・アンダーソンが医師を志望するようになったのは、大学から学位を受けたアメリカ初の女性医師、エリザベス・ブラックウェルとの出会いがきっかけだった。女性であるために医科大学には入れなかったが、けっしてあきらめず、別の方法を見つけた。当時はまだ医師免許を発行していたロンドンの医師ギルド、名誉薬剤師会の憲章には、女性を排除していいとは書かれていなかった。1865年、彼女はこのギルドの試験に合格し、医療を実践する権利を手にした。医師としてすばらしい功績を残した彼女は、後進の女性のために道を切りひらいたのである。

男子にのみ入学を認める医科大学が多かったので、やがて女子専用の医学校が設けられるようになった。1848年にはボストンでニューイングランド女子医学校が創立された。この学校とロンドン女子医学校（1874年創立）の卒業生は、女性であっても医学の学位を取得できた。同じ頃、看護師の養成方法が近代化され、専門化された。この分野に関わったおもな先駆者に、イギリスの看護師フローレンス・ナイチンゲールがいる。彼女は、クリミア戦争（1853-1856年）中に従軍看護師として活躍したのち、1860年にロンドンにある聖トーマス病院付属の看護学校を創設した。

女性の突破口

こういう進展はあったものの、医師をこころざす女性はいくつもの障害に阻まれ、実際に医療者として活動できるようになる者はまだ少なかった。正式な訓練をすべて終えても、男性ばかりの医学界には受け入れてもらえなかったので、自ら診療所を設立する女性医師もいた。第1次世界大戦は転換点になった。医師の需要が高まったことと、多くの男性が命を落としたことで、女性に門戸を開く医科大学が増えていったのだ。その結果、医学研究に積極的にとりくむ女性が出てきた。1947年にはチェコ生まれのアメリカ人研究者ゲルティ・コリが女性初のノーベル生理・医学賞受賞者になった。1970年代にも大きな転機があった。世界の多くの国で性差別を禁止する法律が施行され、女性の医科大学入学者が増加したのだ。現在、西洋諸国のほとんどで、医師になる訓練を受ける男女の学生数はおおよそ等しくなっている。

▲「ランプをもつ婦人」
1850年代、クリミア戦争中に従軍看護師が使ったトルコ製の提灯。フローレンス・ナイチンゲールも手にとった可能性がある。当時の従軍看護師の労働は過酷だった。一時期には100人に満たない人数で1万人の負傷兵を看護しなければならなかった。

歴史を変えた女性
医療の実践者

ジャクリーヌ・フェリス・ド・アルマニア（-1322年頃）女性の医療者が疑いの目で見られた典型例である。フィレンツェのユダヤ人の家庭に生まれる。パリに移り住んで医師になり、外科手術を手がけた。1322年、医療行為を違法に行ったかどで裁判にかけられた。法廷審問では医師としての能力を証明されたが、他の3人の女性医師ともども医療行為を禁止された。

談允賢（だんいんけん）（1461-1554年）中国の医師。祖父母から医学を学ぶ。当時の中国では、女性は医師の見習いとして医学を学ぶことができなかったが、談は試験官たちから侮辱され、罵倒されつつも科挙試験に合格した。その後、貴賤貧富を問わず女性の患者を治療した。1511年、医師として経験したことを『女医雑言』と題する本に書いた。

ジェームズ・バリー（1789頃-1865年）アイルランドにマーガレット・バルクリーとして生まれる。性別を偽ってエディンバラ大学に入学し、医学を学んだ。1813年に外科医の資格を取得したあと、イギリス陸軍に入隊し、軍医として海外に派遣された。腕のいい外科医だったバリーは公衆衛生の普及に努め、やがて医療機関監察長官の地位に上りつめた。女性であることを隠したまま医療に従事し、1859年に引退した。

エリザベス・ブラックウェル（1821-1910年）イギリスに生まれ、1832年にアメリカに移住する。1849年、医科大学を首席で卒業。アメリカで医学の学位を取得した女性は彼女が初めてだった。1853年にニューヨークに診療所を開設し、南北戦争中に看護師の養成を開始した。1869年にイギリスに帰国し、医師として患者をみるかたわら後進の育成にあたった。

レベッカ・リー・クランプラー（1831-1895年）8年間看護師として働いたのち、1860年にボストンの医科大学に入学。その4年後、アフリカ系アメリカ人女性初となる医学の学位取得者になった。1865年にヴァージニア州に移り住み、解放された奴隷を対象に治療を行った。1869年にボストンに戻り、引き続き医師として活動した。

カダンビニ・ガングリー（1861-1923年）インド北部のバガルプルに生まれる。1883年、もう一人の女性とともにインド人女性初の学位取得者になった。1886年にコルカタの医科大学を卒業。同年、アナンディ・ゴパール・ジョシーというもう一人のインド人女性もアメリカで医学の学位を取得している。

「あの兵舎に駆けつけ……女性としてなすべきことをするのが自分の義務だと考えた」

メアリー・シーコール　バラクラヴァ行きの船に乗りこむ際の言葉　1854年

前線での看護活動

ジャマイカ生まれの看護師メアリー・シーコールは、クリミア戦争（1853-1856年）中、イギリス人の負傷兵の看護活動に、前例を見ないほどの貢献をした。看護師として従軍することを志願したときには、イギリスの政府機関から人種を理由に拒否されてしまった。一方、同じように志願した白人女性はみな歓迎されていた。彼女はくじけることなく、独自に戦場に向かった。1854年にバラクラヴァに到着すると、資金を自ら負担し、負傷兵の看護にあたるかたわら、食料、飲料水そのほかの物資を兵士に支給する〈ブリティッシュ・ホテル〉を営んだ。シーコールの死後、この貢献は人々の記憶から消えかけていたが、20世紀に入ってから広く認識されるようになった。1991年、ジャマイカ政府は彼女の功績を称え、勲章を贈った。

184 知識と権力

開拓地
での生活

アメリカ西部の開拓地

アメリカ西部開拓時代は、テレビや映画などでは実際よりもよく描かれているとはいえ、女性入植者にまたとない自立の好機をもたらしたことは間違いない。しかし、開拓地が西に広がれば広がるほど、それだけ先住民の生活が脅かされることになった。白人女性にとっての好機は、先住民女性の先祖伝来の土地や生活様式を破壊することで成立していた。

アメリカ建国後、人々は西へ西へと移動した。早くも1787年、合衆国連合会議で北西部条例が制定され、アメリカ市民は先住民の土地に入植し、それを管理できるようになった。各部族は何代も受け継がれてきた土地への侵入に抗議したが、政府は西部への領土拡張を自明の宿命ととらえ、先住民のアメリカ社会への融合を進めていった。1862年にはホームステッド法が制定され、5年間の居住と耕作（〈改良〉）を条件に、市民に160エーカーの土地が無償譲渡されることになった。未婚女性や未亡人には自分の名義で土地の所有権を請求することが可能になった。しかし、既婚女性にはそうすることができなかった。1863年から1930年までの期間にホームステッド法の適用が申請された土地の面積は、平均して年間300万エーカーにのぼった。

さまざまな点から、西部での生活には危険がともなった。新聞には先住民との衝突について大きく報じられたが、入植者を死に追いやるおもな原因は病気と貧困だった。

1846年の冬に起きた有名

◀ **先住民の人形**
先住民の女性はよく孫のために人形をつくってやった。これは乗馬服をまとったスー族の女性をかたどった人形。遊牧生活を送っていた平原先住民の成人女性の典型的な服装である。

おもな出来事
西部開拓時代の女性

アメリカでは、ホームステッド法などの土地関連法のおかげで女性たちに好機がもたらされたが、領土が西へ西へと拡大されると、先住民はもともと住んでいた土地を追われ、居留地に移された。

1800

- **1830年** アンドリュー・ジャクソン大統領によってインディアン強制移住法が制定され、東部に住んでいた先住民の部族がミシシッピ川以西に移住させられる。

- **1841年** 先買権法が制定される。申請すれば、入植した土地の購入権を獲得できるようになった。

- **1848年** カリフォルニア州でゴールドラッシュが発生する。金鉱原の近くに町をつくるため、その周辺に住む先住民が土地を追われた。

- **1849年** アンドリュー・ジョンソン議員によって自営農地に関する法案が提出され、検討される。その内容は、開拓能力があることを条件に、入植者に160エーカーまでの土地を無償譲渡するというものだった。

- **1850年** 供与地請求法が制定される。18歳以上であること、白人であること、その土地に4年間居住することを条件に、夫婦に640エーカー、単身者に320エーカーの土地が与えられることになった。

- **1862年** リンカーン大統領の署名によってホームステッド法が発効する。これにより、女性にも自分の名義で土地の所有権を申請する資格が与えられた。

- **1863年** 1860年からネブラスカ州に居住していたメアリー・メイヤーが女性初のホームステッド法適用の申請者になる。このとき、男性初の申請者が現れてから3週間もたっていなかった。

- **1864年** コロラド州で発生したサンドクリークの虐殺で、アメリカ騎兵隊がシャイアン族とアパッチ族あわせて150人以上を殺害する。殺された者の多くが女性、子ども、老人だった。

- **1871年** アパッチ族のおもに女性と子どもからなる144人が、居留地とされたアリゾナ州キャンプグラントの外で、公安委員会によって虐殺される。

- **1890年** インディアン戦争最後の衝突とされる戦いがサウスダコタ州ウンデット・ニーで行われ、武装していない老若男女150人以上がアメリカ軍によって虐殺される。

◀ グレートソルトレイク渓谷の自営農地に建てたわが家の前で、椅子に腰かける**モルモン教徒の男性とその妻たち** 1869年。

な事件がある。87人からなる開拓団のドナー隊は、カリフォルニア州のシエラネヴァダ山脈で雪に閉じこめられ、飢えと低体温に苦しめられて、生き延びるために仲間の人肉を食べた。40人が命を落としたこの遭難事件は、西部開拓にともなう危険の象徴になった。ドナー隊の死者には男性のほうが多かった。その理由として、女性は幌馬車のなかで子どもたちの面倒を見ていたが、若い未婚男性は外に出て動きまわったので、命をより危うくしたともいわれる。また、女性は1日に必要なカロリー摂取量が男性よりも少なく、体脂肪率を高く保つことができたので、それが生き延びる助けになったともいう。

先駆者たち

ホームステッド法をとくに歓迎したのは、未婚女性、未亡人、離婚女性、それにあとから移民としてやってくる人々だった。こういう女性たちは単独で土地所有権を請求したが、西部では孤独だったわけではなく、その地域につくられた新しい共同体に参加した。たとえば1905年、若い未婚女性のルーシー・ゴールドソープはノースダコタ州ウィリアムズ郡に移住し、ホームステッド法の適用を申請した。そして、それ以前と同じく教師として生計を立てた。また、クリスマスには近隣の未婚の男女を招いてディナーをふるまった。ゴールドソープのように身を立てることができた女性は白人以外にもいた。1866年、元奴隷もホームステッド法の恩恵にあずかれるようになり、たくさんのアフリカ系アメリカ人が土地を手に入れ、新しい人生を歩みはじめた。1880年頃白人世帯の家事使用人として西部にやってきたアグネス・モーガンという黒人女性も、モンタナ州グラナイト郡に自分の土地を入手し、自立して生活するようになった。

いわゆる〈ワイルド・ウェスト〉では賭博が横行したが、それに関わる女性開拓者もいた。エレノア・デュモンは賭博師で、カリフォルニア州ネヴァダシティで数軒の酒場を経営していたが、賭博に負けて何もかもを失い、1879年に自ら命を絶った。アリス・アイヴァーズは1870年代にダコタ準州で酒場を開店したが、暴力をふるったパトロンを殺害して逮捕された。さらに、女性の無法者もいた。盗賊団の頭領のベル・スターは、無法者との結婚と離婚をくりかえしつつ、夫とともに他人の馬や家畜や現金を強奪した。

◀ **射撃の名手**
アニー・オークリーはエンターテイナーとして生計を立てた数少ない女性の一人だった。バッファロー・ビル・コディの興行する〈ワイルド・ウェスト・ショー〉に出演して射撃の腕前を披露し、観客を魅了した。

開拓地での生活 | 187

▸ **カスター将軍の最期**
1876年6月にリトルビッグホーンの戦いが発生し、北米平原先住民とアメリカ軍とが激突した。左の絵には、味方の勝利を祝い、敵のカスター将軍の戦死を喜ぶ先住民の様子が描かれている。右のほうに見える女性たちは、帰還する戦士たちを迎える儀式の準備をしている。

平原地帯をめぐる戦い

1830年にジャクソン大統領によってインディアン強制移住法が制定され、チェロキー族、チョクトー族、クリーク族、チカソー族、セミノール族はミシシッピ川以西の土地に移住させられた。南東部地域からの立ち退きを余儀なくされたこの先住民たちの大移動は〈涙の道〉と呼ばれるようになった。悪天候のなか、病気と飢えに苦しみながらの行進だったからである。このとき、家族のなかで唯一生き延びたチェロキー族の女性チン・ディーナワシは、途中で命を落とした幼いわが子のため、折れたナイフのさやで道ばたに墓穴を掘らなければならなかったという。アメリカ人がミシシッピ川以西のさらに辺鄙な土地に移住しはじめると、平原先住民（おもにラコタ・スー族とその支族）は抵抗した。1850年代から、ラコタ・スー族がウンデット・ニーで虐殺される1890年までのあいだ、衝突がくりかえされた。先住民の女性のなかには、戦闘に参加する者もいれば、襲撃の犠牲になる者もいた。結局、平原先住民は敗北を喫し、狭い居留地に移されたうえ、アメリカ文化を押しつけられた。

> 1863年1月に発生したベア川の虐殺で、ショショーニ一族の女性 **90人** がアメリカ軍によって殺害された。

人物伝
バッファロー・カーフ・ロード・ウーマン

推定1850年代生まれの北部シャイアン族の女性。平原の北部に住んでいた。1876年6月に行われたローズバッドの戦いで、唯一の女性戦士として戦った。負傷した兄を救いだすために馬で戦場の真っ只中に飛びこみ、勇名を馳せた。シャイアン族はこのときの戦闘を〈少女が兄を救った戦い〉と呼び、部族長のボックスエルダーはこの少女に〈勇敢な女性〉（ブレイヴ・ウーマン）という名前を授けた。その後、彼女はリトルビッグホーンの戦いで夫とともに戦った。1879年に死去。

アフリカ
分 割

植民地時代のアフリカ

　19世紀から20世紀にかけて、ヨーロッパ列強はアフリカ大陸の植民地化を急速に推し進めた。これを〈アフリカ分割〉と呼ぶ。この〈分割〉の正当化のため、列強はしばしばアフリカ人奴隷売買の廃止をうたったが、ヨーロッパの探検家はこの機に乗じ、アフリカの天然資源を搾りとった。イギリスの宣教師で探検家のデイヴィッド・リヴィングストンは、〈3つのC〉、つまり商業、文明、キリスト教（commerce, civilization, Christianity）の導入こそアフリカ大陸の人々を〈解放する〉唯一の方法であると主張した。

　この状況下で、ヨーロッパ人宣教師の役割はあいまいだった。多くの修道女や女性平信徒を含む宣教師たちは、アフリカ人の生活の質を改善した

▶ **大陸の奴隷化**
アフリカ大陸の多くの国や地域で、女性は昔から農作物の栽培を手がけてきた。この写真に写っているのは、1900年から1910年頃のベルギー領コンゴのイレブ・キャンプで、国有のバナナプランテーションでの労働に駆りだされた女性たちである。

いという純粋な思いから、各地に学校や病院をつくった。だが布教活動のなかで、帝国主義の白人の価値観を現地の人々に押しつけ、その土地の伝統を損なってしまった。女性宣教師がアフリカの地にもたらした最善の影響は、おそらく教育である。皮肉にも、のちにアフリカ諸国の独立のために戦う人々の多くは、ヨーロッパ人宣教師から教育を受けていた。

アフリカ大陸の植民地化はたくさんの犠牲者を生んだ。入植者のもとで働くのを嫌がる先住民は、暴力によって無理やり従わされることがあった。ベルギー領コンゴではとりわけ残酷な手法がとられた。たとえば、ゴムノキの樹液の収穫量が基準よりも少なかった者は、性別や年齢にかかわらず、たとえ子どもであっても手を切り落とされた。また、女性を人質にとり、男性を労働に駆りたてるやり方もあった。さらに、ベルギー領コンゴでもその他の植民地でも、先住民の共有地がヨーロッパ諸国によって収用されたことで、農業に携わる女性の役割に影響が生じた。共有地が縮小され、輸出用の換金作物の収穫量をできるだけ増やすためにその他の作物の作付けが制限されたため、昔から農作物の栽培を役割としてきた女性の地位が損なわれた。また、男性たちは仕事場である鉱山や工場に出かけるようになったので、家事の担い手が減ってしまった。女性たちにしてみれば、労働量は増えても地位は上がらない状況だった。

犠牲者と戦闘員

アフリカ大陸の支配権と資源をめぐる争奪戦は、植民地同士の衝突につながった。アフリカ大陸南部への領土拡大をもくろむイギリスと、ケープ植民地東部のオランダ語を話す農民（ボーア人）が1852年に建国した独立国、トランスヴァール共和国とのあいだで戦われたボーア戦争もその一つである。第2次ボーア戦争（1900-1902年）では、ボーア軍のゲリラ戦法に手を焼いたイギリス軍が、敵の支持基盤をとりのぞこうと、女性や子どもを含む非戦闘員を一網打尽にとらえ、捕虜収容所に押しこめた。捕虜収容所は管理がいい加減だったうえ、収容人数が超過している状態だったので、飢えや病気で命を落とす者が絶えなかった。

南アフリカの女性のなかには、おとなしく戦争の犠牲になることをよしとせず、断固たる決意をもって、男性戦闘員とともに戦う者もいた。愛国心あふれるボーア人女性のサラ・ラールも、捕虜収容所から逃げ、ボーア軍の特別攻撃隊員である兄とともに戦った。イギリス軍では、ウィンストン・チャーチルのおばにあたるレディ・サラ・ウィルソンが、女性初の従軍記者としてマフェキング攻囲戦についての記事を執筆した。また、イギリスの慈善家で社会奉仕家のエミリー・ホブハウスは、イギリス軍野営地の劣悪な環境について報告書にまとめた。婦人参政権論者のミリセント・フォーセット（⇨ p.206-209）がそれを読み、5カ月かけて現地を正式に調査したあと、野営地の状況に大幅な改善がなされた。それでも、野営地では合わせて数千人もの兵士が死亡した。

▲ **腕利きの女性射撃手**
1900年に217日間続いたマフェキング攻囲戦で、ボーア軍の拠点を銃撃するイギリス人入植者のデイヴィス夫人。勇敢な女性たちのエピソードはイギリスの新聞で広く報じられた。

捕虜収容所で死亡したボーア人2万8000人のうち

4000人

が女性だった。

190　知識と権力

> 「さあ、いとしい者よ、あの野に出よう……早く起きてブドウ園に行き……そこで、わが愛をあなたに与えよう」

『聖書』雅歌　第7章12節

とで、奇妙な治療法が編みだされた。ヨーロッパで6世紀以降に書かれた文献に、貞操帯について記述され、女性が性的誘惑に屈しないよう、一部の地域でそういう極端な手段を用いたことが示唆されている。だがじつは、貞操帯は女性を守る道具であり、戦争中、侵攻軍の兵士にレイプされるのを防ぐ目的で使われたことを示す証拠がある。ヴィクトリア時代、〈ヒステリー〉の症状を呈した女性は精神病院に入院させられたが、その治療として行われたのは、〈ヒステリー発作〉すなわちオーガズムを誘発することだった。今日、アフリカ、アジア、中東の一部には女性に割礼をほどこす慣習がある。これには、苦痛への恐れから、性行為を避けるようになるという作用がある。

セクシュアリティの認識

性とセクシュアリティ

女性のセクシュアリティは多くの社会でタブー視された。この点は今日も変わっていない。女性の処女性は何よりも重んじられたし、女性の性行動はあれこれ詮索された。一方、男性の場合は女性とはまったく異なり、もっと自由を享受していた。

時代を通じ、女性の価値は処女かどうかに結びつけてとらえられてきた。女性にとっての性行為の重要性は、快楽よりも、子どもを身ごもること、夫を喜ばせることにあった。かつて、ふしだらにふるまった女性や罪をおかしたと見なされた女性、たとえば夫以外の男性と不倫関係になった女性などは、罰せられた。女性のセクシュアリティが抑圧されている社会では、いまだにそうである。ところが、そうした女性と関係をもった男性は、ほとんど非難されることがなかった。紀元前1900年、女性の性衝動は病気の症状と考えられていた。それを、古代ギリシャの哲学者プラトンは〈子宮の移動〉と呼んだ。その三千数百年後のヴィクトリア時代、病名として一般に広まった〈ヒステリー（子宮の病気）〉という医学用語は、この呼び名に由来すると考えられる。
女性のセクシュアリティが病気と見なされたこ

女性が強い性衝動をもつとは考えられていなかったが、夫を喜ばせる行為について十分に知り、それを楽しむことを求められた。伝説によれば、トロイア王妃ヘレネのメイドのアスティアナッサは、性行為の体位についての本を世界で初めて書いた。女性誌がセックス記事を掲載するようにな

> 「［彼女は］世の中のあらゆる栄誉よりも快楽のほうを好んだ……それで、少しも恥じることがなかった」

ナヴァラ王妃マルグリット・ド・ヴァロワ
『エプタメロン』1558年

▲ 拘束
貞操帯は鍵のついた鉄製の器具で、性行為ができないよう、中世の女性がつけるものだったといわれる。一部の歴史学者によれば、中世にこういう器具が広く使用されていたというのは、19世紀に流布した誤った通念であるという。

性とセクシュアリティ　191

> 「性愛において、女性は男性とは異なる。女性は……情欲そのものを愛するのではない。情熱は、愛情はもちろん……やさしさをともなっていなければならない」

イライザ・ビスビー・ダフィ『男女について』1889年

るずっと前に、女性のあいだでいろいろな情報がひそかに受け継がれていたと考えられる。女性のなかには、社会的タブーを敢えて破り、女性向けのセックス指南を論文や小冊子に書く者もいた。フィラデルフィア出身のアイダ・クラドックも、1902年に〈婚礼の夜〉と題する小冊子を発行したが、そのことで懲役刑に処せられるのを避けるため、自ら命を絶ってしまった。

官能的な絵画や詩も古くからあって、その作者には男性もいれば女性もいた。古代中国でも男女の詩人がそういう詩を書いた。インドでは女性のバクティ詩人（⇨ p.74-75）が性的な抒情詩を神に捧げた。20世紀には、女性の性的な欲求や体験について書く女性作家が現れた。アナイス・ニンもその一人である。1940年代に執筆され、ニンの死後の1977年に出版された官能的な短編集『デルタ・オヴ・ヴィーナス』には、女性の性愛について赤裸々に描写されている。

性革命

戦後の自由な空気のなかで、セクシュアリティは科学的研究の対象になった。女性のオーガズムの源を特定しようとする研究者が現れ、議論がさかんに行われた。アメリカの社会学者アルフレッド・キンゼイが1948年と1953年に発表した報告書は、人々に大きな衝撃を与えた。それらは男女のセクシュアリティに関する調査報告で、あわせて〈キンゼイ報告〉と呼ばれた。キンゼイ報告はセクシュアリティに関する世論の変化を後押しし、1960年代の〈性革命〉の土台づくりを促した。女性の証言を集めた〈ハイト・リポート〉（1976年）も、性のテーマに人々の関心を引きつけた。

1960年代以降、社会の風潮が変わったことと、避妊が可能になった（⇨ p.278-279）ことで、欧米の女性は結婚や異性愛の枠組みにとらわれず、性や性的アイデンティティ（⇨ p.302-303）をもっと自由に探究できるようになった。1980年代には、一部のフェミニストが〈セックス肯定〉運動を開始した。これは、ポルノグラフィを含めた、合意に基づくあらゆる形態の性行為を尊重する運動だった。その一方、ポルノグラフィを男性からの抑圧と見なすフェミニストもいた。

▶ **快楽の指南**
19世紀に出版された『カーマスートラ』の、抱きあう恋人たちが描かれた挿絵。『カーマスートラ』とは、紀元3世紀に書かれた、男女の読者向けの性愛指南書である。

> 「私は翼をもった生き物だけれど、羽ばたくのを許されることはめったにない。エクスタシーはしょっちゅう得られるものではない」

アナイス・ニン『デルタ・オヴ・ヴィーナス』1977年

女主人、メイド、そして
家庭教師

19世紀のオーストラリア

1800年代初め、ニューサウスウェールズ植民地と、その少し前に建設されたポートフィリップとアデレードの植民地では、人口の男女差がかなり大きかった。囚人、兵士、自由移民をあわせた男性の数は、女性よりもずっと多かった。有能な女性使用人は需要が高く、オーストラリアに移民した女性たちが故郷イギリスの親戚宛に書いた手紙には、使用人や、子どもの家庭教師として雇うのにふさわしい人が見つからずに難儀しているという記述がしばしば見られる。凶悪犯罪で有罪になった者を別として、女性囚人は到着後まもなく住み込みの料理人やメイドとして働いた。満期出獄者と呼ばれる元囚人でも、読み書きできる者は家庭教師にふさわしくないと考えられていた。文書偽造や政治がらみの犯罪で有罪になった可能性が高かったからである。運よく女性の一般移民を

▶ **オーストラリア大陸の植民地化**
1855年に撮影された、白人夫婦とその使用人のアボリジニたち。家事使用人として雇われたアボリジニは、白人に比べれば雀の涙ほどの賃金しかもらえなかった。やがて、これは奴隷労働ではないかという非難の声が上がるようになった。

雇うことができたとしても、そういう使用人の多くはすぐに夫を見つけ、辞めてしまった。

強制労働か、奴隷労働か

女性労働者の不足を解消するため、労働者階級の女性にオーストラリア移住を促すための刺激策が考案された。イギリスでは、政府が労働者階級の未婚女性を対象にした移民促進政策を開始した。対象者は渡航費が無料になったうえ、新生活用の資金を提供してもらえた。一方、飢饉に見舞われたアイルランドでは、孤児院や救貧院に収容され、そのまま移民する若い女性が増えていった。そういう女性のなかにはたった15歳の少女もいた。当初、移民としてやってくる女性に働き口を世話する公共施設はなかったが、1840年代、キャロライン・チザムという女性がシドニー港に入港する移民船を出迎えるようになった。大勢の若い未婚女性に家事奉公人の仕事を世話した彼女は、1842年に『シドニー移民宿泊所に関する概略と女性移民についての考察』と題する報告書を刊行した。当時、この報告書はオーストラリア人女性の著作としては最も長いものだった。

19世紀、アボリジニ女性に最も多い職業は家事奉公人だった。そして政府は、アボリジニ女性にふさわしい仕事はそれ以外にないと考えるようになった。アボリジニの使用人はヨーロッパ人入植者のあいだで需要が高かった。その結果、政策によって家族から引き離されていた少女たちが伝道団経由で送りだされ（⇨ p.138-139）、雇い主の家に住みこみ、さほど年の変わらない子どもたちの面倒を見るようになった。こういうやり方について、一部の歴史学者は奴隷奉公のようなものだと考えている。記録上、クイーンズランドで家事奉公人として雇われていたアボリジニ少女の最年少はたった3歳だった。年齢にかかわらず、アボリジニの女性使用人はひどくこき使われたが、その待遇はきわめて悪かった。

20世紀のオーストラリアでは、家事奉公はアボリジニの公民権運動と結びつけて考えられるようになった。たとえば1934年、白人家庭に家事使用人として雇われていたアボリジニ女性の集団が、〈西オーストラリア先住民の地位と状況に関する王立委員会〉に陳情書を提出し、「私たちを自由にし、先住民への偏見から解放し、私たちのこの国の幸福な臣民にしてくださいますように」と訴えた。だが1970年代に入ってからも、アボリジニの少女たちは家族から引き離され、家事使用人として働かされていた。しかも、賃金をもらえず、教育も受けられなかったので、自由の身になるすべもなかった。

▲ **強制労働**
19世紀に描かれたこの絵には、イギリスからオーストラリアに旅する裕福なヨーロッパ人女性2人が描かれている。床に座っているのは使用人のアボリジニの少女。

▼ **就職支援**
到着したばかりの子連れの移民を出迎える慈善家のキャロライン・チザム。チザムはオーストラリアにやってくる女性のために仕事を世話し、寄宿先を確保してやった。

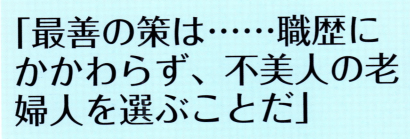

「最善の策は……職歴にかかわらず、不美人の老婦人を選ぶことだ」

チャールズ・ロウクロフト『植民地の物語』1843年

194　知識と権力

「小事においては、[諸外国は]民を……虐げる。大事においては、神聖なものを踏みにじる」

西太后　義和団の乱への支持の表明　1900年

義和団の乱
　西太后は、1861年から1908年まで、満州族の王朝である清朝の事実上の支配者として君臨した。1899年、西洋からの影響の排除を求める人々の反乱、義和団の乱を支持した。外国嫌いの人々の憎悪の対象になったのは、おもに西洋人の宣教師や、自国文化に背を向けたと見なされた中国人のキリスト教改宗者だった。1900年6月、西太后の命令によって10万人以上が殺された。そのほとんどは中国人キリスト教徒だったが、200人ほどは外国人だった。義和団の乱は失敗に終わったが、西太后は1908年に没するまで権力の座にありつづけた。

纏足
の廃止

20世紀の中国

20世紀初めの中国にはフェミニズムの思想が広まった。そういう潮流が生まれた一因には、外国人宣教師からの働きかけのほか、この頃中国に出現した知識層からの影響もあった。裕福な人々は、子どもをヨーロッパやアメリカに留学させ、帰国したあと重要な地位につくことを期待した。海外留学のあいだに個人の自由などの概念に刺激を受けた若者たちは、中国に帰ると西洋の思想を広めはじめた。その結果、1912年、のちに中華民国の国父と呼ばれるようになる孫文によって、中国国民党という新政党が創設された。それをきっかけに、国家制度の抜本的な改革が進められ、西洋式の近代化への道が開かれた。

改革の時代

改革をこころざす知識層の人々は、女性をとりまくさまざまな問題に取り組んだ。たとえば、数百年前から続いていた纏足の風習である。中国では伝統的に、小さい足は女性美の極致とされていた。しかし、纏足するためには足を強く縛らなければならず、その処置はひどい苦痛や不自由をともなった。1883年には纏足廃止協会が発足し、痛みをともなうこの風習の廃止運動を中国全土で展開した。すると、まもなくその会員数は30万人に達した。この動きを受けて、西太后は1902年に纏足禁止令を発した。1912年に清朝が滅亡すると、その後に成立した共和国によって纏足は違法とされた。1949年に中華人民共和国が誕生する頃には、纏足はすでに廃れ、中国の過去の象徴になっていた。

中国の改革をこころざす人々は、教育制度の改革運動にも乗りだした。たとえば哲学者の梁啓超（りょうけいちょう）は、強大な国家をつくるため、女性も教育を受け、経済的自立を図らなければならないと主張した。清朝以前の中国で行われていた女子教育のおもな目的は、少女たちを良妻賢母に育てることだった。20世紀初めにさまざまな改革がなされ、各地に女子校が設立されると、教育制度上の男女平等

◀ **足の向くまま**
自転車をこぐ中国人女性が描かれた1900年頃の水彩画。当時、世界のどの国でも、自転車に乗る女性のすがたは、女性の服装と同様に、時代の変化の象徴だった。

纏足の廃止 197

「私は、私たちが過去に背を向け、未来をひたすらに目指すことを望んでいる」

秋瑾　2億人の女性同胞に向けた言葉　1904年

▲ **残酷な美**
纏足した足用の靴。中国文化では、纏足には大きな性的魅力があるとされた。女性は小さい歩幅でたどたどしく歩かざるを得なかった。纏足した足をハスの花に見立て、そういう歩き方のことを〈金蓮歩〉といった。

が推進されるようになった。書籍でも新聞や雑誌でも、女性に対し、急速に変化しつつある社会への参加が呼びかけられた。この時期の女性解放運動に大きな影響をおよぼした文学作品が、金天翮（きんてんかく）という男性小説家の『女界鐘』（1903年）である。その内容は、思慮分別の能力や知能には男女差がないことを強調するものだった。

中国の改革をこころざす人々は、結婚制度上の女性解放にも照準を合わせた。儒学者の康有為（こうゆうい）は、結婚の伝統的な形態にとってかわり、1年ごとに契約を更新する形態が主流になることを待望した。1919年、抗日・反帝国主義を掲げる五四運動が発生すると、人々の男女平等への意識が高まった。この抗議運動中、男性と女性は公然と交流するようになり、結婚の自由を要求しはじめた。そして、それがようやく承認されたのは1950年のことだった。

人物伝
秋 瑾（しゅうきん）

中国の改革家でフェミニスト。1875年、裕福で、自由な気風の家庭に生まれる。1903年、夫と子どもを置いて日本に留学。帰国後まもない1906年、女性解放運動の推進のために『中国女報』を創刊する。中国を強国にするためには女性の解放が不可欠であると主張した。1907年に政府転覆の計画に参加し、制圧されたのち処刑された。

◀ **美に縛られて**
纏足では、女の子が4歳くらいになると足をきつく縛りつけた。〈金蓮〉と呼ばれる小さい足をつくるため、親指以外の4本の指を裏側に折り曲げ、足の外側も折りこんでから、甲を弓状に曲げたのである。

エンパワーメントの時代

1914-1960 年

　20 世紀には、戦争への貢献をきっかけに女性の役割が変わっていった。男性がいなくなった職場に送り込まれた多くの女性が、兵器の製造や、食料の生産などで銃後を支えた。看護師や兵士として戦場に向かった女性もいた。女性は、国のためだけでなく、自分たちの権利を勝ち取るためにも一丸となった。フェミニズムの第 1 波が起こり、女性たちは不平等な法律を変え、選挙権を得るために結集した。植民地支配や圧政への抵抗運動でも、発展途上国の女性が団結して抗議した。1960 年代には新たにフェミニズムの第 2 波が始まり、女性にとって大変革の時代が始まろうとしていた。

銃後から前線まで

第1次世界大戦

1917年夏、ロシア帝国陸軍は苦しい状況にあった。兵の脱走に苦しめられ、敗北が近かった軍は、女性だけの部隊を編成するという思い切った方法を取って、男性兵士の士気を高めようとした。約5000人の女性が張り切って武器を取った。2つの部隊は前線での戦闘にも加わった。最も有名だったのが、小作農出身のマリア・ボチカリョーワ率いる、ペトログラード（現サンクトペテルブルク）の通称〈婦人決死隊〉だ。

1917年7月のケレンスキー攻勢で、男性部隊とともに配置されたボチカリョーワの部隊は、同胞からの攻撃もかわす必要があったと伝えられている。突撃の時機がくると、男たちはためらった。一方の婦人決死隊は、塹壕を飛び出してドイツ軍陣地に攻め入り、敵方の塹壕でロシアの男たちが見つけたウォッカの瓶をたたき割りもした。兵の補強もなく、ボチカリョーワの部隊は退却を余儀なくされた。婦人部隊は男性部隊の敵意をかい、やがて解体された。

セビリアやルーマニアでも、女性が兵士として戦った。第1次世界大戦でルーマニアの英雄となったエカチェリーナ・テオドロユは、初めは看護師だったが、歩兵部隊の一員として認められた。しかしのちにドイツ軍への反撃中に戦死した。

こうしたヨーロッパ東部戦線で戦った女性たちは例外的な存在だ。第1次世界大戦中、戦闘に近いところに飛び込んでいった女性はたいてい看護師だった。戦争が始まったとき、イギリスの婦人参政権論者・医師のエルシー・イングリスは、自らの看護師教育の知識を陸軍省に売り込むが、家でおとなしくしていろといわれてしまう。イングリスはくじけずに、フランス政府とセルビア政

◀「すべては兵士たちのために」
ロシアの女性に、労働を通して戦争を支えるよう呼びかけるプロパガンダ。しかしこうした宣伝も、食料不足をめぐって、ロシアや他の国で起こった女性たちの抗議活動を止められなかった。

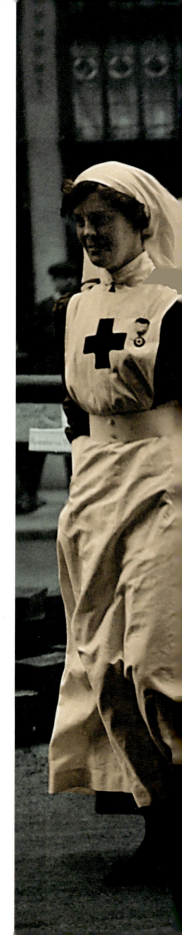

おもな出来事
第1次世界大戦

女性はさまざまな方法で戦争に貢献した。大がかりな軍事行動のさなかに、非常に勇敢な女性が登場し、多くが国のために死んだ。

1914年

- 女性に銃後の守りに貢献するよう呼びかける小冊子が作成される。ドイツの女性はのちに、布地不足のため、髪の毛の寄付を求められた。

1915年

- 6月 イギリスの記者ドロシー・ローレンスがフランスに渡り、男性兵士に変装して前線に立った。
- 10月12日 イギリスの看護師イーディス・キャヴェルが、連合国軍を助けたとして、ベルギーでドイツの銃殺隊に処刑される。

1916年

- フランスの女性たちがフランス戦争省内に義勇軍組織を非公式的に設立。7万人が登録した。
- 12月 プロイセン戦争省が女性の工場勤務を推進するため、社会活動家のマリー＝エリザベート・リューダースをトップとする女性中央労働局を設立。

1917年

- 3月 〈ヨーマネット〉(「女性事務下士官」)と呼ばれる女性たちがアメリカ海軍に入隊。5月までに600人が勤務につく。
- 3月31日 イギリス陸軍女性補助部隊がフランスとベルギーに到着。1916年の悲惨な「ソンムの戦い」による男性の人材不足を補うため、支援任務につく。
- 7月 ロシアの第1次婦人決死隊が前線に送られる。
- 10月25日 第1次ペトログラード婦人決死隊が、革命勢力から臨時政府を守るために派遣されるが、ボリシェヴィキ軍に倒される。

◀ 1916年のイギリスで、医療用品のための寄付を集める**看護師たち**。

》

202　エンパワーメントの時代

▶ **男性の仕事をする女性**
男性の仕事をする女性を描いた風刺漫画（フランス『ラ・バヨネット』誌。1917年）。1915年以降、フランスでは女性たちがこうした有給の職についた。

人物伝
1892–1973年
ミランカ・サヴィッチ

　歴史上最も多くの勲章を受けた兵士の一人である、セルビア人のミランカ・サヴィッチは、髪を切り、男性用の服を着て、1912-1913年のバルカン戦争に兄弟の名前で従軍した。その能力の高さから、正体が明らかになってからも第1次世界大戦で戦うことを認められ、1916年には一人で23人のブルガリア兵士をとらえた。戦争が終わると市民生活に戻り、清掃の仕事をしていたが、後にナチスの強制収容所に送られた。

府にかけあい、野戦病院を設置できた。イングリスが設立した組織は、第1次世界大戦終結までに、女性のみからなる14の医療部隊を戦地に派遣した。同じように、マイリー・チザムとエルシー・ノッカーは1914年、集めた基金を元に、前線の廃屋に応急手当所を設置した。2人は、ドイツ軍に攻撃対象とされないように看護師用のベールをかぶって塹壕に乗り込み、負傷兵を連れ出した。しかし1918年にはガス攻撃で重傷を負った。

　数多くの女性が補助部隊に志願し、料理人や運転手、秘書として働いた。アメリカ陸軍は、フランス語と英語の両方が堪能という条件で200人以上の女性を雇った。この通称〈ハローガールズ〉はフランスで電話交換手として働いた。戦争中は、人手不足から人員の補充がぜひとも必要とされ、こうした多くの補助部隊が新たに設けられた。

　女性は秘密活動も行った。この戦争で最も有名なスパイは、マタ・ハリの芸名で知られるオランダの踊り子マルガレータ・ヘールトロイダ・マックレオドだ。彼女はフランスに雇われてベルギーでスパイ活動をしたが、のちにドイツの二重スパ

銃後から前線まで

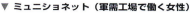

▼ ミュニショネット（軍需工場で働く女性）
イギリスでは第1次世界大戦中、女性たちは軍需工場で砲弾製造の仕事をした。戦争終結までにつくられた砲弾の80%が女性の手によるものだった。

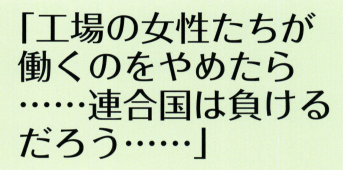

「工場の女性たちが働くのをやめたら……連合国は負けるだろう……」

ジョセフ・ジョフル　フランス陸軍最高司令官　1914年

イであるとして有罪判決を受け、1917年にフランスの銃殺隊により処刑された。

働く女性

第1次世界大戦中に大多数の女性がとくに大きく貢献したのは、前線ではなく銃後だった。女性を継続的に動員する必要があった政府は、女性に向けて戦争や食料価格の上昇に失望しないよう呼びかけ、愛国心に訴えるプロパガンダを展開した。戦争に行っていた何百万人もの男性の代わりに、女性が仕事場に向かった。

開戦が8月だったので、女性たちは農作物を収穫しなければならなかった。フランスでは、前線に送られた300万人の農家の男性の代わりに働くようにという要請に、320万人の農家の女性が応えた。戦時努力としてさらに重要だったのが、女性が産業界、とくに軍需工場で働いたことだ。1918年には非占領フランスの女性がほぼ全員、有給で働いていた。ドイツでは40万人以上の女性が機械工場で、60万人の女性が弾薬工場で働き、工業労働力の55%を女性が占めた。しかし一般に信じられているのとは違い、フランスやドイツの働く女性の数は、1914年から1918年の期間でそう大幅に増加していない。もともと働いていた女性の多くが戦争に特化した産業に移っただけなのだ。

イタリアでは戦争中、

3200人

の女性が路面電車の運転手になった。

> 「あなたがたの娘たちには嘆きの歌を、互いに哀歌を教えよ。死が我らの窓に這い上がり……」

『聖書』エレミヤ書 第9章19-20節

死との関わり

喪失と悲しみ

死は私たちすべてに共通のものだが、死をとりまく習慣や信仰は、文化や時代によって異なる。女性のなかでもとくに未亡人は古くから、故人を埋葬し、追悼する役割をつとめてきた。

歴史上の多くの文化で、死は女性に擬人化されてきた。メキシコの民衆カトリック信仰の聖人〈サンタ・ムエルテ〉（骸骨の姿をした女性。中世ヨーロッパで男性として擬人化された死に神に似ている）がそうだし、北アフリカに伝わるアラブのことわざは、死を〈ムーニー〉という名の女性だとする。さまざまな文化が、ハイチのブードゥー教のママ・ブリジットのような死の女神を崇拝したり、メソポタミアのエレシュキガルのような地下世界の女王を神話に登場させたりしている。女性の妖精が死を告げる場合も多い。ア

イルランド神話では、女の妖精バンシーが泣き叫ぶと、家族の誰かが死ぬ前触れだといわれる。アイルランドやスコットランドの伝統的な葬式では、泣き叫ぶ役割の女性がおり、専門の泣き女が雇われることが多かった。

昔から女性は、死者を送る儀式で中心的な役割をつとめた。たとえば北アメリカのクリー族では、女性が死者の体を洗い、服を着せ、足にモカシンを履かせ、食べ物を用意した。クリー族の女性は、先祖の女性の霊から伝えられるとされる、円舞の儀式にも参加した。ニューギニア島の西パプアに住むダニ族では、霊を鎮めるために、死者と血縁のある女性や男性が指を切り落とす習慣があった。死んだ夫や雇い主とともに来世に行くためとして、

埋葬の儀式で女性が死ぬこともあった。インドのヒンドゥー教社会でかつて一般的だった〈サティー〉がよく知られている。夫を火葬した薪の山で女性が焼身自殺をする習慣で、現在は法で禁止されている。

埋葬の方法は、いまも昔も、習慣や宗教的信仰

◀ **死者の装い**
ペルーのパラカスにある墓地から見つかった女性のミイラ（紀元前200年頃）。織物や金、骨の装身具とともに埋葬されており、王族だったことがわかる。

> 「喪に服する女性が泣き叫び、自らを切りつけるさまは、やむことなく続く」

マオリのことわざ

> 「女性がこの世で一人以上の夫をもっていたら、最も立派だと思う夫をあの世での夫として自由に選ぶことができる」
>
> レバノンのことわざ

の影響を受けるので、男性と女性では異なる。たとえばイスラム教の習慣では、埋葬時に遺体を包むカファン（無地の白布）の枚数が女性は5枚、男性は3枚と決まっている（女性が生前から男性よりも体を隠しているのと同じだ）。埋葬の姿勢や副葬品、墓碑銘にみられる男女の違いは、考古学者が埋葬者の性別を判断したり、女性の生活を推測したりするのに役立つ。しかし正確でない場合もあるので、この手法は現在、注意して使われている。

喪を示す

19世紀の西洋社会では、喪の期間の服装には厳格な決まりがあった。最も正式とされたのが〈ウィドウズウィード〉という全身黒の喪服で、イギリスのヴィクトリア女王が1861年の夫の死去後に身につけたことで広まった。女性は、最初の1年間は正喪服を着て、次の2年間は半喪服を着た。半喪服の色はグレー、薄紫、白という順番で明るいものに変わっていった。女性の喪服は家柄や社会的地位の象徴だった。ウィドウズウィードに使われる漆黒の絹や、黒の装身具、色の異なる半喪服を買えるのは、裕福さのあかしだった。

文化や時代によって、さまざまな色が喪を示すのに使われてきた。白はよく使われる色で、16世紀のフランスの女王たちは白の喪服〈ドゥユ・ブラン〉を着ていたし、カンボジアではいまでも白を再生の色として、喪服に使っている。現代の習慣でも色はやはり重要だ。たとえば、オーストラリアのアボリジニの女性が夫に先立たれると、喪を示すために白い石こうの帽子をかぶり、その石こうの厚みが死の悲しみの深さを表すとされる。パプア・ニューギニアでは、未亡人は肌に灰色の泥を塗り、ネックレスを何重にも身につける。そして喪の期間が進むにつれて、ネックレスを外していく。

世界中にはいろいろな死を悼む方法があり、それは文化的信念に左右される。メキシコには3000年も前から先祖を称える儀式があり、これが10月31日から11月2日の3日間に家族や友人で集まって故人をしのぶ〈死者の日〉の祭になった。この祭では多くの女性が〈ラ・カトリーナ〉（アステカ族の死の女神の現代版）の扮装をする。それだけ死が身近だということだ。

死者の日に〈ラ・カトリーナ〉の扮装をする**メキシコの女性**

> 王座に慰めを降らせよ！　先立たれし妃は時とともに力を得て、その心の苦痛は消える……
>
> アルバート公の死を悼む歌　1862年

206　エンパワーメントの時代

女性参政権運動
の高まり

女性参政権を勝ち取った人々

　ニュージーランドの女性（⇨ p.138-141）は1893年に参政権が与えられた。ほかの国でも、女性参政権を求めるグループが運動を進めてはいたが、ニュージーランドに続くには時間がかかった。イギリスでは、1897年にミリセント・フォーセットが女性参政権協会全国同盟（NUWSS）を設立した。フォーセットは〈サフラジスト〉として平和的な運動を重視した。そうしなければ、女性は政治に参加できるほど頭が良く、信頼できると認めてもらえないからだ。しかし運動はなかなか前進せず、いら立ちが募った。サフラジストたちは運動を続けたが、すぐにもっと戦闘的な別のグループの台頭で影が薄くなった。

　ロシア占領下のフィンランドでは1906年に、ロシアへの社会主義抵抗運動のなかで、女性の選挙権が認められた。このとき女性たちは、デモを行ったり、ゼネストをちらつかせたりして圧力をかけた。雑誌『パルヴェリヤタル・レヒティ』が断言したとおり、妥協している場合ではないのだ。〈サフラジェット〉と呼ばれるイギリスのグルー

プは、同じような大胆なやり方をとった。サフラジストとは違い、サフラジェットは、自分たちの主張に注目を集める唯一の方法として、暴力と市民的不服従を呼びかけた。サフラジェットは、正式には女性社会政治連合（WSPU）といい、エメリン・パンクハーストと、その娘シルヴィア、クリスタベル、アデラが率いた。ほかには、暴力によらない戦闘的行動を掲げた女性自由連盟のように、思想的に WSPU と NUWSS の中間に位置する組織があった。

サフラジェット

エメリン・パンクハーストは、1880年から女性参政権運動に関わってきていたが、従来の手段では参政権を得られないと考えていた。サフラジェットは、爆弾テロや放火、自分の体を公共物に鎖でつなぐといった手段による戦略を立てる。サフラジェットたちは、逮捕・投獄されるとハンガ

▲ **ハンガーストライキのメダル**
獄中でハンガーストライキをしたサフラジェットたちは、WSPU から勇気を称えるメダルを贈られた。このメダルは、スコットランド人で最初にハンガーストライキをしたモード・ヨアキムのもの。

おもな出来事
女性参政権運動

多くの西洋諸国では、女性参政権運動家の努力と、2度の世界大戦への女性の参加によって、20世紀前半に女性参政権が実現した。

1800

1866年 イギリスの下院議員（思想家でもある）ジョン・スチュアート・ミルが、初の女性参政権請願書を下院に提出する。

1869年 イギリスの地方選挙で未婚女性が選挙権を得る。ワイオミング州がアメリカで初めて、女性に完全参政権を与える。

1893年 ニュージーランドがヨーロッパ系の成人女性に完全参政権を与える。

1900

1905年 イギリスでサフラジェットが戦闘的な抗議運動を始める。

1908年 オーストラリアのヴィクトリア州が、同国でいちばん遅く、女性へ普通選挙権を与える。

1910年 イギリスで、10ポンド以上の資産がある女性全員に選挙権を与える法案が否決される。

1913年 ノルウェーが女性に普通選挙権を与える。

1915年 デンマークとアイスランドで女性に選挙権が認められる。

1918年 ロシアのペトログラード（現サンクトペテルブルク）で4万人の女性が選挙権を求めてデモ行進をする。革命政権が20歳以上の女性に参政権を与える。

1918年 オーストリアとドイツが女性に完全参政権を認める。カナダで、先住民女性とケベック州の女性以外に選挙権が与えられる。

1919年 アメリカ、オランダ、ベルギー、ウクライナ、ルクセンブルク、スウェーデン、ベラルーシが女性参政権を認める。アメリカで憲法修正第19条が可決され（1920年批准）、白人女性が選挙権を得る。

1921年 アルメニア、アゼルバイジャン、リトアニアで女性が選挙権を得る。スウェーデンで新しい参政権法が成立する。

1931年 スペインの女性が選挙権を得る。

1944年 フランスの女性が参政権を得る。

1946年 イタリアの女性が普通選挙権を得る。

◀ ニューヨークで携帯用スピーカーを手にデモ行進中の**サフラジストたち**（1912年）。

ーストライキをした。政府は、獄中のサフラジェットたちに強制的に栄養をとらせる措置を認めたが、大衆の反発が大きく、そうした残酷な行為をやめざるを得なくなった。ほかにも大きく報じられた暴力的事件があった。1913年、エプソム競馬場でのレース中、エミリー・ワイルディング・デイヴィソンが抗議として国王の馬の前に飛び出し、衝突して死亡した事件だ。

第1次世界大戦の開戦時点で、女性に普通選挙権を与えていた国はニュージーランド、オーストラリア（先住民女性はのぞく）、フィンランド、ノルウェーの4カ国と、アメリカ11州だけだった。しかしこの戦争は女性参政権運動の転換点となった。サフラジェットが戦争に協力した見返りに譲歩を引き出した。1918年に、財産を所有する30歳以上の女性（成人女性全人口の約40％に相当）に選挙権が与えられたのだ。21歳以上（男性の選挙権年齢と同じ）の全女性が対象になるまでには、さらに10年かかった。

世界規模の運動

女性参政権運動は、各国のリーダーの国を超えた交流を通して、世界規模で団結した。オーストラリアのジェシー・ストリートは、イギリスの親類を訪ねたときにサフラジェットの活動を目の当たりにし、母国に帰国すると、生涯にわたり男女平等の闘士となった。オーストラリアは1908年に女性の普通選挙権を認めていたが、女性が国会議員に立候補する権利を求める運動は1920年代まで続いた。

20世紀初めのアメリカでは、女性参政権運動グループが大規模デモを組織し、ホワイトハウスを取り囲むピケを張った。その先頭に立ったのがアリス・ポールだ。ポールが熱心で雄弁な女性参政権支持者になったのは、イギリスのサフラジェットたちの戦闘的な運動に刺激を受けたためだった。州単位の運動が中心だった全米婦人参政権協会（NAWSA）に不満を募らせたポールは、1916年に全国女性党を結成する。ドリス・スティーヴンスなどのほかの運動家とともに、ポールが実行し

◀ **女性同士の対立**
フランスの雑誌『ル・プティ・ジュルナル』に掲載されたイラスト。1929年11月のドイツのワールブルクでの地方選挙で、投票所で喧嘩する女性たちを描き、女性有権者は信頼できないというイメージを強調した。

「［議会は］人権に関する、そして女性と子どもに関する法律を、私たち抜きで制定することはできない」

クララ・カンポアモール『女性参政権と私』1936年

た一連の抗議活動は大衆に支持され、抵抗する政府を最終的に根負けさせた。まず1917年には、ホワイトハウスの外で非暴力的なピケッティングを始めた。選挙権を要求する横断幕を掲げた女性たちの集会も開いた。〈沈黙の歩哨〉と呼ばれたグループなど、さまざまな女性たちによる週6日のピケッティングを2年間続けた。その結果、政府は1919年に、女性参政権を正式に認める合衆国憲法修正第19条を成立させた。

カナダでは、1918年から女性に選挙権が認められていたが（ケベック州はのぞく）、その後さらに重要な進展があった。メディアに〈フェイマス・ファイブ（名高い5人）〉と呼ばれたネリー・マクラング、ヘンリエッタ・ミューア・エドワーズ、アイリーン・パールビー、ルイーズ・マッキニー、エミリー・マーフィーによる、いわゆる〈パーソンズ訴訟〉だ。1867年成立の英領北アメリカ法は、女性は法の下での〈人〉ではないと暗示しており、女性の全面的な政治参加を妨げていた。5人がこの法律の不明確な表現に反対する請願書を提出したことで、イギリス枢密院は1929年に、女性はまさしく〈人〉であり、上院議員になる資格があると決議した。

南ヨーロッパの国々で女性の選挙権が認められたのはさらに遅かった。スペインの若い弁護士で、同国初の女性代議士の一人であるクララ・カンポアモールは、1931年成立のスペイン憲法に女性参政権が盛り込まれるよう大々的な運動を行った。一方、フランスとイタリアの女性は第2次世界大戦後の1945年にようやく選挙権を得た。それでもスイスの1971年より数十年早かった。

ヨーロッパ以外で女性参政権が認められた時期は国によって大きく異なる。アゼルバイジャンは1921年に、イスラム教主流国では初めて女性が選挙権を得た。一方、サウジアラビアが同じ措置をとったのは、ほぼ100年後の2015年になってからだ。

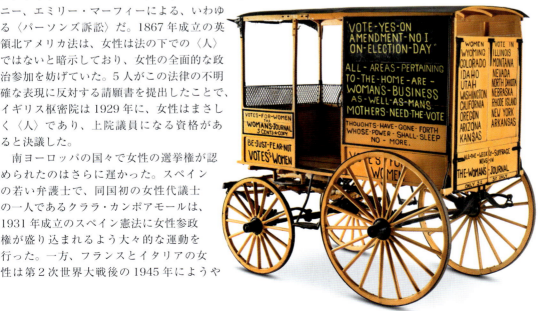

◀ **馬車につけたスローガン**
アメリカのサフラジェットであるルーシー・ストーンが使った一般的な配達用馬車。ストーンはこれで各地を旅して、演説をしたり、雑誌『ウーマンズ・ジャーナル』を配布したりした。ストーンの後にこの馬車を所有したサフラジストたちが、車体にスローガンを書いた。

210　エンパワーメントの時代

「政府は力の上にあるのではない……同意の上にあるのだ」

▼ **エメリン・パンクハースト**　コネチカット州ハードフォードでの「自由か死か」演説　1913年11月13日

戦闘的な抵抗

　女性社会政治連合（WSPU）のリーダーのエメリン・パンクハーストは、1907年に自宅を売り、イギリスやアメリカの各地を旅して、女性参政権支持の演説を行った。「自由か死か」と題した演説では、自分を女性の権利のための内戦を戦う兵士になぞらえた。女性参政権運動を革命と考えるパンクハーストは、アメリカのサフラジストたちに、もっと戦闘的な手段をとるべきだと訴えた。パンクハーストやWSPUのメンバーは、政府に自分たちの主張を聞かせるには思い切った方法が必要だと信じていたのだ。WSPUのメンバーの行動は逮捕につながることが多かったが、警官や看守の容赦ない態度を前にしても脅しに屈しようとしなかった。エメリン・パンクハーストは7回逮捕された。そのうちの1回では、1914年5月にバッキンガム宮殿の前でのデモ行進中に、警官に抱えて連れ去られた。宮殿前に到着した時点で、サフラジェットたちは警官とやじ馬の両方から暴力を受けていた。

時代を超えて

芸術

女性の芸術家は有史以前から存在してきたが、その業績は見落とされがちだった。19世紀以降の女性たちは、男性による伝統の影響を受けない新たな分野や表現方法を次々と取り入れてきた。

ジュリア・マーガレット・カメロンが撮影したエレン・テリー　1863年

女性による芸術は、陶芸、キルティング、ビーズ細工、織物などの伝統工芸の長い歴史に根差している。女性芸術家の作品は単なる〈工芸品〉と見なされ、男性中心の美術界では〈芸術〉として認められないことが多かった。結果として、女性の芸術の多くが歴史のなかで記録されずにきた。

アフリカ女性の芸術は十分に評価されてこなかったが、独創性の豊かな伝統がある。たとえば南アフリカのンデベレ族の女性が家の壁に幾何学模様を描くのは、18世紀から続く習慣だ。

それでも女性による芸術のあかしは数千年前からある。紀元前4世紀にはエジプトのヘレナがイッソスの戦いを絵画に描いた。フランスのお針子は「バイユーのタペストリー」に刺繍をした。12世紀のドイツでは、修道院長のヒルデガルト・フォン・ビンゲンが、宗教書に宝石のような色を使って美しい挿絵を描いた。そして元朝（1271-1368年）の菅道昇が描いた竹の絵は、中国美術の傑作とされる。

ルネサンス期のヨーロッパでは、芸術作品は家族で営む絵画工房で制作されることが多く、女性

> 「自分が女性だという事実は……私がキャンヴァスの構成を考える[方法]に影響している」
>
> ジュディ・シカゴ　芸術家　1999年

はそこで父や兄弟と共同で仕事をした。肖像画家のソフォニスバ・アングイッソラや、ヴェネチアの巨匠画家ティントレットの娘マリエッタ・ロブスティのように、当時から画家として名をあげた女性もいたが、家業を継ぐことはなかった。18世紀に絵画工房の伝統に代わって登場した芸術アカデミー制度では、女性はクラスから排除され、一流の仕事の機会も与えられなかった。それでも、

▶ **立体未来派（クボ＝フトゥリズム）**
「絵画的建築」は、リュボーフィ・ポポーワが1916年から1917年にかけて描いた連作の一つ。幾何学的抽象を初めて試みた先駆者の一人として、中世ロシア絵画と新しい前衛的手法を組み合わせた。

エリザベート゠ルイーズ・ヴィジェ゠ルブランのように、肖像画などの分野で成功した女性芸術家はいた。

19世紀には、新興分野である写真が女性たちを引きつけた。絵画・彫刻分野で女性の壁になっていた訓練への制約が、写真にはなかったからだ。イギリスの肖像写真家のジュリア・マーガレット・カメロンや、アメリカの有名写真家ガートルード・ケーゼビアはこの分野の草分けだ。

女性は、男性中心と思われがちな芸術家グループの重要な一員としても頭角を現しはじめた。たとえばメアリー・カサットとベルト・モリゾは、フランス印象派の主要メンバーだった。また革命政府が男女の教育を等しく重視した20世紀初頭のロシアでは、リュボーフィ・ポポーワやアレクサンドラ・エクステルがロシア構成主義を代表する芸術家になった。

モダニズム以降

成功する女性芸術家が増える一方で、夫や男性芸術家の影に隠れた女性芸術家は絶えなかった。ジャクソン・ポロックの妻リー・クラズナーや、ジョアン・ミッチェルは抽象表現主義の重要な芸術家だったが、ポロックや仲間のウィレム・デ・クーニングと同等の商業的成功はついに手にできなかった。

20世紀後半にはフェミニストアート運動が起こった。北米のジョイス・ウィーランドやジュディ・シカゴなどは、作品に編み物や陶芸、刺繍を組み込んだ。フェミニストアートは現在、絵画や陶芸など男性が支配する分野を離れて、新しい表現手法（パフォーマンスアート、インスタレーション、映像）を取り入れており、世界中のコンテンポラリーアートに影響を与えているとされる。

▶ **女性の形**
1965年にニキ・ド・サンファルが制作した「エリザベス（ナナ）」。フランス系アメリカ人芸術家のド・サンファルは、陽気でカラフルな丸みのある彫刻作品で有名になった。自分の巨大な作品は、女性が大がかりな作品を制作できるという証明だと主張した。

歴史を変えた女性
著名な芸術家たち

アルテミジア・ジェンティレスキ（1593-1652/3年）　初めはローマの父の工房で修業し、のちに風景画家アゴスティーノ・タッシに学んだ。その業績よりも、タッシによるレイプ被害を訴えた裁判で有名である。印象的なバロックスタイルの絵画で、聖書や文学に登場する女性を描写した。1616年に女性初のフィレンツェ美術アカデミー会員になる。

ベルト・モリゾ（1841-1895年）　フランス印象派の主要メンバー。作品は女性の家庭生活を中心とする。1867年にエドゥアール・マネと友人になり、モデルも務めた。1874年の第1回印象派展に9点の作品を出品し、その後12年にわたって出品した。

ジョージア・オキーフ（1887-1986年）　シカゴ美術学院とニューヨークのアート・ステューデンツ・リーグに学ぶ。1916年、画商のアルフレッド・スティーグリッツと出会い、1917年にスティーグリッツの画廊で初の個展を開催。1924年にスティーグリッツと結婚し、1929年からはニューメキシコ州で制作活動を行う。花と風景を中心とするオキーフの作品では、抽象に至る道筋として単純化した形やクローズアップを用いた。

ルイーズ・ブルジョア（1911-2010年）　パリ生まれだが、1938年にニューヨークに移り、アート・ステューデンツ・リーグで学ぶ。1940年代末の彫刻作品から晩年の巨大なクモの彫刻に至るまで、自らの過去や子ども時代をテーマとした。

草間彌生（くさまやよい）（1929年-）　京都で日本画を学ぶ。1958年にニューヨークへ移り、前衛的パフォーマンス〈ハプニング〉で知られるようになるが、1973年に日本へ帰国。絵画、パフォーマンス、ファッションの分野で活躍しつつ、巨大なカボチャの彫刻や没入型インスタレーションも制作する。

シンディ・シャーマン（1954年-）　ニューヨーク州バッファローの大学を卒業後、1977年にニューヨーク市に移る。大衆文化が描く女性像に疑問を投げかけた写真シリーズ「アンタイトルド・フィルム・スティル」（1977-1980年）、「ヒストリー・ポートレイツ」（1989-1990年）で有名になった。

おもな出来事
鎖を断ち切る

20世紀の共産主義革命では、平等を求める女性の闘いを、幅広い階級闘争に不可欠なものと見なした。その思想は男女平等に大きな影響を与えた。

1800-1900

- **1848年** マルクスとエンゲルスが『共産党宣言』を発表し、階級構造について説く。

- **1899年** ナデジダ・クルプスカヤが『女性労働者』でマルクス理論をロシアの女性に適用する。

- **1907年** ドイツのシュツットガルトで開かれた第1回国際社会主義女性会議で、アレクサンドラ・コロンタイが「プロレタリア女性の政治的平等を達成するための闘争は……全体的な階級闘争の一部である」と宣言する。

- **1917年** 社会主義女性雑誌『ラボートニツァ』が反戦デモを呼びかける。3月、ペトログラードで女性たちが〈パンと平和〉ストライキを始める。7月、ロシアの女性が選挙権を獲得するとともに、公職につくことが認められる。

- **1918年** 8月30日、訪問先のモスクワの工場から去ろうとしていたレーニンに、ファニー・カプランが3発銃撃する。カプランはレーニンを〈革命に対する裏切り者〉と呼んだ。レーニンは、重傷を負ったものの、命は取り留めた。

- **1919年** ソ連共産党女性部(ジェノーデル)が設立される。

- **1920年代** アレクサンドラ・コロンタイが共産党内の性別の多様性を高めようとしたが、反発に遭う。

- **1930年** ジェノーデルが廃止され、女性問題は企業などの国有化と、私有財産の廃止によって〈解決済み〉と宣言される。

- **1934年** 張琴秋が中国の第4方面軍女性独立連隊の隊長になり、2000人の女性兵士を指揮する。

- **1949年** 中国共産党によって中華人民共和国が正式に建国される。

- **1950年** 新たに制定された中華人民共和国婚姻法で、女性の公民権が保障される。

- **1959年** 女性が闘争の前線に立ったキューバ革命により、共産主義政権が樹立される。

- **1961年** キューバでは、人々に読み書きを教える〈識字率向上活動〉が、女性や少女が中心となって行われた結果、西半球で最も識字率が高い国の一つになる。

▶ 〈国際女性労働者の日〉の**プロパガンダポスター**(1930年)。

革命
の赤い波

共産主義の台頭

カール・マルクスとフリードリヒ・エンゲルスは、革新的な政治小冊子『共産党宣言』（1848年）では男女不平等の問題に直接触れなかったが、女性の社会的地位の問題を階級闘争の一部と考えていた。マルクスらは、女性の大半が無給か安い賃金で働いていることから、プロレタリアート階級の最下層としての人生を送っているとした。マルクス主義の著作で初めて、女性の置かれた状況を単独のテーマとして論じたのは、ナデジダ・クルプスカヤ（ソヴィエトの革命指導者ウラジーミル・イリイチ・ウリヤノフ〔レーニン〕の妻）の『女性労働者』（1899年）だ。クルプスカヤは、女性が階級闘争に参加しなければ女性解放は実現しないと主張した。

ロシア革命勃発のきっかけは、1917年に女性が行った抗議運動だった。1917年3月3日（ロシア旧暦2月18日）、ペトログラード（現サンクトペテルブルク）の工場労働者が、政府に対するストライキを宣言した。3月8日（旧暦2月23日）には女性小作農や学生、労働者が、食料不足と第1次世界大戦（⇨ p.200-203）へのロシア参戦に対する抗議デモを実施した。

この〈パンと平和〉ストライキは、社会主義女性誌『ラボートニツァ』が呼びかけたものだった。女性たちが掲げた横断幕には「祖国を守る者たちの子どもに食料を！」というスローガンがあった。その日の午後、女性たちの抗議デモに、女性織物工と仲間の男性たちが加わり、群衆は10万人に膨れあがった。抗議デモがゼネストに発展し、女性たちとペトログラードの警官隊の衝突が発生した。一方、兵士たちは女性たちを鎮圧しようとせずに抗議に加わり、反政府暴動へと発展させた。ここから2月革命が勃発し、帝政ロシアが倒された。10月には、レーニンがボリシェヴィキを率いて臨時政府を打倒した。

レーニンを撃った女性

すべての人がボリシェヴィキの勝利を認めたわけではなかった。元は無政府主義者で、のちに社会革命党の一員となったファニー・カプランは、レーニンはほかの左派政党を権力から除外した時点で、革命を裏切っていると考えた。カプランは1918年8月30日にレーニンの暗殺を企てたが、レーニンは命を取り留め、カプランは処刑された。

女性たちは革命に積極的に参加したが、女性問題はボリシェヴィキの優先事項にはならず、革命派幹部に女性は一人もいなかった。1919年には共産党女性部（ジェノーデル）が設立されたが、その短い歴史のあいだ（1930年に廃止）、党幹部

> 1917年の抗議運動を称えて、ロシアでは **1922年** 3月8日を「女性の日」とした。

▶ **裏切り者か？**
1918年にファニー・カプランがレーニン暗殺を企て、失敗した様子を描いた絵画。カプランは共犯者の名前を明かすことを拒んだまま処刑されたが、社会革命党の一員だったと考えられている。

216 エンパワーメントの時代

》 からはずっと軽んじられていた。女性部を設立した活動家アレクサンドラ・コロンタイは、共産党の性別の多様性を高めようとしたが、ほとんどの党員は、自分の妻である女性を政治活動家としてみるのを嫌がった。それでも、女性はある程度の前進はなし遂げた。1917年には選挙権を得たし、離婚も簡単になった。同時に、社会での役割も増していき、1930年代には多くの女性が家庭の外で、教師や医師、エンジニアとして働くようになった。とはいえ、共産党が男女平等についての美辞麗句を並べようとも、女性をまずは母親や妻としてみる考え方は変わらなかった。

革命の広がり

1917年のロシア革命は、そののち10年間での中国共産党の形成に影響を与えた。中国共産党は女性解放を革命の主要な目標としており、党指揮官らは1930年代と1940

▶ **理想主義者の国**
「兵士、人民、一つの家族」と題する中国のプロパガンダポスター。革命運動に加わる母の姿がメッセージの中心になっている。

革命の赤い波 217

◀ **女性の反乱**
キューバ革命後、ハバナに到着した戦車の上から勝ち誇って手を振る女性兵士。革命への参加の直接的な結果として、女性の地位は良い方向に大きく変化した。

年代に女性を動員しようと組織的に取り組んだ。見合い結婚のような男性上位の習慣や、家庭内の男女不平等の終結を掲げた共産党の思想に、中国の女性たちは引きつけられた。ロシア革命と対照的に、1949年の中国共産党の正式な政権掌握後に制定された中華人民共和国婚姻法は、女性の新たな権利を定めた。具体的には、内妻制度が廃止され、児童婚が禁止された。また家を所有する権利が男女で平等になった。

1959年のキューバ革命も、女性の地位を根本的に変えた。教育を受け、職をもつ人々からなる社会に女性を迎え入れることに関して、キューバが中国やロシアより成功しているのは間違いない。現在のキューバでは、女性が高等教育機関で大多数を占めており、弁護士や医師、科学者に女性が占める割合では世界トップクラスだ。

人物伝
張琴秋
ちょうきんしゅう

1904年に生まれ、のちに中国共産党初の女性党員となる。1925年、モスクワ中山大学で学び、同大で教育を受けた28人の共産党員の一人となる。1932年、それまで女性が軍でついた最高位である、第4方面軍政治部主任になる。文化大革命で学者として迫害を受け、1968年に自殺した。

夫と
ヒステリー

精神病院

　古くから、精神疾患のある人々に対する社会の反応は、文化の影響を強く受けてきた。多くの古代文化では、精神疾患は宗教上の罰を受けたか、悪魔にとりつかれたものとされ、精神疾患のある人々は社会から追放された。しかし、早くも紀元前5世紀には、ギリシャの医師ヒポクラテスが、宗教や迷信と切り離した人道的な方法による精神疾患治療を始めた。

　世界中のほとんどの国で、家族が世話できなくなった精神疾患患者は、街をさまよい歩く〈恵まれない人々〉になり、嘲笑の的とされ、ときに暴行を受けた。精神病院は当初、そうした人々の避難所として設立された。中世ヨーロッパでは、修道会が保護に乗り出すことが多かった。やがて、修道会が運営する病院を基礎として、民間精神病院が設立されるようになった。慈善活動

▶ **催眠療法**
神経科医ジャン゠マルタン・シャルコーは、幻灯機を使って患者を催眠状態にした。医者が学生や見物人に講義する公開治療ではよく、〈ヒステリー〉と診断された女性が治療対象にされた。

> 「ひどい社会において、女性がそこに溶け込むことに困難を抱えていても、それは病気ではない」
>
> シャーロット＝パーキンズ・ギルマン『黄色い壁紙』1892年

として患者を保護していたのが、営利目的で患者を閉じ込めるようになったことで、精神病院は、過激主義者、異端者、そして女性といった、社会規範に従わない人々の格好の〈捨て場〉になった。精神病院は、そうした人々にいうことを聞かせる手段をもたらしたのだ。

18世紀のヨーロッパでは、夫が結婚生活のなかで変わり者の妻に手を焼いた場合に、精神病院を選択肢とするのは、一般的な考えだった。1774年までは、夫には、妻が〈狂気〉にとりつかれたと証明する義務はなく、妻をいつまでも精神病院に預けておけた。憂うつや不安といった精神疾患症状だけでなく、〈錯乱状態での自慰行為〉〈政治に夢中になる〉〈本の読みすぎ〉も、夫（または父）が女性を精神病院に入れる理由になった。女性の財産を手に入れる手段として、あるいは離婚の代わりとして、さらには女性を言いなりにさせる方法として、精神病院に入院させようとした者もいた。

精神病院の恐怖

女性は、悪臭のする、すし詰めの部屋という劣悪な環境におかれ、虐待や性的暴行を受けた。とくに悪名高かったのが、ロンドンのベドラム（ベスレム・ロイヤル病院）だ。19世紀末になると、精神病院での不当な拘束のうわさが広まったため、ジャーナリストのネリー・ブライは、ニューヨーク・ブラックウェルズ島にある精神病院に自ら10日間入院して、虐待の実態を暴いた。ブライの記事でとくにぞっとするのは、入院後、ブライが通常の〈正気の〉行動に戻っても、監視人はそれに気づかなかったことだ。不当に入院させられた女性には、たとえ正気であっても、そこから逃れる手立てはなかった。

▼ **苦しみの写真**
1855年にヒュー＝ウェルチ・ダイアモンド博士が撮影した、イギリスのサリー州精神病院の女性入院患者。ダイアモンドは公的精神病院でこのような精神疾患の女性の写真を数多く撮影した。1858年に民間病院を設立後は撮影をやめている。

時代を超えて

美

女性は有史以前から、社会のなかでつくられた美しさの条件を満たし、〈理想的な〉体形を手に入れたいと熱望してきた。しかしこの数十年で、そうした考えを否定し、あらゆるタイプやサイズの体を認めようという動きが出てきた。

女性の体の具体的な描写として最も古いのは、オーストリアで見つかった約2万5000年前の〈ヴィーナス像〉で、胸が大きく、梨形の体つきをしている。記録に残っているほとんどの時代で、こうした体形は出産に最適であり、したがって審美的に望ましいとする文化があった。こうした体形は、古代ギリシャの愛と美の女神アフロディテーの彫像や、17世紀のルーベンスによる肖像画、さらに1950年代のピンナップ写真まで、芸術の世界で繰り返しみられる。

ポリネシアの多くの島々では、昔もいまも豊満な体形が好まれており、若い女性は、多産の体形に見えるよう体重を増やすために、〈ハアポリ〉(太ること)の習慣を守っている。19世紀のヨーロッパやアメリカで見られた砂時計のような〈多産型〉の体形は、バストは大きいがウエストが細いのが特徴で、そうするとヒップの丸みが際立った。そこでコルセットを使ってバストをもち上げ、ウエストをできるだけ細くするのが、ドレスに不可欠な要素になった。19世紀のひもでコルセットをきつく締め上げる習慣は、これを極端にしたもので、それによってあばら骨を内側に押し込み、ウエストを細くした。これ以外にも、美の名の下に体形を変える例として、アジアのカヤン族が身につける真鍮(しんちゅう)のコイル型首輪がある。この首輪は鎖骨を押し下げることで、不自然なほどに首を長く見せている。またアフリカのムルシ族の女性には、唇にプレートを埋め込んで、結婚適齢期であることを示す習慣がある。

白い肌への憧れ

色白の肌は、少なくとも古代エジプトの時代から、美しいものとして憧れの対象になってきた。そうした肌は、屋外の畑で日光を浴びたりせず、ずっと屋内で過ごせるほどの特権階級であるあかしと見なされてきたからだ。白い肌への人気が根強い東南アジアでは、化粧品売り場には美白製品があふれており、皮膚漂白術が広く行われている。目の形を変えることで大きく見せ、西欧人らしくするまぶたの整形手術も、この地域の若い女性に人気だ。

現代の美の流行には、長い歴史をもつものが多い。美人コンテストの始まりは、古代トロイの競技会で、芸術家や哲学者、詩人、兵士による審査

◀ **すらりとした脚のために**
第2次世界大戦中には、絹やナイロンのストッキングが手に入らなくなったため、代わりに、この〈レッグ・シルキー〉(液体ストッキング)のような、肌と同じ色の化粧品を脚に塗る女性が多かった。

> 「女性の細さにこだわる文化は、女性の従順さに執着している」
>
> **ナオミ・ウルフ**
> 『美の陰謀』1991年

◀ ピンナップ・クイーン
モデルのベティ・ページを1950年代のセックスシンボルにした象徴的な写真の数々は、1960年代の〈性の革命〉を導く役割を果たした。ページのくびれた体形、ハイヒール、そして漆黒の前髪を切りそろえたヘアスタイルは、今日の性的魅力のイメージに影響している。

員が当時最も美しい女性を決めたことだ。現在みられる体毛除去へのこだわりも古くからあり、中世の女性はヒ素などの致死性の物質を使っていた。まつげのエクステンションの始まりは19世紀後半だが、当時は縫い針で毛をまぶたに縫い付けていた。

少年のような痩せた体形が流行になったのは、女性が職場で男性と競争するようになった1920年代になってからだ。胸を平たくする下着が登場し、体を引き締めるダイエットやエクササイズが人気になった。ファッション業界や美容業界は、非現実的な体形を世に広めているという1990年代の批判に応えて、現在はもっと流動的な美の理想像を売り出している。最近の広告には、大きな胸と強調されたヒップの女性と、アスリートのような細身のショーモデルという、2つの理想のスタイルのあいだに浮かぶ、さまざまなイメージの女性が登場する。同じように化粧品業界は、これまでより幅広い肌の色に対応した製品や、顔や体の形を変えられる注入タイプの化粧品を開発している。

真鍮の首輪をつけたタイ・カヤン族の女性　2015年

歴史を変えた女性
美の先駆者たち

エリザベス1世（1533-1603年）　純潔な女性だけにふさわしいとされていた襟ぐりの深い服を着たことで、イギリスの〈ヴァージン・クイーン（処女王）〉としてのイメージをつくり上げた。老齢に近づくと、白髪が見えないように赤いかつらをつけたり、肌の衰えを隠すために、有害な鉛入りの漂白ペーストを塗ったりした。宮廷では彼女のファッションを真似ることが流行し、女性たちは女王の虫歯を真似るために、自分の歯を黒く塗ることまでした。

フローレンス・ナイチンゲール・グレアム（1878-1966年）　エリザベス・アーデンの名で化粧品の一大帝国を築いた。カナダの農村からアメリカに移住し、1910年にレッド・ドア・サロンの1号店をニューヨークの5番街に開く。エイト・アワー・クリームなど、自然な美を重視する化粧品を開発した。「美しく、自然でいることは、あらゆる女性が生まれもった権利」というのが信念だった。

オーラン（1947年 -）　フランスの芸術家。極端な美容処置を受け、それをパフォーマンスアートとして記録することで、女性の体の文化的認識について探求した。1990年から数度にわたって整形手術を受け、自分の体の部位を、ダ・ヴィンチのモナリザの額や、ボッティチェリのヴィーナスの顎など、芸術作品に登場する象徴的な美人の部位に変えた。

ザラ・モハメド・アブドゥルマジド（1955年 -）　イマンの名で活動するソマリア出身のモデル。ハイファッションの世界で初めて成功した非白人女性として有名。1975年にモデルとして見いだされ、デザイナーのイヴ・サン・ローランのお気に入りのモデルになる。1992年にロックスターのデヴィッド・ボウイと結婚する。1994年には、よりダークな肌色の女性向けの化粧品ブランドを立ち上げて成功している。

ナオミ・ウルフ（1962年 -）　アメリカのフェミニスト、ジャーナリスト、作家。1991年の画期的な著書『美の陰謀』で、身体的美についての現実離れした社会的基準は女性に害を及ぼし、社会での活躍を妨げていると主張した。のちに第3波フェミニズムの重要な代弁者になった。

アシュリー・グラハム（1987年 -）　アメリカのプラスサイズモデルの草分けであり、ランジェリーデザイナーでもある。プラスサイズモデルとして初めて、2017年に雑誌『フォーブス』の〈世界で最も稼ぐモデルランキング〉に選ばれる。雑誌『スポーツ・イラストレイテッド』の水着特集号の表紙になって名声を得た。アメリカでは大柄な女性が一般的だとして、そうした女性のノーマライゼーションを目指す活動を行っている。

フラッパーと自由

狂騒の1920年代

第1次世界大戦直後、女性参政権運動は目標を達成しはじめた。イギリスでは1918年に30歳以上の一部女性が選挙権を得た。アメリカでは1920年に合衆国憲法修正第19条が成立し、国民は性別に関係なく選挙権が与えられることになった。しかし、1920年代に女性の生活をなによりも大きく変えたのは、金銭的自由の拡大だった。

フラッパーの出現

北米の戦後経済は好景気に沸いた。アメリカは歴史の浅い産業国家から、大規模な消費者経済を抱える世界の超大国に変貌した。戦争中に職場に進出した女性たちは、自由に使える収入を手にして、自発的な購入選択ができる有力な消費者層になった。掃除機や洗濯機の発明により、多くの女性が家事の時間を減らすことができ（1920年代のアメリカ女性が家事にかけた時間は平均週52〜60時間）、自由な時間が増えた。

当時は、戦争や1918年のスペイン風邪の大流行で多くの若い男性が亡くなっていた。そこで一部の女性たちは、家で結婚の時期を待ったりせず、生き残ったことを喜び、自由を謳歌することにした。かつてあった壁も戦争中に打ち破られていたため、女性たちは、それまでの男性と同じように扱われたい、そして好きなことをしたいと考えるようになった。タバコを吸い、酒を飲み、車を運転する。短いスカートをはき、髪を短くする。そうした自由な新しい女性は、〈フラッパー〉と呼ばれた。フラッパーの中性的な服装は、フランスのファッションの影響を受けていた。パリではそうした女性は〈ギャルソンヌ〉（フランス語の〈男の子（ギャルソン）〉の女性形）と呼ばれた。きついコルセットの代わりに、もっと実用的な服が好まれるようになった。たとえばココ・シャネルが生み出した、革新的な女性用スーツやリトルブラックドレスなどだ。シャネルの服は、男性ファッションから取り入れた、女性の着心地を優先するデザインで革命を起こした。

▲ **買い物を楽しむ女性たち**
1920年代に女性は選挙権だけでなく、自由と独立も手に入れた。このイギリスの広告は、派手に買い物をする2人の裕福な女性を描いている。

おもな出来事
ルールを破る

1920年代は多くの女性にとって社会的解放の時代だった。彼女たちは服装や行動を通して、新たに手に入れた自由を謳歌した。

1900

- **1920年** アメリカで憲法修正第18条が成立し、酒類の製造と販売が禁止される。アメリカで憲法修正第19条が成立し、〈白人〉女性に選挙権が与えられる。
- **1923年** イギリスで婚姻事件法が可決され、離婚を求める場合の条件が夫と妻で同じになる。
- **1923年** 全米女性党のリーダーのアリス・ポールが、男女平等を求めるルクレシア・モット修正条項を提案する。
- **1923年** 全米でチャールストン・ダンスが大流行する。
- **1924年** マリー・C・ブレハムが女性で初めて、アメリカ合衆国副大統領に正式に立候補する。
- **1925年** ジョセフィン・ベイカーがフランスに渡り、シャンゼリゼ劇場でデビューして大評判になる。
- **1926年** ココ・シャネルがリトルブラックドレスをデザインする。
- **1927年** 初のトーキー映画『ジャズ・シンガー』が公開され、マリー・デールというダンサーが登場する。
- **1928年** オリンピックの陸上競技と体操競技に女性の出場が認められる。
- **1928年** イギリスで、人民代表法の下で21歳以上の全女性に選挙権が与えられる。
- **1929年** イギリスで〈フラッパー選挙〉（全女性が投票できた初の総選挙）が実施され、高い投票率を記録する。
- **1929年** カナダの〈パーソンズ訴訟〉により、女性は〈基準を満たした人〉であり、上院議員になる資格があると認められる。
- **1929年** アメリカ株式市場が暴落し、西欧諸国で大恐慌が始まるきっかけとなる。
- **1930年** ドイツの女優マレーネ・ディートリヒが映画『嘆きの天使』でキャバレー歌手のローラ・ローラを演じ、スター女優になる。

◀ シカゴのホテルの屋上でダンスをする**2人のフラッパー**（1926年）。

エンパワーメントの時代

人物伝
ジョセフィン・ベイカー

アメリカで1906年に生まれたベイカーは、路上で踊ることからダンサーのキャリアを始めたが、すぐにブロードウェー・ミュージカル『シャッフル・アロング』で役を得た。その才能によって、1925年にはパリへツアーを行い、シャンゼリゼ劇場での『レビュー・ネグロ』の開幕公演に加わる。バナナをぶら下げた腰帯をつけ、ペットのチーターを連れて演じた「ダンス・ソバージュ」で有名になった。その後、第2次世界大戦中のフランスのレジスタンス運動や、アメリカの公民権運動に参加した。

アメリカでは、1920年に憲法修正第18条によってアルコールの消費が禁止されると、女性は禁酒法賛成と反対の双方の立場に立った。米国女性キリスト者禁酒同盟が禁酒法を支持する一方、フラッパーたちはしばしば禁酒法を無視して、もぐり酒屋の反道徳的な雰囲気を楽しんだ。フラッパーにあたる女性が、ドイツの〈ノイエ・フラウエン（新しい女）〉から日本の〈モガ〉、中国の〈摩登小姐（モダンシャオジェ）〉まで、世界中で見られた。こうした女性たちは、新しいファッションを身にまとい、性的な奔放さで他の人たちに衝撃を与え、社会の因習に挑んだ。

パリでは、1920年代は〈レ・ザネ・フォル（狂乱の時代）〉と呼ばれた。カフェを中心とする文化が、芸術家や文筆家が男女を問わず集まって交流する場を生み出した。この精神と共通するものは、イギリスのダンスホールやアメリカのもぐり酒屋にもあり、そこではジャズの即興性が解放の精神を支えていた。ドイツの1920年代は、経済成長と、進歩的で創造的な時代精神から、〈黄金の20年代〉と呼ばれた。ベルリンの人々は、大胆な全裸パフォーマンスで有名なバイセクシャルのダンサーで、女優でもあったアニタ・バーバーに夢中になった。しかし1920年代が、あらゆる女性にとって解放の時代だったわけではない。たとえばアメリカでは、人種間の緊張の高まりが、白人至上主義団体のクー・クラックス・クラン

◀ **フラッパーのハンドバッグ**
フラッパーのバッグには多少の金とタバコしか入らないが、付き添いなしで夜遊びするのに必要なのはそれだけだった。バッグには複雑な装飾がされることが多く（この写真は1920年代のアールデコ・スタイル）、女性が踊ると房飾りが揺れるようになっていた。

（KKK）の復活や、人種暴動の勃発、人種ごとに移民数を制限する移民割当法の導入につながった。

好景気から恐慌へ

表面下では、各国経済は低迷していた。第1次世界大戦の参加国はいまだに戦争の負債を払いつづけていて、新しい経済状況に適応するのが難しかった。こうした低迷のすえ、1929年にウォール街株式市場が暴落し、世界大恐慌が始まった。失業率が急上昇し、多くの工場が閉鎖されると、労働者階級の男性の多くが打撃を受けた。対照的に、伝統的なサービス産業での女性の仕事は比較的影響が少なかった。労働者階級の女性の多くが家計を支えることになった。女性労働者は雇用法で保護されなかった。そのため、夫が働いている既婚女性の一部は仕事をする資格を与えられなかった。また、働く女性が妊娠した場合には、ただちに解雇することができた。1920年代が解放の時代だったのに対して、その後の10年間はまったく性質の異なる時代になった。

▶ **禁酒法時代のフラッパー**
禁酒法を無視する風潮は、アメリカのフラッパーに大きな影響を与えた。酒を飲んでいる場面や、ストッキングや服、ハンドバッグに酒のフラスコボトルを隠す挑発的な場面をわざと写真に撮らせた。

「新しい女性は……ダンスをし、酒を飲み、タバコを吸い、デートをする権利が自分にはあると主張した」

ジョシュア・ザイツ　アメリカの歴史家　『フラッパー』2006年

◀ **ブルースの女王**
ジャズ・シンガーのベッシー・スミスは、1920年代に最も稼いだアフリカ系アメリカ人芸術家だ。ニューヨークで始まった黒人芸術運動〈ハーレム・ルネサンス〉のスターだった。

エンパワーメントの時代

ナイジェリア
女性戦争

1929年戦争

1929年、ナイジェリア南東部イボランドの女性たちは、植民者の迫害に我慢できなくなった。カラバル州とオウェリ州では、女性たちの不満から、〈1929年女性戦争〉と呼ばれることになる蜂起が始まった。植民者側の歴史家の見方は違っていて、この事件を暴動と呼んだが、どう呼ばれようとも、この反乱はアフリカで前例のない規模で行われ、植民者の指導者たちを驚かせた。暴動の期間中、16カ所の原住民法廷が破壊され、数カ所のヨーロッパ系商店が略奪にあった。活動に参加したイボ族女性2万5000人のうち、55人が殺害され、50人が重傷を負った。

蜂起の原因

この2ヵ月にわたる蜂起は、問題が連鎖的に生じた結果であり、発端は〈任命首長〉を通した間接的統治というイギリスの植民地政策だった。イボランドの首長はほとんどが植民地総督によって任命されていた。任命首長は権力を乱用するようになり、女性を虐待したり、財産や家畜を押収して着服したりした。イボランドでは伝統的に、女性は社会の尊敬される一員であり、政治でも重要な立場についてきたが、任命首長は女性を公職につかせなかった。そこへ経済的苦境が重なって、女性の不満が高まった。イギリス統治下では、イボランドの経済はパーム油の販売を中心に動いていた。1929年のパーム油価格の下落時にも税金が下がらなかったことで、イボ族の女性の負担が増した。学費が値上げされ、さらに女性にもイギリス本国と同様の直接税を課す計画が浮上していた（イボ族の男性は1928年に課税対象となっていた）。

反乱のきっかけは、オロコ村の女性ンワンエレウワとマーク・エメレウワという男性のあいだの口論の話が広まっ

▼ **人種差別主義者のレトリック**
イギリスのブライソン社が作成した、レインコートの広告付きトレードカードは、自社製品を「イギリスの所有物で最高のものの一つ」と説明している。帝国主義時代の広告は、アフリカの人々をエキゾチックに、あるいは〈未開〉らしく描き、人種的優位性を助長した。

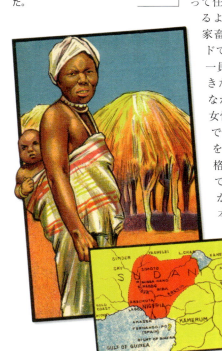

▼ **伝統にまとわれて**
20世紀初頭のイボ族の女性。体に巻き付けて着る伝統的な衣装は、イボ族女性が昔から織ってきたアクウェテ布でつくられている。

「世界が終わる日まで、女性は税金を払わない」

ンワンエレウワ 1929年

▶ **ファッションの犠牲**
オグバという巨大なアンクレットをつけたイボ族の女性（1922年撮影）。この高価でつけ心地の悪いアクセサリーは、つけていると通常の家事ができないので、地位の象徴とされた。

たことだ。エメレウワは税金徴収のために、各戸の妻や子ども、家畜の状況を詳しく調査していた。イボ族の女性は伝統的に課税対象ではなかったため、課税のための情報を出すようエメレウワからいわれて、ンワンエレウワはもう我慢ができなくなった。ンワンエレウワは、近隣の村々の女性たちに、蜂起への参加を求める呼びかけ状代わりのヤシの葉を送った。女性はみな、受け取ったヤシの葉をほかの女性に渡した。結果として1万人近くの女性が集まり、その地方の任命首長に抗議して、退任を要求した。ンワンエレウワは、男たちをからかうような歌や踊りなどで、彼らを〈へこまし〉たり、〈戦いを挑ん〉だりするといった、非暴力の行動を呼びかけた。集まった女性たちは、欧州系企業の建物の屋根をたたき壊したりもした。

カラバル州やオウェリ州のほかの村もオロコ村に続いた。イギリスによる統治に異議を唱える蜂起は拡大していき、イボだけでなく、イビビオ、アンドニ、オゴニ、ボニー、オポボの女性たちも参加した。女性たちは植民地軍から銃撃されても引かなかった。イギリス側は態度を軟化させ、植民地政府を再編し、任命首長を解任した。女性への課税計画は中止になった。なにより重要なのは、この反乱によって、イボ族の女性がふたたび政治に参加し、イボ族の人々が部分的な自治権を取り戻すようになったことだ。

エンパワーメントの時代

「女性が小説を書こうとするならば……お金と部屋をもたなければならない」

ヴァージニア・ウルフ
『自分だけの部屋』1929年

自分だけの部屋

　ヴァージニア・ウルフ（1882-1941年）は、小説とフェミニスト批評の両方の書き手として、また創作意欲の源泉となった女性ヴィタ＝サックヴィル・ウェストとの交際で有名になった。1929年には、女性をテーマにした2度の講演に基づく批評文『自分だけの部屋』を発表し、重要なフェミニスト批評として長く読み継がれている。この批評文では、女性の教育の欠如や、経済的・社会的な面での男性への依存といったフェミニストの問題を追及している。ウルフの有名な言葉にある〈部屋〉は、女性が歴史的に権利を認められてこなかった、自立や安定、プライバシーをもたらす空間を象徴している。写真は、イングランド・サセックス州の自宅にある〈ライティングロッジ〉にいるウルフ。

230　エンパワーメントの時代

時代を超えて

映画

女性たちは、映画の黄金時代と呼ばれる1920年代と1930年代に重要な役割を果たしたが、ハリウッドの企業的な性格が強まって、男性中心の世界になると地位を失った。ここ数十年の女性たちは、不平等の溝を埋め、女性主導の物語を伝えようとしている。

映画の登場以来100年以上にわたり、銀幕のなかの女性は、男性観客の夢や欲望を反映してきた。アメリカの映画監督の草分け、D・W・グリフィスは、1900年代初頭の観客は現実の冷徹な描写を求めていない、欲しいのは〈銃と女〉だ、としている。こうした風潮はあったが、1910年代と20年代は、女性の影響がどの時代よりも強かった。グリフィスの映画に出演したカナダ生まれの女優メアリー・ピックフォードは、最初の本物のハリウッドスターだ。ピックフォードは1916年に自分の会社を設立し、以降は自分が出る映画をすべて自ら制作した。

1930年代初頭の映画には、旧来の道徳を無視し、自分で決断する女性がよく登場した。『赤毛の女』でジーン・ハーロウが演じた、既婚男性を誘惑する女性がその一例だ。しかし1934年に厳格なヘイズコードの下で検閲が実施されるようになった。ハリウッドでは、夫婦でさえ別々のベッドで眠るような、問題視されにくい作品をつくらざるをえなくなった。健全なヒロインばかりに光が当たり、過去をもつ女性はひどい扱いを受けた。ドリス・デイやデビー・レイノルズ、オードリー・ヘップバーン、グレース・ケリーといった1950年代から1960年代のトップ女優たちは、いい子を演じて成功を手に入れている。

こうした変化の背景には、

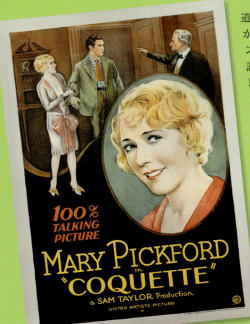

▼ 巻き毛の少女
メアリー・ピックフォードは、『コケット』(1929年)で汚名を着せられる少女を演じ、第2回アカデミー賞主演女優賞を受賞した。これはピックフォードが初めてトーキー映画で演じた役だった。

> 「女優は機械じゃないのに、機械のように扱われる」
>
> マリリン・モンロー

1924年のMGMスタジオから始まるスタジオシステムの出現で、ハリウッドが男性中心の世界になったこともある。1920年以前には30人以上の女性監督がいたが、ハリウッドの企業的な性格が強まったことで、男性が主導権を握るようになった。数少ない例外であるドロシー・アイズナーは、30年代と40年代で唯一の女性監督だ。1949年にやっと女優のアイダ・ルピノが監督業を始めたが、その後は1971年のエレイン・メイまで、主要な長編映画を監督した女性はいなかった。

女性の活躍

ハリウッド初の女性映画編集者の一人のヴァーナ・フィールズは、『ジョーズ』(1975年)でアカデミー賞編集賞を受賞した。さらにこの頃、ウーマン・リブ運動(⇨p.272-275)の高まりを追い風に、より魅力的な女性がスクリーンに登場しはじめた。大望を抱いた作家をジュディ・デイヴィスが演じた、ジリアン・アームストロング監督の『わが青春の輝き』(1979年)や、宇宙時代のヒロインをシガニー・ウィーヴァーが演じた、リ

映画 231

▲ **魔性の女**
ドイツの女優マレーネ・ディートリヒが演じた挑発的なキャラクターは、多くの伝統的な性別の常識に逆らった。この『嘆きの天使』(1930年)のスチール写真では、タキシードを着て、キャバレーのスター歌手ローラ・ローラに扮している。

ドリー・スコット監督の『エイリアン』は画期的な作品だった。女性は活躍の場を広げていった。ドーン・スティールは1987年に、女性初のハリウッド映画スタジオ(コロンビア・ピクチャーズ)の経営者の一人になった。また有名脚本家だったナンシー・マイヤーズは、『ファミリー・ゲーム／双子の天使』(1998年)を皮切りに、数多くの大ヒット作を監督している。

女性主導のヒット作も増えている。2010年、キャスリン・ビグローは女性で初めてアカデミー賞監督賞を受賞した。パティ・ジェンキンスの『ワンダーウーマン』(2017年)は、スーパーヒーロー誕生譚として過去最高の興行収入をあげた。ボリウッドでは、ヴィディヤー・バーランが大ヒット作『女神は二度微笑む』(2012年)で出産間近の女性という新しいタイプの役柄を演じた。映画界で女性の影響力が強まりつづけていることは、ソフィア・コッポラやグレタ・ガーウィグの例からもわかるが、「ウーマン・アンド・ハリウッド」などの団体は、まだ改善の余地があるとしている。

キャスリン・ビグローはアカデミー賞監督賞を受賞した

歴史を変えた女性
時代をリードした女性たち

アリス・ギィ＝ブラシェ(1873-1968年) 初の女性映画監督。1896年からパリで秘書として働いたのち、1907年にニューヨークに移るまでに、約750本の映画の制作、監督、制作指揮を行う。1910年に制作会社ソラックスを設立し、同社が制作した325本の映画のうち、約50本の監督を務める。スプリットスクリーンや二重露出などの手法のパイオニアでもある。

イーディス・ヘッド(1897-1981年) アカデミー賞に34回ノミネートされた衣装デザイナー(うち8回で受賞)。『ローマの休日』(1953年)、『泥棒成金』(1955年)、『スティング』(1973年)といった、パラマウント映画やユニバーサル映画での仕事を通して、ハリウッドファッションを形づくる。彼女の衣装は、オードリー・ヘップバーンやグレース・ケリー、エリザベス・テイラー、マレーネ・ディートリヒなどのファッションリーダーを生み出した。

アンナ・メイ・ウォン(1905-1961年) ハリウッド初の中国系アメリカ人映画スター。初めての主役は、1922年の『恋の睡蓮』での捨てられた花嫁の役で、その後『バグダッドの盗賊』(1924年)で奴隷の役を演じた。トーキー時代の映画には『上海特急』(1932年)がある。アジア系女性の役が十分になかったため、その後のキャリアは苦しいものになった。

ジェーン・カンピオン(1954年-) ニュージーランド生まれの脚本家、プロデューサー、監督。『ピアノ・レッスン』(1993年)を監督し、女性初のカンヌ国際映画祭パルム・ドールを受賞する。この映画では1994年にアカデミー賞脚本賞を獲得し、さらに女性では2人目の監督賞にもノミネートされた。

ゾーヤ・アクタル(1972年-) ボリウッドで数少ない女性監督の一人であり、さらに3人しかいない、興行収入が10億ルピー(1億1400万ポンド)を超える大ヒット作を生んだ女性監督の一人である。弟の映画監督ファルハーン・アクタルの助監督としてキャリアをスタートし、映画制作者ミーラー・ナーイルと仕事をしたのち、ニューヨーク大学で映画を学ぶ。アクタルの映画は、ボリウッドらしいストーリー展開はそのままに、インド社会の性差別に注目を集めたとして高い評価を得ている。

ファシズムと自由の闘士

全体主義体制

1919年、イタリアでベニート・ムッソリーニが世界初のファシスト運動を立ち上げた。ムッソリーニの武装集団は、男らしい行動や肉体を美徳として称え、第1次世界大戦を戦ったイタリア人の闘志と熱狂的な愛国心に訴えかけた。ファシストの〈革命〉は男性だけのものとして行われた。当時のニュース映画には、若い男性らが隊列を組み、国家の地位や戦争、帝国を称える熱烈な党歌を歌いながら行進する様子が記録されている。

イタリアのファシズムは、女性に政界や公的な場での役割を与えなかった。女性を家という囲いに閉じ込め、教育や雇用の機会を制限して、妻や母の役割に限定しようとした。さらにムッソリーニの公的政策では、国主導の〈強制母性〉システムを女性に課しており、新しい兵士を生み出す〈繁殖者〉とすることを狙った社会イニシアティブや福祉給付を用意していた。イタリアのファシズムの最大の産物の一つが、全国母子保護機構だ。これは、妊婦や母親、未亡人に精神的・経済的支援を与える組織である。

ファシズムの女性差別的思想にもかかわらず、

◀ 黒シャツ
イギリス・ファシスト連合（1932年にオズワルド・モズレーが創設）の女性メンバー。ファシストのユニフォーム（有名な黒シャツと、ベレー帽、スカートという服装）で、イギリスのリヴァプールでの大会の準備をしている。

一部の国では、女性がファシスト運動で目立った存在になり、運動の成功の鍵になった。イギリスでは、独特な女性ファシズム運動が生まれた。1923年にイギリスで最初のファシズム運動を始めたのは、ロウサ・リントーン゠オーマンという女性だ。ドイツでも、アドルフ・ヒトラーの成功に女性が大きな役割を果たした。ナチズムは、イタリアのファシズムと同様の思想だったが、多くのドイツ女性から支持を集めたのだ。外に働きには行かずに、〈子どもと台所、教会〉を

「圧制下では、考えるより行動するほうがはるかにたやすい」

ハンナ・アーレント『人間の条件』1958年

▶ 軍隊への召集
1937年に作成された、兵士を集結させるカタルーニャ女性を描いたポスター。スペイン内戦時、ファシストとドイツ軍に包囲されていたバスク地方の人々への支援を呼びかけるもの。

ファシズムと自由の闘士

中心において暮らすのが、理想のドイツ女性とされた。1932年7月の連邦議会選挙で、ナチスが獲得した1370万票のうち650万票が女性票だった。

抵抗運動（レジスタンス）

一方で、ファシズムに果敢に立ち向かった女性も多くいた。スペインでは、スペイン共産党書記長のドロレス・イバルリなどの勇敢な女性たちが、ファ

> 1930年代の
> イギリス・ファシスト
> 連合のメンバーの
> # 25%
> が女性だった。

シズムから民主主義を守るよう国民に呼びかけた。1936年に、イタリアとドイツの支援を受けたフランシスコ・フランコ将軍が反乱を先導し、スペイン第2共和政に対するクーデターを企てると、イバルリはスペイン人に抵抗するよう訴えた。スペインは長期にわたる激しい内戦に陥り、最終的には1939年にフランコ将軍が政権を握った。フランコが権力の座にあるあいだ（1975年に死去するまで）、イバルリはスペインから逃れ、ソ連で亡命生活を送った。そして1977年になってようやく、国家の英雄として帰国している。フランコ体制下でも、戦いつづけた女性たちはいた。1939年には、〈13人のバラ〉（18歳から29歳の共産主義と社会主義の女性たちのグループ）が、新たなファシスト体制に反対したとして銃殺刑になった。

234　エンパワーメントの時代

砲弾と銃撃
のなかへ

第2次世界大戦

暴力の渦に巻き込まれた民間人、軍隊に属する兵士、あるいはレジスタンスのスパイ。女性たちはさまざまな立場で、第2次世界大戦の恐怖にまともにさらされた。この戦争では、民間人への攻撃が前例のない規模で行われ、なにより空爆が広く実施されたことで、数え切れないほどの女性が命を落としたり、重傷を負ったりする危険に直面した。

戦争が悲惨さを増しながら世界を飲み込んでいくなかで、無数の女性が安全な場所を求めて家を離れなければならなくなった。痛ましいことに、数多くの女性が敵の兵士にレイプされた。そうしたレイプは、機に乗じたものもあれば、戦略的な手段として行われたものもあった（これはのちに戦争犯罪とされた）。赤軍（ソ連軍）が1944年から1945年の期間にレイプしたドイツ女性は推定で100万人近くにもなる。

制服を着た女性たち

第2次世界大戦中には多くの人手が必要になり、数多くの女性たちが軍務についた。ドイツと日本は軍隊への女性の採用に消極的だったため、軍に加わった女性のほとんどが連合国側だった。ソ連軍では80万人以上、イギリス軍では約64万人、アメリカ軍では約35万人の女性が任務についた。女性兵士は、無線通信士から砲手、運転手、戦車のコマンダーまで、幅広い仕事をした。女性狙撃兵も珍しくなかった。ソ連のリュドミラ・パヴリチェンコは、女性狙撃手では最も多い309人の敵兵を射殺したとされる。やはりソ連軍の英雄であるマリナ・ラスコヴァは、スターリンを説得して、女性だけからなる空軍連隊の創設を認めさせた。最も有名なのが〈夜の魔女〉と呼ばれる夜間爆撃飛行連隊だ。この連隊には、エヴドキヤ・ベルシャンスカヤ

人物伝
ヌーア・イナヤット・カーン

1914年にモスクワで、インド人の父とアメリカ人の母のあいだに生まれる。初めはロンドンで、次にパリで育ち、ナチス・ドイツのフランス占領後はイギリスに戻った。イギリス特殊作戦執行部（SOE）の無線通信士になり、1943年には〈マデリン〉というコードネームで、女性無線通信士として初めてナチス占領下のフランスに送られた。その年の後半、カーンは密告にあい、ゲシュタポに逮捕される。1944年9月、ほかの3人の女性とともにダッハウ強制収容所で処刑された。

1941年
にイギリス軍への女性の徴用が法制化された。

おもな出来事
前例のない規模の戦争
第2次世界大戦の規模は、前例のないすさまじさだった。その戦闘の性質から、それ以前の戦争よりも多くの女性が危険に直面した。

1939年
- **12月** イギリスの航空輸送補助隊に女性分隊ができる。

1941年
- **7月2日** カナダ陸軍婦人部隊が創設される。
- **10月** ソ連でスターリンが女性だけで構成された空軍部隊の創設を命じる。
- **12月** イギリス政府が、一部の女性を戦時労働や軍隊に徴用できる国家奉仕法を可決する。

1942年
- **5月14日** アメリカ議会で陸軍女性補助部隊（WAAC）の創設が承認され、1943年7月から陸軍女性部隊として任務を開始する。
- **7月21日** アメリカ議会で、海軍予備隊の女性部門である女性志願緊急部隊（WAVES）の創設が承認される。

1943年
- **2月22日** ゾフィー・ショルが反ナチス活動を行ったとして、ミュンヘンで処刑される。
- **8月5日** アメリカで空軍女性パイロット部隊が正式に設置される。

1945年
- **4月** エリザベス王女（のちのエリザベス2世）が補助地方義勇軍（ATS）で、第2准大尉エリザベス・ウィンザーとして訓練を受け、修理工および運転手として任務につく。

◀ **行進**
フロリダでガスマスクを着用して演習中の陸軍女性部隊（1942年）。

236　エンパワーメントの時代

◀ **ロンドン大空襲**
ナチス・ドイツの空爆から身を守るため、男女を問わずロンドンの地下鉄駅に避難した。女性は、子どもたちの安全を守り、気晴らしをさせる役目を負うことが多かった。この写真では、空襲のあいだ、ロンドンのエレファント＆キャッスル駅で女性が子どもたちに算数を教えている。

の指揮の下に23名の操縦士が所属し、ドイツとその同盟国に対して2万回以上の空爆出撃を実施した。イギリスとアメリカにも女性操縦士がいたが、戦地には派遣されず、工場から基地への航空機の輸送がおもな任務だった。ほかの国では、戦闘に加わる男性兵士を確保するために、女性が看護師や運転手、秘書などの補助的な任務についた。イギリスでは多くの女性が国内戦線で働いた。高射砲やサーチライトの操作は、女性の重要な任務の一つだった。

スパイ活動

レジスタンスやパルチザンのグループはよく女性を募集した。女性は男性ほど疑われないので、目立たずに秘密活動ができたからだ。フランスのレジスタンス運動では、女性が工作員として活動することはよくあったが、リーダーを務めたり、暴力的な活動に加わったりするのは珍しかった。〈エリソン（ハリネズミ）〉のコードネームで知られるマリー゠マドレーヌ・フォルカードは例外で、3000人以上のスパイのグループを率いた。しかし、最大の抵抗組織である〈国内軍〉があったポーランドでは、40万人のメンバーの7分の1を占める女性が戦闘活動にも参加していた。ナチス占領下のヨーロッパでのスパイ活動や破壊工作を目的に、イギリスで1940

> 第2次世界大戦中、
> **8万人**
> のイギリス女性が
> 農耕部隊で
> 任務についた。

年に設立された特殊作戦執行部（SOE）には、数人の女性スパイがいた。とくに有名だった一人がヴァージニア・フォールで、義足だったにもかかわらず、フランスの敵陣内でスパイ活動を行った。やはり有名なのがハヴィヴァ・ライクで、1944年にSOEが落下傘でスロヴァキアに送り込んだユダヤ人スパイグループの一員だ。落下傘兵はやがてドイツ軍に見つかり、殺害されたが、そのときまでライクは抵抗グループを組織する手助けをした。

反ナチス運動の主要人物には女性が多くいた。学生だったゾフィー・ショルは反ナチスのビラをまいたとして1943年に死刑になった。女性たちはナチスの手からユダヤ人を密かに逃す役割も果たした。エミーリエ・シンドラーは、夫が1200人以上のユダヤ人の命を救うのを助け、自分の命を危険にさらしながら、闇市場でユダヤ人のための食料を買った。しかし女性の役割は良いものばかりではなかった。ナチスの強制収容所では3500人ほどの女性が働いていた。とくに悪名高かったのが、ベルゲン・ベルゼン収容所の看守イルマ・グレーゼで、収容者に非人道的取り扱いをした罪で、戦後に処刑されている。

人物伝
アンネ・フランク

ドイツのフランクフルトに生まれ、ヒトラーが権力を握ると、家族とともにオランダのアムステルダムに逃れたが、そこもすぐにナチス・ドイツに占領された。1942年にフランク一家は、父の会社の上にある隠れ家で潜行生活を始めたが、1944年に当局に密告されてしまう。アンネは強制収容所に送られ、そこでチフスで亡くなった。アンネが1942年から1944年にかけて書いた日記は、父の手で出版され、ユダヤ人が書いたホロコーストの記録として最も有名なものに数えられている。

◀ 夜の魔女
ドイツ軍は、ソヴィエト第588夜間爆撃飛行連隊を〈夜の魔女〉と呼んだ。この飛行連隊は、当初は戦闘参加を禁じられていたが、1941年には実戦に配置された。

労働力
の動員

戦時下の労働

第2次世界大戦（⇨ p.234-237）中の働く女性の典型として長く知られているのが、〈ロージー・ザ・リヴェッター（リヴェット打ちのロージー）〉だ。アーティストのノーマン・ロックウェルが描いたロージーは、1943年5月の『サタデー・イヴニング・ポスト』誌の表紙に初めて登場した。オーバーオール姿でゴーグルを着け、頭には光輪が描かれている。膝にリベットガンを載せ、ヒトラーの『わが闘争』を足で踏みつけている。〈ロージー〉は強く、熟練した働く女性の肯定的なイメージを表していた。同じようなシンボル的女性には、カナダのトロントにある工場の生産ラインで働いていた〈ロニー・ザ・ブレンガン・ガール〉（ヴェロニカ・フォスター）や、イギリスのニューポートの王立軍需工場で働くルビー・ロフタスがいた。仕事中のロフタスを描いたポスターは、戦争芸術家諮問委員会の依頼によって制作された。政府がつくり出した働く女性のイメージは、軍需品製造の仕事に女性を募集するのに重要だった。そうした仕事は連合国の勝利に不可欠だったが、つらく汚れる仕事で、給料も安かったのだ。アメリカでは8万5000人以上の女性が女性軍需品製造者（WOW）に加わり、軍用品の製造やテストを行った。

◀ **誇りを胸に**
数多くの女性労働者が戦争への貢献を認める襟章を送られた。この銀色の襟章はイギリス女性ボランタリーサービスのメンバーがつけたもの。

戦時労働の現実

連合国側では、第2次世界大戦中に多数の女性が職場に進出した。アメリカでは700万人以上の女性が軍用品製造に関わり、通常は休暇なしで週に48時間働いた。平均的な給料は男性の半分ほどだった。戦争中には、製造業で働くアフリカ系アメリカ人女性の数も4倍になった。農業生産でも女性が不可欠になった。イギリスでは1939年に、食料生産を増やして輸入への依存度を下げようと、女性農耕部隊が復活した（第1次世界大戦後に解散していた）。同様の組織が北米だけでなく、オーストラリアやニュージーランドでも創設され、この仕事の女性たちは〈ファーマレット〉と呼ばれた。

それ以外の国では、戦時労働における女性の役割はより限定的だった。ドイツで軍需産業への女性の募集がそれほど多くなかったのは、女性の労働がナチスのイデオロギーと食い違ったからだ。しかし1939年以降は、女性が国家労働奉仕団で働くことを義務づけられた（農作業を行った）。さらに1943年1月には人手不足により、アドル

▼ **力仕事**
フィンランドで丸太を運ぶ女性林業作業者（1942年）。多くの国で、女性は銃後において中心的な役割を果たし、農畜産業や林業の分野で不可欠な肉体労働の担い手になった。

◀ **航空機の製造**
カリフォルニア州ロングビーチで、B-17F戦略爆撃機（フライングフォートレス）の尾部胴体部分に装備品や部品を取り付ける女性たち（1942年）。

フ・ヒトラーは17歳から45歳のドイツ人女性全員に、雇用登録をするよう命令せざるをえなくなった。日本でも当初、女性が工場などで働くことは推奨されていなかったが、1943年には、多くの男性が軍隊に取られていたため、女子挺身隊が組織された。翌年までに、多くの日本人女性がこの勤労奉仕団体に採用された。

戦時中には、男女問わず多数の人々が強制労働を強いられた。ドイツの強制収容所に入れられた人々は厳しい肉体労働に従事した。民間企業の仕事に貸し出された人々もいた。ナチスは東欧や中欧から数百万人を強制的に移送し、奴隷労働をさせた。〈オストアルバイター（東方労働者）〉は工場や労働収容所でつらい仕事をし、わずかな食事しか与えられないことが多かった。さらに、ドイツと日本はそれぞれ、占領地域から多数の女性を連れ去り、軍の売春宿で性奴隷（〈慰安婦〉）として利用した。韓国は現在、戦争中に行われた日本軍による韓国女性の連れ去りに対する賠償金を主張しつづけている。

> 日本の〈慰安婦〉の推定 **90%** が戦争中に亡くなった。

240 エンパワーメントの時代

> 「……ときどき、もう我慢できないという気がします……この工場で働いてきてずっと、こんなに疲れたことはありませんでした……」

マリー・ポール マサチューセッツ州ローウェルの女性工員 1845 年

仕事の歴史

家の外での仕事

働く女性は給与を得るべきという考えは比較的最近のものだ。女性の仕事は、無給や低賃金だったり、そもそも見落とされたりすることが多かった。21 世紀になっても、女性たちは賃金や、さまざまな職業への雇用機会をめぐる男女不平等と闘っている。

教育を受ける機会の制約や、宗教的・文化的な慣習のせいで、女性の職業は長らく限られてきた。しかしそれは、女性が働いてこなかったという意味ではない。女性の貢献は、必ずしも認められてこなかったとはいえ、社会の機能において古くからきわめて重要な役割を果たしてきた。歴史的に見ると、多くの女性は家のなかで、料理や裁縫、布地の製造、子育てなどの仕事をした。家の外では、物々交換での商品の取引で生計を立てることもあれば、肌の色や社会階級のせいで、奴隷としてただ働きをすることもあった。封建社会では、小作農は耕す土地を地主から与えられる代わりに、収穫した作物の一部と、作物を売った利益の一部を地主に納めた。女性はその土地を耕して

▼ 日常の単調な仕事
エジプト第 6 王朝期（紀元前 2325-2175 年）につくられた、家で働く女性を表した小像。女性はサドルカーン（2 個の石からなる石臼）で穀物を砕いている。

はいたが、法的には妻は夫の所有物だったため、自分で働いた分の報酬を受け取ることはなかった。近代経済では、賃金仕事が最も一般的な仕組みであり、そのなかでは男女ともに給料と引き換えに自らの労働力を売っている。

農村と都市

中世と近世において、ヨーロッパの女性に用意された役割や機会はさまざまだった。農村社会の女性は、父や夫が家畜を育てるのを手伝ったり、パンなどの製造や機織りといった家内工業に加わったりした。一方、都会の女性は、男性の家族が営む商売や、金属細工などの手工芸、革製品や布地の製造、店や宿屋の経営などを手伝った。14

世紀以降は、多くの女性がビールの醸造で生計を立てた。こうした女性は〈エールワイフ（ビール店の女主人）〉と呼ばれ、独身や未亡人もいた。エールワイフは大釜でアルコールを醸造し、つくったビールを売るときには、目印として三角帽子をかぶることが多かった。また、ビールが販売中

> 「妻はダンスパーティーではなく、畑で収穫作業をしている人のなかから選べ」

チェコのことわざ

家の外での仕事

ロンドン・ブラックフライアーズのユニリーバ・ハウスで働くタイピストたち 1955年

> 「私たちの給料はへそくりにしたわけではありません。生活費の足しにしたり、住宅ローンや……請求書の支払いにあてていました」

グウェン・デイヴィス 1968年にイギリスのフォードの工場で行われたストライキの参加者

であることを示すために、家の外に箒を置いていた。こうした特徴がやがて一つになって、魔女（⇨ p.122-123）のイメージになった。エールワイフが、ウィッチクラフトを使っていると真っ先に疑われることが多かったのは、経済的にある程度自立した女性だったからだという見方もある。

19世紀には、女性が街や工場で働くようになり、女性のためだけの労働組合が結成されるようになった。その最初の例である、マサチューセッツ州ローウェルの女性工員の労働組合は1844年に、低賃金と危険な労働環境から自分たちの身を守るためにストライキを実施した。1866年には、ミシシッピ州のアフリカ系アメリカ人の洗濯婦たちが、同じようにストライキを行った。もっと大規模な組合もすぐに生まれた。20世紀初頭には、女性労働者の権利を主張するために、イギリスとアメリカでそれぞれ全国規模の女性労働組合連盟が結成された。こうした労働組合はのちに、男女同一賃金を求める女性たちのストライキを支援した（⇨ p.272-275）。

女性の職業

歴史を通して、多くの役割が性別で分けられていた。肉体労働が中心の仕事をする男性は、〈ブルーカラー〉労働者と呼ばれてきた（その反対が、事務職や専門職の〈ホワイトカラー〉だ）。一方、伝統的に女性の仕事とされてきた職業の女性は〈ピンクカラー〉労働者と呼ばれた。ピンクカラーの仕事には、ベビーシッターや小売業のような〈熟練を必要としない〉仕事や、美容業界の仕事（美容師やネイルテクニシャン）、タイピングや秘書の仕事が含まれる。ピンクカラーの仕事は、多くが訓練を必要とするのに、〈女の仕事〉だという理由で給料が低く、評価されにくい。

20世紀には、伝統的に〈男性向け〉とされてきた仕事につく女性が増え、現在では、産業界のトップレベルにも徐々に女性が進出しつつある。しかし、フォーチュン500に選ばれる企業のCEOに女性が占める割合は、まだ約5%でしかない。

> 「女性が国や企業の半分を動かし、男性が家庭の半分を切り盛りするというのが、本当に平等な世界だ」

シェリル・サンドバーグ『リーン・イン 女性、仕事、リーダーへの意欲』2013年

ビバ・ラ・レボルシオン！

南アメリカの混乱

20世紀の中南米を揺さぶった革命では、女性が中心的な役割を果たした。アルゼンチンやボリビア、ブラジル、メキシコで、女性は男性と協力して変化を求めて闘った。ファシズムや全体主義に立ち向かい、普通選挙の実現を目指した。

ブラジルでは、ジェトゥリオ・ヴァルガスが1930年にワシントン・ルイス大統領に対する軍事クーデターを起こすと、憲法を無効にして、事実上の独裁政権を樹立した。このヴァルガスを倒そうと、1932年にリベラル抵抗勢力が起こした〈立憲革命〉で、少なくとも1000人が死亡した。革命グループにはカルロータ・ペレイラ・デ・ケイロスのような女性もいた。デ・ケイロスは700人の女性グループの先頭に立って、けが人の救護にあたった。この反乱はヴァルガスによって鎮圧されたが、女性参政権など、立憲主義者たちの要求の多くが受け入れられた。デ・ケイロスは女性で初めて投票し、1933年にはブラジルの国会議員に選出された。

アルゼンチンでは、1945年クーデター後に樹立されたフアン・ペロンのポピュリスト政権に対して、女性参政権推進委員会が女性の選挙権を求める嘆願書を送ったのをきっかけに、女性参政権が実現した。しかし、1955年から1958年の〈解

▲ **ボリビアの殉教者**
1930年には、アルゼンチン、ボリビア、ブラジル、チリ、ウルグアイで、反乱や革命が政府を転覆させた。写真は、ボリビアの反乱の最中に女性革命家が銃撃された様子を伝えるフランスの新聞。

「国民のあらゆる女性と同じように、私は見た目よりも強い」

エバ・ペロン　アルゼンチン大統領夫人

放革命〉によってペロンの政権2期目が終わると、状況が悪化した。ペロンのカリスマ的な亡き妻エヴァは生前、女性ペロン党を創設し、女性参政権を支持していたが、この革命後、エヴァについて言及することは厳しく禁じられた。

アルゼンチンの反ペロン派新政権は、体制の脅威になると見なした女性を何百人も投獄した。国家による暴力が激しくなり、やがて1976年から1983年まで、政府当局が反体制活動家の誘拐や拷問、殺害を行う〈汚い戦争〉が続いた。〈行方不明者〉の母親たちは、〈5月広場の母たち〉というグループを設立して、政府に対し、自分の子どもたちに何が起こったのかを明らかにするよう迫った。こうした活動が注目を集めたことで、多くの行方不明者たちが発見されたが、生きていた人もいれば、すでに死んでいた人もいた。

ボリビアでは19世紀に、植民地支配を行っていたスペインからの独立を目指して多くの女性が闘ったが、女性が選挙権を得たのは、ボリビア社会革命後の1952年になってからだった。1978年には、鉱山労働者の妻で労働組合員のドミティーラ・バリオス・デ・チュンガラが先頭に立ってハンガーストライキを行った。これがきっかけで、ウゴ・バンセル・スアレス将軍の独裁政権が倒れ、民主主義の回復につながった。

独立のための闘い

1910年から1920年のメキシコ革命には女性も参加したが、ソルダデラスと呼ばれた先住民女性は戦闘にも加わった。なかでも有名なのが、パンチョ・ヴィリャの革命に加わったペトラ・ヘレラだ。トレオン占領時に自分の果たした役割が認められなかったヘレラは、ヴィリャの軍を離れ、女性だけの軍をつくった。メキシコの女性は、最終的には1953年に国政選挙への選挙権を得てはいるが、ラテンアメリカの多くの女性と同じように、マチズモ文化に起因する差別にいまも直面している。

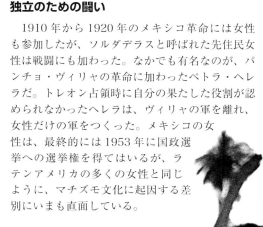

▼ **強い母たち**
ブエノスアイレスの大統領府前で、息子や娘の行方を知ろうと抗議活動をする〈5月広場の母たち〉のメンバー（1982年）。

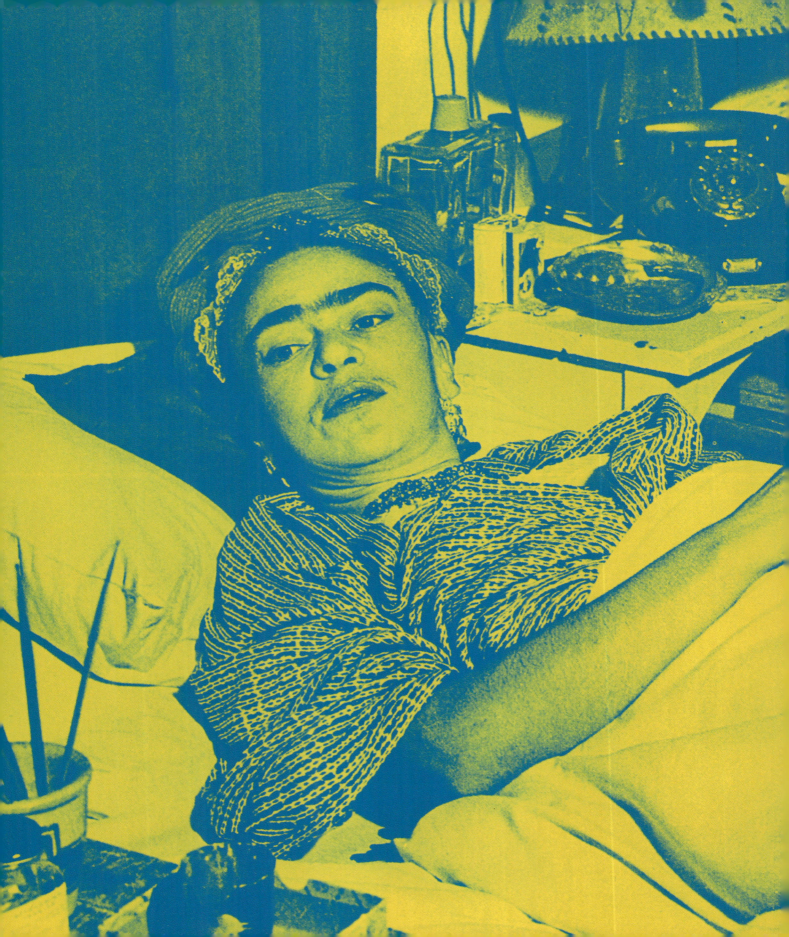

「結局のところ、私たちは自分で思っている以上のことに耐えられるのです」

フリーダ・カーロ フェミニスト芸術家
女性がもつ強さについて

アートと病

メキシコの画家フリーダ・カーロは1907年に生まれ、1954年に亡くなった。大胆で象徴的な画風によって、存命中も没後にも人気があった。今日では、反資本主義、フェミニズム、アイデンティティ、セクシュアリティ（カーロは両性愛者だった）というテーマを追求した挑戦的な作品で記憶されている。カーロ自身が多くの苦しみを抱えていた。幼少時にポリオにかかり、のちに骨盤を骨折した。亡くなる前には片足を切断している。「折れた背骨」（1944年）や「希望の樹、しっかりと立て」（1946年）などの作品では、自らの身体障害を描写し、痛みを視覚的に表現した。こうした作品は、脊髄の痛みで寝たきり状態でも制作活動を続けるなかで描かれた。写真は、メキシコシティの自宅にいるカーロ。ベッドから起き上がれない状態でも、膝の上にはイーゼルを置いている。

自由の闘士たち

非植民地化

第2次世界大戦後には非植民地化が進み、アジアやアフリカでは30カ国以上が支配国から自治権を勝ち取った。こうした独立を実現するまでには多くの場合、長い闘争の時代と、1857年のインド大反乱（⇨ p.156-157）や1929年のナイジェリア女性戦争（⇨ p.226-227）のような西洋支配への抵抗の歴史があった。非植民地化のプロセスは国によって異なり、女性への影響も同じではなかった。アジアやアフリカの各地で起こった独立主義運動は、男性が率いることが多かったが、女性もさまざまな立場で参加し、非植民地化後の地域では政治・法律面での男女平等を重視するべきだと主張した。

政治と抵抗

女性は独立前後を通して革命家として活動していた。ただし、一部の植民地政府は女性の政治参加を制限していた。そのため、革命運動への参加はさらなる制限のなかで、あるいは隠れて行われた。女性の問題を宗主国が認識しなかったため、女性たちの反植民地主義的な感情がさらに悪化することも多かった。元からあった女性グループが独立主義的な大義を掲げたり、1951年のシエラレオネ女性運動のような新しい女性団体が、国や地方、あるいは政治政党内で結成されたりした。このようにして女性たちは政治や抵抗運動にさらに積極的に参加し、独立後の国家での男女平等への地固めをした。しかし、男性中心の傾向がより強い解放運動では、女性問題よりも経済発展が優先されることが多く、闘争で女性が果たす役割ももっぱら、植民者側と抵抗勢力の両方に見られた

◀ **少数意見を述べる**
1945年にイギリスのマンチェスターで開かれた、第5回パン・アフリカ会議に出席したナイジェリアのラゴスの法廷弁護士ラナー氏。アフリカ女性の教育水準を高める必要性を主張した。

おもな出来事

自由への歩み

女性たちは非植民地化運動において、植民地支配の中心にある権力階層の不安定化と、独立後の国づくりの両面で大きく貢献した。

1900

- **1913年** ケニア人女性メカティリリ・ワ・メンザがジリアマ族を率いてイギリス植民地政府に反乱を起こす。
- **1920-1922年** インドの女性たちが、マハトマ・ガンディーが主導する非協力運動にまとめ役として参加する。
- **1925年** インドの女性詩人サロジニ・ナイドゥが女性で初めて、インド国民会議派の総裁に選出される。
- **1927年** 女性の教育と社会福祉の向上を目指して、非政府組織の全インド女性会議が設立される。
- **1930年** イギリスによるインド支配に反対する市民的不服従運動に、女性が多数参加する。
- **1942年** マハトマ・ガンディーの妻カストゥルバ・ガンディーが、クイット・インディア運動に関与したとして投獄され、2年後に収容所で亡くなる。
- **1945年** 第2次世界大戦が終わり、非植民地化が始まる。
- **1947年** インド独立をきっかけに、インド分割とパキスタン成立が起こる。
- **1951年** シエラレオネ女性運動が結成され、以後10年にわたって、独立主義運動の支援と、女性の政治参加の促進に基本的な役割を果たす。
- **1952-1960年** イギリス統治下のケニアで起こったマウマウの反乱で、女性が軍、文民、活動家のそれぞれの立場で活躍する。
- **1954年** ビビ・ティティ・モハメッドが独立主義政党タンガニーカ・アフリカ人民族同盟を共同で設立する。さらに同政党の女性部門としてタンザニア女性同盟を設立し、国中の女性に力を与えた。
- **1958年** インドの独立運動活動家アルナ・アサフ・アリが、デリー市の最初の市長になる。
- **1963年** ケニアが独立する。
- **1997年** 香港で、中国への主権引き渡しを記念する式典が行われ、大英帝国が正式に終わりを迎える。

◀ ボンベイでのクイット・インディア運動のデモで、**スローガンを叫ぶ女性たち**（1942年）。

「……女性は男性より、闘いの精神をよく理解していた」

カストゥルバ・ガンディー 活動家、マハトマ・ガンディーの妻

家父長制文化によって決められていた。

インドに自由を

　インド独立運動のリーダーのマハトマ・ガンディーは女性を〈インドの自由のために闘う規律ある闘士〉と呼んだ。1930年代から、さまざまな階級やカーストの女性たちが自由を求める闘いに参加しており、多くの場合、児童婚の制限を求める運動など、女性に関係する特定の問題をめぐる運動に関わった。ジャワハルラル・ネルー（インド独立運動の活動家でインドの初代首相）の妻カマラ・ネルーは市民的不服従運動を呼びかけ、それによって1932年に投獄された。

　イギリスによる植民地支配の終結を要求した1942年のクイット・インディア運動で、ガンディー主義者のウシャ・メホタは地下ラジオ局シークレット・コングレス・ラジオを通じてインド全土に蜂起を呼びかけた。メホタはこの年逮捕されて、反英活動によって投獄された250人の女性とともに、4年間を獄中で過ごした。

　独立後の1947年に実施されたインド・パキスタン分割を発端とする衝突では、100万人以上が殺害された。7万5000人から10万人の女性が拉致され、残忍にレイプされた。新しく生まれたパキスタンでは、多くの女性がイスラム教に強制的に改宗させられた。こうした衝撃的な出来事を受けて、ファティマ・ジンナーやベグム・ラアナ・リアカト・アリ・ハーンといったパキスタン女性たちがパキスタン女性連合などの団体を設立し、難民や移民女性の生活の向上に取り組んだ。

アフリカの経験

　アフリカ各国では1945年の前にも後にも、数多くの多様な独立運動が起こり、強い影響力をもつ女性が多く関わった。1952年から1964年にかけてケニアで起こった反英運動〈マウマウの反乱〉では、女性はゲリラ闘士に物資を供給したり、自ら戦ったりと重要な役割を果たした。ムトニ・ワ・キリマは、陸軍元帥の称号さえ与えられている。

　タンガニーカ（現タンザニア）の女性は、1954年に創設された政党タンガニーカ・アフリカ人民族同盟（TANU）の成功に大きく貢献した。ビビ・ティティ・モハメッドが率いる、TANUの女性部門のタンザニア女性同盟は、女性を結束させ、独立闘争に動員した。のちに女性・社会問題大臣になったモハメッドは、

> 大英帝国の時代、イギリス国外で
> **7億人**
> が統治下に置かれていた。

▶ **ようやくの解放**
戦争終結と独立を喜ぶアルジェリアの女性たち（1962年）。推定1万1000人の女性がこの戦争に関わった。都市部で民兵として戦った女性や、農村地域で武装ゲリラ部隊に加わった女性もいた。

ンゴマ（タンザニアのダンスなどをする集まり）にも参加していた。そうした女性のグループは秘密の連絡手段となって、独立活動家を集めたり、TANUの抗議活動を告知したり、活動資金を募るのに役立った。モハメッドは、自分が政治の世界で成功したのはそうしたダンスグループのおかげだと語っている。リーダーシップを実践で学び、女性ネットワーク内に人脈を築く機会になったからだ。

ガーナでは、革命運動を率いたクワメ・エンクルマが、独立運動の最中や終結後に女性の力を頼りにした。ハナー・クジョーは、1947年にエンクルマに出会ってから独立運動の著名な活動家になり、国中で集会を独力で開いた。独立後は全アフリカ女性連盟を設立し、これはのちにガーナ女性連盟になる。クジョーのほかにも、世界中で行われた反植民地主義闘争で、多くの女性が重要な役割を果たしたが、彼女たちの闘いの規模や価値は十分に評価されていない。

人物伝
アルナ・アサフ・アリ

1909年にパンジャブで生まれ、カトリック系学校で学ぶが、のちにイスラム教徒の弁護士で反植民地主義者のアサフ・アリと結婚する。独立を目指す闘いに加わり、1942年にはボンベイで国民会議派の旗を立てて、クイット・インディア運動を開始させた。その後4年間は身を隠したが、そのあいだも国民会議派の雑誌の編集を行った。独立後は会議派社会党に参加し、デリー女性同盟の幹事を務めた。1996年に亡くなった。その1年後に、インドでの民間人への最高の賞であるバーラト・ラトナ賞を受賞している。

250 エンパワーメントの時代

時代を超えて
ファッション

女性の服装は、ほかの人に与える印象に影響すると同時に、社会的地位を示すものでもある。1920年代のズボンから、2018年ゴールデングローブ賞授賞式で #MeToo 運動への支援のしるしとして選ばれた黒いドレスまで、ファッションはつねに進化しつづけ、女性の生活の変化を反映している。

▶ **貴族のサンダル**
ハンマーム（公衆浴場）用の木製サンダルを履く、コンスタンティノープル（現イスタンブール）の貴族女性（18世紀）。女性はハンマームの床の汚れた水を避けるためにこうした靴を履いた。靴の高さは社会的地位も示していた。

> 「ファッションは毎日吸う空気の一部であり……あらゆる出来事に応じて変化する」
>
> ダイアナ・ヴリーランド　著名なコラムニスト、ファッションエディター　1978年

女性は大昔から、ドレスでアイデンティティを表現してきた。西洋的なファッションが始まった時期については歴史家によって意見が分かれるが、15世紀になってヨーロッパが一段と繁栄し、輸入布地が裕福さを示すものになると、着飾ることへの願望に拍車がかかった。都会の上流階級が流行のスタイルを生み出すと、成長しつつあった中流階級がそれをシンプルな形にして取り入れた。ファッションは女性の生活環境にも合わせて進化した。たとえば16世紀のヴェネチアの女性は、泥を避けるために高い脚がついた靴（チョピン）を履いていた。17世紀になると、レースやシルク、ブロケードを使った、フランス女性のファッションが大人気になった。西洋各国の仕立屋はフランスのデザイン画を参考に、フランス女性のスタイルを取り入れた。

19世紀以前は、女性服のほとんどが着る人に合わせてつくられていた。裕福な女性は、高級服の仕立屋が特別につくった服を着たが、労働者階級の女性は自分で服を縫った。既製服は19世紀

ファッション 251

後半に登場し、通信販売カタログの登場でさらに広まった。20世紀には布地の大量生産の実現と百貨店の誕生によって、女性服の大半が既製品になった。

ファッションを通した主張

20世紀初頭には、女性の権利を求める運動でも、とりわけ女性参政権運動がファッションに大きな影響を与えた。男性的だといわれないように、サフラジェットたちは意識的に上品な印象を前面に出すため、1908年には、白（純粋）・緑（希望）・紫（尊厳）という3色のシンボルカラーを採用した（アメリカでは緑の代わりにゴールドを使った）。

女性の権利を求める声が高まるにつれ、旧来の女らしさに反発するファッションが生まれた。1920年代の膝が見えるフラッパードレスやココ・シャネルの女性用ズボンから、1960年代のマリー・クヮントの太もも丈ミニスカートまで、一部の女性にとってファッションは一種の反抗になった。1970年代末からは、女性は地味なテイラードスーツを着て、伝統的に男性が中心の職場で地位を築こうと努力した。1983年になると女性たちは、イギリスのデザイナーのキャサリン・ハムネットがはやらせたスローガンTシャツを着て、自分の考えを表した。またアメリカのダイアン・フォン・ファステンバーグやドナ・カラン、イギリスのヴィヴィアン・ウェストウッドといった女性デザイナーが、男性デザイナーが支配するファッション界に立ち向かいはじめた。

今日のファッション業界は女性なしでは成り立たないが、女性に都合の良いことばかりではない。安い大量生産の服を製造する発展途上国の女性（⇨p.296-297）は、ファッション業界に最もひどく搾取されている。ファッション業界が痩せ体形にこだわることへの批判もあるが、20世紀末からは、ファッションショーや広告に〈プラスサイズ〉モデルが登場するようになった。

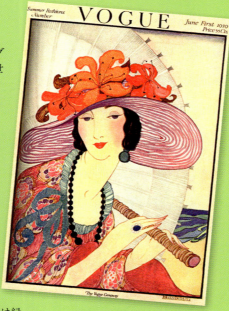

▲『ヴォーグ』が生んだ流行
この古い『ヴォーグ』の表紙は1919年のものだ。1892年創刊のアメリカの雑誌『ヴォーグ』は、当初はニューヨークの上流階級をターゲットとしていたが、上流に憧れる中流階級にも広まった。

パリの仕立屋ココ・シャネル　1936年

歴史を変えた女性
ファッション界のキープレーヤーたち

ローザ・ベルタン（1747-1813年）　18世紀のヨーロッパで最もおしゃれな女性たちの服をデザインした。パリの婦人帽子職人の下で見習いをし、パリの貴族女性のあいだにファンを獲得したベルタンは、1770年にドレス店を開く。2年後には、マリー・アントワネットお抱えの仕立屋になり、彼女をファッション・アイコンにするとともに、〈プーフ〉という高く結い上げる髪形（現代の〈ビーハイヴ〉につながる）を広めた。

ガブリエル・〈ココ〉・シャネル（1883-1971年）　フランスの孤児院で育ち、そこで裁縫を習う。婦人帽子職人の資格を得てから3年後の1913年にリゾート地のドーヴィルにブティックを開き、男性服の着想を取り入れた上等な普段着を販売しはじめる。のちに店をパリに移し、オートクチュールや香水、既製服にビジネスを広げて、20世紀前半で最も影響力の強いデザイナーの一人になった。

アン・ロー（1898-1981年）　ハイファッションで成功した初のアフリカ系アメリカ人デザイナーの一人。フロリダ州タンパで店を開き、上流階級の女性のドレスをつくったのち、1928年にニューヨークに移る。そこでオートクチュールのウエディングドレスのデザインで知られるようになった。最も有名なものの一つが、ケネディ大統領の妻ジャクリーン・ケネディのウエディングドレスだ。

リサ・フォンサグリーヴス（1911-1992年）　スウェーデンのモデル、写真家、デザイナー、彫刻家。ほかのモデルより報酬が高く、世界初の〈スーパーモデル〉と呼ばれることがある。自分は〈上等な洋服掛け〉だといったフォンサグリーヴスは、1930年代から1950年代までというきわめて長い期間、モデルとして活動した。

ウィルヘルミーナ・クーパー（1939-1980年）　『ヴォーグ』の表紙に28回登場した記録をもつオランダの元モデル。アイリーン・フォードが設立した草分け的エージェンシーのフォード・モデリング・エージェンシーのマネージメントを受けたが、1967年に自らのエージェンシーのウィルヘルミーナ・モデルズを設立した。

アナ・ウィンター（1949年-）　1988年から『ヴォーグ』編集長を務めている。シンプルなボブカットが特徴で、業界きっての流行仕掛け人である。ニューヨークのメトロポリタン美術館は、2014年に衣装研究所部門を再オープンする際に、ウィンターの名を冠した。

「人は女性に生まれるのではない、女性になるのだ」

▎**シモーヌ・ド・ボーヴォワール** 作家、政治活動家
『第二の性』1949年

女性らしさと社会

　フランスのフェミニストのシモーヌ・ド・ボーヴォワールは、著書『第二の性』で、社会的・文化的性（ジェンダー）を生物学的性と切り離すという新しい立場を示した。ジェンダーによる役割は社会のなかで構築されるとしたうえで、女性らしさは女の子が社会に適合する過程で身につけるものであって、生物学的な根拠はないと考えたのである。女の子は幼い頃から、女性らしさの不可欠な条件として、依存と受動的態度を受け入れるのに慣れている。たとえば女の子は、男性に好かれるには、かわいらしくなるよう努力し、女性らしさの理想に従うべきだと教わる。それによって女の子は、男性に見られるための受動的なモノになる。社会において、女性（と少女）を最も明白にモノ扱いしている例の一つが、美人コンテストだ。この1973年のロンドンで撮影された写真では、最も美しい〈ミス・ペアーズ〉の座をめぐって女の子たちが競っている。

254 エンパワーメントの時代

修道女の反乱と政治的
殉教者

修道院の外の政治

修道女や尼僧になると決断する女性は、一つの観念体系に一生をささげることを選んでおり、そうした一途さから政治的殉教者になった人々もいた。道徳的に汚れがなく、非暴力的とみられる修道女や尼僧が政治的な発言をすれば、それは注目を集めると同時に、きわめて影響が大きい。世界で最も有名な修道女の一人であるマザー・テレサには、宗教的な先見性だけでなく、優れた政治的手腕もあり、貧しい人向けの住宅建設を支援するよう、政治家や銀行を説得できた。

▶ **蜂起記念日のチベット女性たち**
インドのマクロード・ガンジで、チベット女性蜂起59周年記念日に、チベットの旗を振り、スローガンを叫ぶ、亡命中のチベット仏教徒の女性たち（2018年3月12日）。

修道女の反乱と政治的殉教者

人生を祈りにささげた、政治とは無縁の女性とみられがちな修道女や尼僧が、政治的立場を明確にしたことは歴史上何度もあった。1959年チベット蜂起もその一つだ。チベットはかつて、精神的指導者であるダライ・ラマが治める独立国だったが、1950年にダライ・ラマの排除を望む中国政府の支配下に置かれた。1959年、ダライ・ラマの住むラサに中国軍が集結すると、緊張が頂点に達した。同年3月10日、チベット人のグループが、ラサのポタラ宮（ダライ・ラマの住居）の外に集まり、中国の占領に対して非暴力の抗議運動を始めた。3月12日には、多くの尼僧を含む少なくとも5000人の女性が蜂起に参加した。中国は暴力で応え、蜂起を組織した人々を探し出し、逮捕した。逮捕された一人であるギャリンシャル・チョーラという尼僧は6年間拘留されて拷問を受け、のちに負傷がもとで亡くなっている。こうした女性たちの犠牲から、抗議活動はさらに広がった。チベット独立を目指す世界中の活動家は、毎年3月12日にこの〈女性蜂起〉を記念する抗議活動を行っている。

ラテンアメリカの修道女

〈解放の神学〉（貧困層を救うために、社会・経済構造の変革に積極的に参加するように主張する考え方）の信条に従うカトリックの修道女たちは、1960年代と1970年代に起こった草の根人権擁護運動に関わった。ブラジルでは、この神学に導かれた多くの司祭たちが〈社会主義者〉と見なされ、1964年の軍事クーデター後の軍事政権によって逮捕され、拷問を受けた。シスター・マウリナ・ボルジェス・ダ・シルヴェイラは、同じ運命にあった唯一のシスターである。1969年に逮捕されると拷問を受け、1970年に国外追放になった。一方、エルサルバドル内戦（1980-1992年）では、マウラ・クラーク、イタ・フォード、ドロシー・カゼルという3人のアメリカ人シスターと、平信徒のジーン・ドノヴァンが、貧困層や内戦難民とともに働いていた。そうした活動がエルサルバドルの軍部から反政府的と見なされ、4人は1980年にエルサルバドル人の殺人部隊に殴打され、レイプされたのちに殺害された。社会正義に取り組んだ修道女や尼僧が、投獄や拷問、さらには死の危険にさらされることは多かった。

▲ **教会と国の対立**
ギリシャ政府に教会の土地の管理権を与える法案に抗議する、ギリシャ正教会の修道女たち。ギリシャ正教会は、国以外ではギリシャ最大の土地所有者である。

「私たちがこの仕事をしていることが奇跡ではなく、喜んでしていることが奇跡なのです」

マザー・テレサ　ローマ・カトリック教会の修道女、伝道師

ガラスの天井を打ち破る

1960 年 - 現在

　1960 年代に女性の権利は大きく前進したが、女性たちはやるべきことがまだたくさんあると考えていた。あらゆる女性が家父長制や伝統のもとで苦しんでいるが、アメリカの公民権運動のような大規模抗議行動や、南アフリカでのアパルトヘイトとの闘いは、非白人女性はさらなる重荷を背負っていることを明らかにした。1960 年代の第 2 波フェミニズムや 1990 年代の第 3 波フェミニズムでは、離婚や中絶などに関する法律の自由化を求めて、世界各地で抗議行動やデモ行進が行われた。世界中の女性が古い規則や偏見を次々と拒むことで、壁は日々壊れつづけている。

宇宙時代
のプロパガンダと政治

冷戦

1947年から1991年まで、冷戦が世界政治に影を落とした。第2次世界大戦直後、アメリカとソ連という2つの超大国が出現し、それぞれが西側諸国と東側諸国と呼ばれた同盟国とともに、政治や経済、文化で優位に立とうとした。西側と東側では、戦後社会で女性が果たすべき役割についての考えが異なっていた。アメリカでは戦後、男性の雇用を生み出すために、女性には家庭に戻ってもらう必要があったため、幸せな主婦や母のイメージを売り込む宣伝が広まった。対照的に、戦争による人的損失が大きかったソ連では、女性を共産主義国の重要な労働者として描いた。1936年制定のソ連憲法では、女性にも同等な権利をうたっており、ソ連や他の東側諸国は、自分たちが男女平等の擁護者だと印象づけた。現実には、アメリカとロシアのどちらも、理想の女性への期待が完全に実現したわけではなかった。アメリ

▶ **宇宙のパイオニア**
ワレンチナ・テレシコワはヴォストーク6号に搭乗し、宇宙飛行をした初の女性になった。テレシコワの宇宙飛行時間は、アメリカ人宇宙飛行士のそれまでの飛行時間の合計よりも長く、3日間かけて地球を48周した。

宇宙時代のプロパガンダと政治

カでは女性の職場進出が進み、平等を求める運動が起こった。ソ連では、賃金格差が残っていたうえ、仕事が性別で分けられることが多く、女性は地位の低い仕事を与えられた。大戦中に重工業の仕事をしていた女性が、繊維工業などの軽工業に移されることもあった。

スペースウーマン

ソ連の女性が活躍しているようにみえた分野が、宇宙開発競争だ。アメリカとソ連は、宇宙という新たなフロンティアへの一番乗りを争っていた。1963年、以前は紡績工場従業員だった、26歳のロシア人宇宙飛行士ワレンチナ・テレシコワは、宇宙に行った初の女性になった。初のアメリカ人女性宇宙飛行士が登場する20年前のことだ。ほかの4人の女性とともに18カ月間の厳しい訓練を受けたのち、ヴォストーク6号のパイロットに選ばれたテレシコワは、宇宙で3日間過ごし、地球を48周した。しかし結局のところ、テレシコワのミッションはプロパガンダがおもな目的だったようだ。ソ連は1969年に女性宇宙飛行士の訓練を中止した。テレシコワによれば、女性には危険すぎるというのがソ連政府の言い分だった。ソ連は1980年まで、女性宇宙飛行士の採用を再開しなかった。

一方アメリカでは、女性科学者が国家宇宙プログラムを築くのに力を貸した。アメリカ初の地球周回衛星エクスプローラー1号は（1956年のソ連のスプートニク1号・2号に続いて）1957年に打ち上げられたが、それを支えたチームには何人かの女性がいた。また、NASAでエクスプローラー1号を支えたチームの創設メンバーだったバーバラ・ポールソンなどの科学者は、月や惑星への最初の探査機の開発に関わった。しかし女性は当初、宇宙飛行士にはふさわしくないと思われていた。宇宙飛行に必要な能力がなく、身体的にも不適格という見方がほとんどだった。1963年にマーキュリー計画の宇宙飛行士になる訓練を受けた13人の女性パイロットたちは〈マーキュリー13〉と呼ばれ、テストで一部の男性宇宙飛行士を上回りもしたが、実際に宇宙に行くことはなかった。アメリカ人女性が宇宙に行ったのは、1983年にNASAの7回目のスペースシャトルミッションで、サリー・ライドがチャレンジャー号に搭乗したのが最初だ。チャレンジャー号船長のロバート・L・クリッペンによれば、ライドが選ばれたのは、スペースシャトルのロボットアームを操作して、人工衛星の投入や回収を行う専門技術を買われたからだという。このミッション後にライドは、自分のように宇宙飛行士を目指すよう女の子たちを励ますのに多くの時間を割いた。

▲ **アメリカン・ドリーム**
第2次世界大戦後のアメリカでは、家をいつもきれいにし、家族のために料理をし、白い柵で囲まれた家で子どもを育てるという完璧な主婦のイメージがもてはやされた。

1969年のソ連には、

77万5000人

の女性エンジニアがいた。これは当時のアメリカのエンジニアの総数とほぼ同数だ。

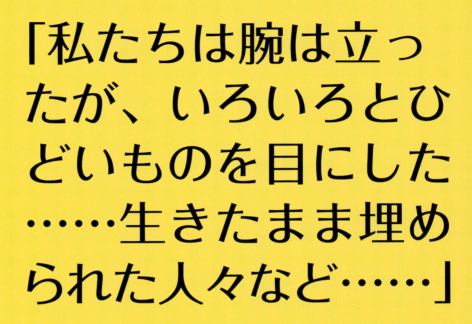

「私たちは腕は立ったが、いろいろとひどいものを目にした……生きたまま埋められた人々など……」

ファン・ンゴク・アイン
北ヴェトナム軍の女性

戦闘と共産主義

　ヴェトナム戦争中、ホー・チ・ミン（北ヴェトナムの共産主義指導者）は、戦争遂行努力において、女性は男性とともに重要な役割を果たすという立場を明確にしていた。そのため女性は、戦争の恐怖にまともにさらされた。多くの女性が北ヴェトナム軍に加わり、衛生兵や補給担当、爆弾処理チームなどの支援任務についた。ヴェトコンの一員として、水田や諜報機関でも働いた。役割がなんにしても、北ヴェトナムの女性はみな、武器の使い方や、接近戦での戦い方を教わり、一部の女性は（独身で子どものいない若い女性が多かった）戦闘任務についた。この写真の兵士たちは、1965年4月に、ハノイで米軍の空襲を撃退した自衛分遣隊の一部だ。

時代を超えて

兵役

歴史上には、戦闘に加わった勇敢な女性の物語がいくつもあるが、女性が戦闘任務に正式に加わるというのは最近の現象だ。今日でも、多くの国では女性が戦闘員になることが許されていない。

▲ **ソヴィエトの前進**
1917年のロシア革命（⇨ p.214-217）中、ボリシェヴィキに向かって進撃する婦人決死隊。婦人決死隊は第1次世界大戦中に結成された（⇨ p.200）。

> 「私は訓練を受けた通りのことをした。私たちはみな、あの戦闘を生き延びた」
>
> リー・アン・ヘスター軍曹　2011年

近代戦争の時代（第1次世界大戦勃発以降）に、軍隊における女性の役割が大きく変わった。現代的な技術と戦略を用いる戦争と位置付けられる近代戦争では、会戦が姿を消し、非軍事施設を正当な軍事目標とする〈徹底的な〉戦闘アプローチが一般的になった。

女性は古くから軍隊のなかで、看護師や運転手、秘書のような補助的な職務についてきたが、20世紀と21世紀には、女性が戦闘任務につくことを阻んできた壁の多くが崩壊した。それによって女性兵士はもはや例外的な存在ではなくなった。東欧諸国では、女性は19世紀から戦闘員の任務についていた。ハンガリーでは、1848年の独立戦争で女性が〈治安警備隊員〉になった（⇨ p.130-133）。女性が戦闘員の階級に昇格することを認める国は増えつつあり、女性は軍隊のあらゆる職種につくようになっている。現在では、スカンディナヴィア諸国のすべて、東欧諸国の大半、フランス、ドイツ、オランダ、カナダ、オーストラリア、ニュージーランドでは、女性が戦闘任務につくことができる。イスラエル、エリトリア、北朝鮮も同様だ。アメリカも2013年に、それまで禁止していた女性の戦闘参加を解禁した。

戦闘での課題

戦闘に参加する女性は、身体面と精神面の両方で課題に直面する。軍人や一般市民の多くは、女性が身体的に劣っており、〈感情的な〉心理状態になりやすいとされることを挙げて、戦闘任務を与えるべきではないと考えている。そのため女性兵士は、仲間に自分の能力を証明するために闘う必要がある。アメリカで女性の戦闘参加が解禁さ

兵役

ドロシー・スワードルックによる〈フィフィネラ〉をあしらったアメリカ女性航空部隊のワッペン

れた2013年、アメリカ海兵隊のケイティー・ペトロニオ大尉はこの決定に反対し、継続的な戦闘活動は女性の体に負担となり、それは男性への負担よりもはるかに大きいと主張した。

戦闘に参加する女性は、同僚の男性兵士からの扱われ方の面では、1世紀前に補助的任務についた女性軍人と同じ問題に直面してもいる。入隊した多くの人々にとって、軍隊での任務はやりがいがあるものだが、女性は暴行や嫌がらせ、レイプと闘わねばならないのだ。北朝鮮の元兵士イ・ソヨンは2017年のインタビューで、戦闘任務につく女性へのレイプは日常的に起こっていたが、誰も上官に不利な証言をしようとしなかったと証言した。同様の風潮は、米軍内での性的暴行を題材としたドキュメンタリー映画『見えない戦争』（2012年）でも明らかにされた。性的暴行の問題は、世界中の男女平等の軍隊に残っている。皮肉なのは、女性戦争捕虜が敵国にレイプされる恐れというのが、女性を戦闘任務につかせることへの反対理由でありつづけていることだ。女性の同僚が暴行されているのを目にすれば男性兵士の士気が落ちるというのである。

歴史を変えた女性
武器を取った女性たち

マリア・ウィテック（1899-1997年）　ポーランド軍史上初の女性将軍。若い女性に軍の生活への準備をさせる〈女性軍事訓練隊〉のリーダーにつく。1919年、ウクライナでボリシェヴィキ軍と戦い、1920年にはリヴィウ防衛に参戦して、当時のポーランドで最高位の勲章であるヴィルトゥチ・ミリタリを授与される。

リナ・オデナ（1911-1936年）　スペイン内戦（1936-1939年）のミリシアナ（女性民兵）。当初から反ファシズム抵抗運動のリーダーとして民兵隊を組織し、指揮する。グラナダ戦線での偵察任務で死亡する。敵に囲まれたオデナは、自分が知る秘密を守るため、そして捕虜になるのを避けるために、自分の頭を銃で撃った。

サビハ・ギョクチェン（1913-2001年）　トルコ女性初の攻撃機パイロットであり、世界初の女性戦闘機パイロット。トルコの革命指導者ムスタファ・ケマル・アタテュルクの養女であり、彼の命により軍事教育を受け、1937年のデルスィム反乱で初めて飛行機で戦闘に参加した。作戦中に爆弾を投下して敵に損害を与えたことで、メダルと感謝状を贈られている。

シモーネ・スガン（1925年-）　フランスの元レジスタンス闘士で、第2次世界大戦中はニコル・ミネの偽名で通っていた。18歳で共産主義者と国家主義者のグループであるフランス義勇パルチザン隊に加わり、シャルトル解放の戦いでは25人のドイツ兵を捕虜にした。名誉あるクロワ・ド・ゲール勲章を受けている。

スールヴァイグ・クレイ（1963年-）　ノルウェー海軍に所属し、1995年に女性では世界初の軍用潜水艦艦長になり、485tのコッベン級潜水艦を指揮した。ノルウェーは1985年に初めて、女性の潜水艦乗務を認めたが、多くの国ではいまだに女性の潜水艦乗務は禁止されている。クレイは2012年にはノルウェー潜水艦隊の最高司令官になった。

リー・アン・ヘスター軍曹（1982年-）　アメリカ陸軍の州兵。2005年にイラクでの戦闘行為でシルバースター勲章を受けた。アメリカ人女性で初めて、この勲章を戦闘によって授与された。また銃撃戦で、手榴弾で3人の反乱者を殺害し、自分の部隊を安全な場所に動かしており、近接格闘でこの勲章を授与された初めての人物になった。

▶ **銃を構える**
ロシア軍との合同軍事演習に参加するスウェーデン軍の女性兵士（2007年12月）。スウェーデン軍では1989年からすべての職務が女性に開かれている。

分断された南アフリカ

アパルトヘイトへの抗議

南アフリカのアパルトヘイトは、白人の政府が住民を〈白人〉〈カラード〉（黒人と白人の混血）〈黒人〉〈インド系人〉に分類するという、極端な形の人種差別だった。〈アパルトヘイト〉はアフリカーンス語で〈分離〉を意味し、少数派の白人を支配階級に指定する一方で、重い制約を課す人種差別法によって、非白人の住民を貧困に陥れ、強制的に働かせた。

黒人女性は南アフリカで政治的な力が最も弱かったが、大勢の人々を動員し、最も成功したアパルトヘイト抗議運動を開催するうえで、触媒として機能した。1913年に南アフリカ政府は、すでに男性に適用されて評判が悪かった〈パス（許可証）法〉の対象を女性にも拡大しようとした。許可証は、通行が許されている場所の証明となるもので、黒人が隔離地区の外に出ることを制限していた。活動家であり、演説家でもあったシャルロット・マセケをリーダーとして、パス法拡大への反対運動を展開した結果、1920年に政府は、許可証の対象を黒人男性に限るとした。

女性とアフリカ民族会議

1912年、黒人の選挙権獲得を目指して、さまざまなアフリカ人グループが集まってアフリカ民族会議が結成された。アフリカ民族会議は1940年代以降、アパルトヘイトの終結を目標とした。女性がアフリカ民族会議への参加を許されるようになったのは、1943年にアフリカ民族会議女性同盟が結成されてからだ。その後1954年には、ともに共産党員のレイチェル・〈レイ〉・シモンズとヒルダ・バーンスタインが、初の幅広い女性グループとして南アフリカ女性連盟を創設した。

1952年にアフリカ民族会議とアフリカ民族会議女性同盟は、〈不平等な法律に対する不服従運動〉を始めた。これは初めての多人種による大規模アパルトヘイト抗議運動であり、運動中に8000人が逮捕された。女性はこの抗議運動にとってきわめて重要だった。労働組合員のビビ・〈アサ〉・ダウッドは、この運動に約800人のボランティアを集めたし、リリアン・ンゴイは、説得力のある演説と、組織をまとめ上げる力で有名になった。1955年に、政府はふたたび女性の許可証の携帯義務化法案を発表する。これに対して、1956年8月9日に2万人の女性が、「プレトリアノ大統領官邸ユニオンビル」前でデモ行進した。最終的に女性は許可証をもたされたのだが、この抗議行動は人々の心に深く刻まれ、8月9日は〈南アフリカ女性の日〉になっている。

アパルトヘイト終結への努力は長く、つらいものだったが、1994年にはついに廃止された。女性の参加がなければ実現しなかった結果だ。女性は1994年以降、南アフリカの政治に参加しつづけている。アパルトヘイト反対運動を率いたが、物議を醸すこともあった活動家のウィニー・マンデラ（〈国家の母〉として知られる）は、議員を務めることにもなった。

> **1982年には働く黒人女性の 50% が白人家庭に雇われていた。**

▼ **多人種の会議**
不服従運動の最中に、南アフリカのジャーミストンで抗議のデモ行進をする、アフリカ民族会議女性同盟の多人種からなるメンバー（1956年）。

▶ **多様性のなかでの結束**
1984年にオランダで作成された「アパルトヘイトに反対する女性」のポスターは、世界各国の女性権利活動家が、人種を問わず、アパルトヘイトに反対していることを示している。

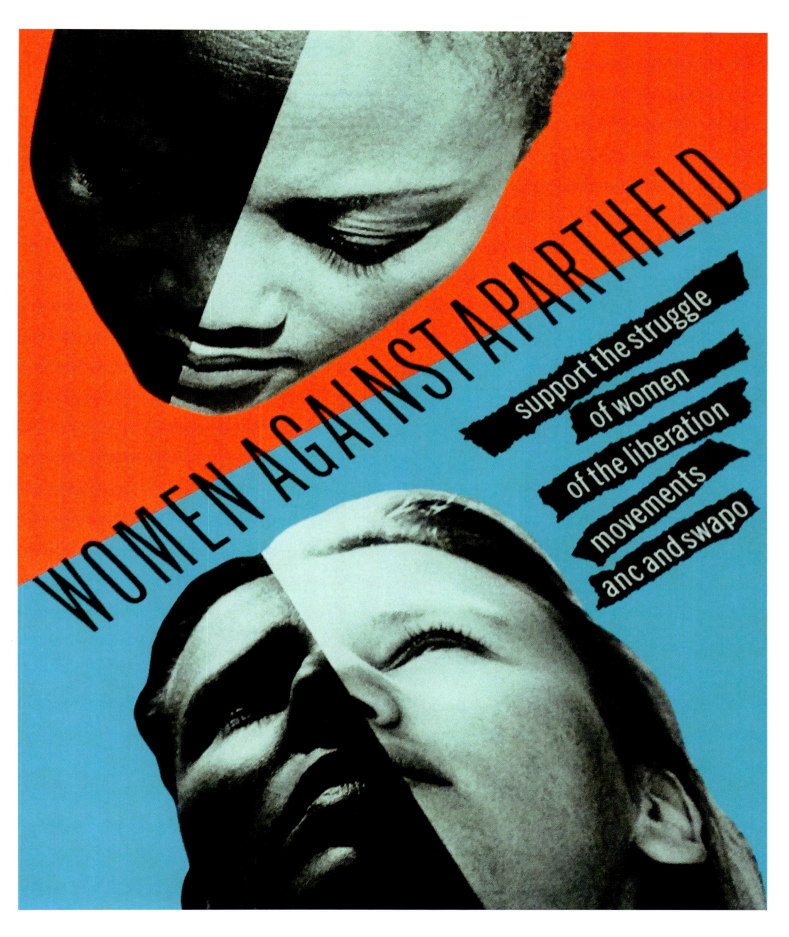

公民権
の行進

人種平等を目指す闘い

アメリカでは、20世紀半ばの公民権運動がジム・クロウ法に抗議した。この法律は、アフリカ系アメリカ人をあざ笑う19世紀のショーにちなんでおり、非白人市民を白人市民から隔離して、二級市民扱いするものだった。一方で公民権運動は、1950年代当時の性的役割の考え方を反映していた。男性は指導者の立場で白人支配階級と交渉したが、女性は運動の舞台裏で調整やパンフレットの印刷、募金運動などをしていたからだ。のちに公民権運動の象徴になるローザ・パークスが、1943年の全米黒人地位向上協会（NAACP）の会議に女性で唯一参加したときは、議事録係だった。数多くの女性が公民権運動の基礎を築いたが、運動への貢献は十分に評価されなかった。

黒人女性は昔から積極的行動を取ってきた。アイダ・ウェルズ・バーネットやメアリー・マクロード・ベスーン、マリー・チャーチ・テレルは、奴隷制度後の厳しい環境にありながら、黒人女性を結集させて、アフリカ系アメリカ人の政治的権利と社会福祉向上を世に訴えた。公民権運動の初期にも、黒人女性は大胆な姿勢を示した。パウリ・マレーは1940年に、バスの後方に移動することを拒んで逮捕された。また法科学生として座り込み運動を指揮し、レストランでの人種隔離待遇を撤廃させた。マレーの法律分野の著作は、学校での人種隔離を撤廃する画期的な判決を出した、1954年の最高裁裁判に影響を与えた。この判決以前は、白人と黒人の生徒を〈分離すれども平等に〉扱うことが原則とされていた。マレーは、ジム・クロウ法だけでなく、性差別への反対運動にも参加し、ジェーン・クロウという言葉を生み出した。1955年には、弁護士のドヴィ・ジョンソン・ラウンドツリーが、州間バスをめぐる人種隔離法に異議を申し立て、裁判に勝っている。

不服従と抗議

公民権運動が勢いを増すなかで、サウスカロライナ州の教師セプティマ・クラークは、黒人市民に選挙権について教える研修会を開いた。シカゴ生まれのダイアン・ナッシュは、1960年にテネシー州でジム・クロウ法に抗議する座り込みをして投獄されたのち、学生非暴力調整委員会（SNCC）の力となった。SNCCを指導した活動家のエラ・ベイカーは、黒人と白人両方の学生の情熱を生かそうと、2人の白人女性を採用した。また黒人の有権者登録を推進するために、市民的不服従による大規模抗議活動を実施した。元農民のファニー・ルー・ヘイマーは、十分な教育を受けていなかったが、SNCCの支援で政治家になり、白人ばかりの南部民主党員グループに代わって、ミシシッピ州自由民主党が1964年の民主党全国大会に出席するよう尽力した。女性たちは、公民権運動での積極的行動で成果を挙げていたが、公民権運動で最大の抗議行動である1963年のワシントン大行進では、スポットライトの外にいた。この大行進で、表に出る重要な役割を果たしたいという女性たちの強い願いは無視された。

▶ 獄中の活動家
共産党員で、過激なブラック・パンサー党のメンバーのアンジェラ・デイヴィスは、1970年に脱獄と殺人に関与したとして逮捕された。18カ月にわたり投獄されたことで、デイヴィスと他の政治囚人の釈放を求める全国規模の運動が始まった。デイヴィスは1972年に釈放された。

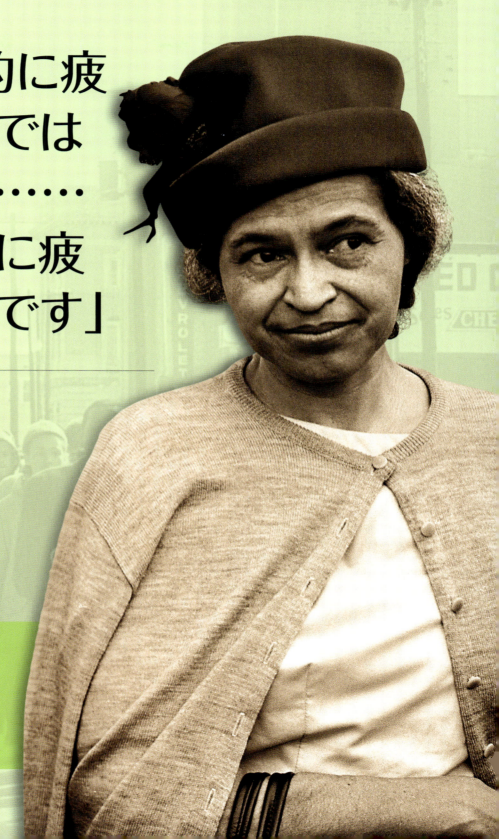

「私は身体的に疲れていたのではありません……屈することに疲れていたのです」

▼ ローザ・パークス　公民権活動家　1956年

▲ 抗議の列
アラバマ州マリオンで公民権を求めてデモ行進をする男女（1965年）。

▶ バスの最前列で
裁縫士のローザ・パークスが1955年12月1日にアラバマ州モンゴメリー市で、白人乗客に席を譲ることを拒んだのがきっかけで、1年にわたるバス・ボイコット運動が始まり、モンゴメリー市や他の土地のバスでの人種隔離撤廃につながった。パークスはこの事件で公民権運動の象徴になった。

マヤ・アンジェロウ 269

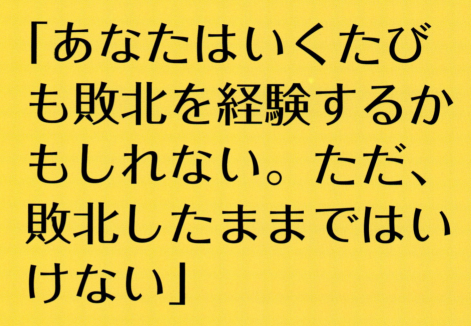

「あなたはいくたびも敗北を経験するかもしれない。ただ、敗北したままではいけない」

▼ **マヤ・アンジェロウ** 詩人、公民権活動家

人種差別と抑圧への抵抗
　芸術分野での業績で知られるマヤ・アンジェロウは、1960年代の公民権運動（⇨ p.266-267）にも、資金集めや、ボイコットやデモ行進の計画という形で関わった。1960年にニューヨーク市ハーレムでキング牧師の演説を聞いたアンジェロウは、やがてキング牧師とマルコムXの両方と友人になった。1968年のキング牧師暗殺に深く悲しみ、自伝『歌え、翔べない鳥たちよ』（1969年）を書いた。さまざまな世代の人々が、アンジェロウの著作の強さと希望の声に励まされて、人種差別と抑圧に抵抗した。この1963年撮影の写真では、アンジェロウが故郷と呼んだニューヨーク市で、公民権活動家が差別的な雇用慣習に抗議している。

ガラスの天井を打ち破る

◀ **芸者の音楽**
この19世紀後半の写真では、芸者が日本の伝統音楽を演奏している。地方と呼ばれる芸者は、非常に幼い頃から三味線などの楽器の演奏を習う。

時代を超えて

音楽

中世時代から、女性はさまざまな音楽ジャンルで、作曲者と演奏者の両方として重要な存在だった。現在、女性音楽家の数はこれまでになく増えたが、音楽業界で責任ある立場にある人々の大多数はいまだに男性だ。

音楽における女性の役割は、昔はきわめて制限されていた。中世ヨーロッパの女性の音楽との関わりは、修道院の礼拝で歌われる典礼聖歌に限られていた。この分野で最も有名なのが、知られる限り最初の作曲家の一人である、11世紀のベネディクト会修道院院長ヒルデガルト・フォン・ビンゲンだ。ただし、その功績が歴史家に認められたのはつい最近である。ラインラント地方の人里離れた修道院で69曲ほどを作曲し、その多くが今日でも演奏されている。

対照的に、ルネサンス時代の貴族女性には音楽の素養が求められた。16世紀後半には、イタリアのフェラーラでコンチェルト・デッレ・ドンネが結成された。これは女性歌手の小さな合唱団で、歌のうまさが評判になったため、すぐにほかにも女性合唱団が生まれた。こうした成功は、のちに女性がオペラの世界の名声を、カストラート(大人になっても高音が出せるように訓練された男性歌手)と争う道を開いた。

17世紀に始まったバロック音楽時代には、新しいジャンルであるオペラの世界で女性に新たなチャンスがめぐってきた。イタリアのフィレンツェ出身のフランチェスカ・カッチーニは最初の女性オペラ作曲家とされており、「アルチーナ島からのルッジェーロの救出」(1625年)という作品が現存している。バロック時代の器楽曲の作曲者には、イタリアの修道女イサベラ・レオナルダやフランスのハープシコード奏者エリザベト・ジャケ・ド・ラ・ゲールがいた。

現代の音楽家

18世紀後半にヨーロッパで宮廷が消滅したのち、勢いをつけた中流階級が少女たちに音楽を習わせたことが、女性音楽家の活躍につながった。19世紀には、女性の演奏技術が評価されはじめ、クララ・シューマンのような演奏家が注目されるようになる。イギリスでは、エセル・スマイス作曲の「女たちの行進」が女性参政権運動を象徴する曲になった。

20世紀には、オーケストラが男女混成になり、女性の

音楽 271

指揮者や作曲家の活動の場がさらに広がった。ジャズの世界では、ビリー・ホリデイやアーサー・キットといったアフリカ系アメリカ人女性がジャンル全体に大きな影響を与えた。20世紀中頃からは、女性がさまざまなジャンルの音楽をつくり、演奏するようになる。マドンナのようなポップ・アーティストが超スーパースターの地位を得て、影響力の大きなロール・モデルになった。現在では、レディー・ガガなど多くのポップ・スターが、音楽業界のビジネス面での性差別についてはっきりと発言し、自分の音楽によって女性の権利を主張している。

アウシュヴィッツの女性オーケストラ 映画『ファミリア歌いなさい』（1980年）

「ポップ・スターでいるのはもうたくさん。ホット・ガールにはなりたくない。象徴的な存在になりたい」

ビヨンセ　シンガーソングライター

▼ ガールパワー
イギリスのガール・グループのスパイスガールズは、フェミニズムを〈ガールパワー〉として大衆化しつつ、自分たちのセクシュアリティや、女性同士の固い友情の力を尊重する姿勢を示した、象徴的なポップ・グループである。1997年のブリット・アワードで撮影。

歴史を変えた女性
音楽のつくり手たち

カシア（9世紀）　ビザンチン帝国の貴族出身で、皇帝テオフィロスの花嫁候補だったが、自らの修道院を開くことを選び、そこで典礼音楽を作曲する。カシアの作曲とされる作品には疑問のあるものが多いが、マグダラのマリアについての賛美歌で最もよく知られており、とくにギリシャ正教会ではいまでも重要である。

ヒルデガルト・フォン・ビンゲン（1098-1179年）　ドイツの修道院院長、科学者、神学者、著述家、作曲家。知られている数少ない中世の女性作曲家の一人であり、その音楽は旋律とラテン語の歌詞からなり、神聖な礼拝で用いられた。今日でも重要な作品が、現存する最も古い道徳劇『オルド・ヴィルトゥトゥム』（徳目の秩序、1151年頃）で、ヒルデガルトはセリフと音楽の両方を手がけた。

クララ・シューマン（1819-1896年）　天才少女と呼ばれたピアニスト。大規模な演奏旅行と完璧な演奏技術で、同時代の男性ピアニストと変わらぬ尊敬を集めた。ピアノリサイタルを世に広めるのに貢献した。楽譜なしでピアノのソロ演奏をしたが、これは同時代のコンサートでは珍しかった。

ナディア・ブーランジェ（1887-1979年）　20世紀で最も影響力の大きい音楽教師。作曲活動は妹リリの没後にやめたものの、指導を求める人々がフランスに多数押しかけてくるほどの名声を誇った。弟子には、アーロン・コプランド、テア・マスグレイブ、フィリップ・グラス、レナード・バーンスタインなど、20世紀を代表する著名作曲家がいる。

ビリー・ホリデイ（1915-1959年）　史上最も著名なジャズ歌手の一人。つらい子ども時代を乗り越え、正式な音楽教育を受けなかったにもかかわらず、高い評価を得るようになる。キャリア絶頂期には、カウント・ベイシーやベニー・グッドマン、アーティ・ショウと共演した。最も影響力の大きい曲が、アメリカ南部の人種差別について歌った「奇妙な果実」で、これは20世紀で最も重要なアメリカの歌の一つだ。

マリン・オールソップ（1956年-）　2007年、アメリカの主要オーケストラのボルティモア交響楽団で、女性初の音楽監督に就任する。レナード・バーンスタインと小澤征爾に指揮を学び、アメリカのコンテンポラリー音楽に力を注いだことでおもに知られる。ロンドン・フィルハーモニー管弦楽団など、多くのオーケストラで指揮をしている。

個人的なことは政治的なこと

第2波フェミニズム

1960年代の政治や社会に急激に広がり、1980年代末または1990年代初頭まで続いた第2波フェミニズムは、女性解放運動（ウーマン・リブ）と呼ばれることが多い。西側先進国で始まったが、最終的には世界中に広がった。この運動は、第1波フェミニズムではさまざまな成果があったものの、社会の多くの面が本質に性差別的であり、女性を抑圧するか、差別するようにできているという問題意識に根ざしている。1963年、ベティ・フリーダンは著書『新しい女性の創造』で、中流階級の白人女性がいかに抑圧されているかを示した。続いて発表された評価の高い著作の一つである、ジャーメン・グリアの『去勢された女』（1970年）では、女性の体は、女性を〈その他〉扱いするために利用され、それが差別につながっていると主張した。

アメリカのウーマン・リブが始まるきっかけは、社会に広がっていた積極的行動主義の空気だった。1960年代は、公民権運動の行進から、ヴェトナム戦争に反対する学生の座り込みやデモまで、さまざまな抗議行動の時代だった。男性活動家たちが女性の問題を取り上げないのを知った女性活動家が、彼らと決別して活動しはじめたのがウーマン・リブ運動につながった。1968年には、アメリカ初の全国女性解放運動大会がシカゴ近郊で開催された。同年、400人のフェミニストがミスアメリカ・コンテストの会場で、女性のモノ扱いに抗議したことで、ウーマン・リブは新聞のトップ記事になった。

始まり

ウーマン・リブはアメリカの外にも広がった。メキシコでは、女性は全員子どもを産むべきという考えに反対する女性たちが、〈母への記念碑〉の前で抗議活動をした。ニュージーランドでは、フェミニストたちが女性客お断りのパブに押し寄せた。一方イギリスでは、1970年にシーラ・ローボサムやジュリエット・ミッチェルなどのフェ

▼ **ミスアメリカはいらない！**
1968年にアトランティックシティのボードウォークで、毎年開催されるミスアメリカ・コンテストが女性をモノ扱いし、美の基準を一方的に押しつけていると抗議する人々。

おもな出来事
第2波

ウーマン・リブは幅広い運動だった。北米やヨーロッパ、オセアニアの女性たちは、共通の考えをもちつつ、自分の国で権利を主張した。

1900

- **1966年** アメリカで全国女性機構（NOW）が設立される。
- **1968年** イギリスのフォード自動車工場の女性労働者たちが、男女同一賃金を求めてストライキを行った。
- **1970年** オーストラリアのフェミニストのジャーメン・グリアが『去勢された女』を刊行した。
- **1971年** イタリアのフェミニストが、国際家事労働賃金化運動を立ち上げた。343人のフランス女性が、妊娠中絶の権利を支持する嘆願書に署名するとともに、中絶処置を受けたことがあると認めた。
- **1973年** ロー対ウェイド裁判最高裁判決により、アメリカでの妊娠中絶が合法化された。『からだ・私たち自身』が発表された。
- **1974年** フランスの政治家シモーヌ・ヴェイユが避妊の普及に取り組む。1年後、ヴェイユの活動が妊娠中絶の合法化につながる。
- **1975年** アイスランドの女性たちが、男女の賃金格差に抗議してストライキを行う。スーザン・アレクサンダー・スピースが行きずりの犯人に殺された事件を受けて、フィラデルフィアで初の〈夜を取り戻せ〉行進が行われる。
- **1981年** イギリスのグリーナム・コモンに、核兵器使用に反対する女性だけのキャンプが設置される。コロンビアのボゴタで、初のラテンアメリカ・カリブ海諸国フェミニスト会議が開かれる。

▶ 1969年にサンフランシスコのデパートの前で開かれた、**女性のモノ扱いの象徴であるブラジャーへの抗議集会。**

ミニストたちが、初のイギリス女性解放運動大会をオックスフォードで開催した。ウーマン・リブに上下関係はなく、リーダーもいなかった。女性たちは大西洋の両岸で、女性の日常的な抑圧経験についての関心を高めようと、〈意識高揚〉グループをつくって経験を共有した。フェミニストは、健康や生殖、家事、セクシュアリティ、結婚、母性をめぐる女性の個人的な経験は、政治的な問題なのだと主張した。これは、ウーマン・リブをほかの急進的な運動とはっきり区別する力強い主張だった。

1970年代には、ボストン・ウィメンズ・ヘルス・ブック・コレクティブが、女性に自分の受ける医療について教える『からだ・

> 経口避妊薬は
> **1960年5月9日**
> にアメリカ食品医薬品局に承認され、アメリカの女性が自分の体をもっとコントロールできるようにした。

私たち自身』という本を発行する。こうした流れのなか、男性中心の医療界に異議を唱え、女性が自分の受ける医療や妊娠のコントロールについて、情報に基づいて発言する権利を強く要求する運動が始まった。やがて妊娠中絶の権利を求める運動が活発になり、1973年のロー対ウェイド裁判でアメリカでの中絶を合法化する判決が出て、運動は大勝利を収めた。

男女平等

フェミニストは、大学への女性学コースの導入や、女性の貢献に焦点をあてた歴史研究、女性をモノ扱いするメディアへの批判といった方法で、

個人的なことは政治的なこと

性差別との闘いに積極的に取り組んだ。アンドレア・ドウォーキンらは、ポルノグラフィが女性をおとしめ、レイプや暴力を助長しているとして、ポルノ反対運動を行った。1970年代からは、〈夜を取り戻せ〉という抗議デモが、女性に対するレイプや性的暴行、暴力の問題に抗議し、問題への関心を高めた。家庭内暴力も重要な問題になり、フェミニストたちは女性を保護するシェルターを設立し、警察と司法の両方にこの問題への対処を要求した。

1960年代、女性は男性よりも賃金がかなり安かった。1968年には、イギリスのダゲナムのフォード自動車工場で、200人の女性労働者が賃金の男女平等を求めてストライキをし、生産を停止させた。アイスランドでは1975年10月に、男女間の賃金格差と不当な労働慣習に抗議して、全女性労働者の90%がストライキをし、この行動がきっかけで、翌年には新しい法律ができた。フェミニストは、女性が職場で直面する壁を指摘し、託児所の設置と保育無料化を求めて闘った。さらに、女性が組織のトップの地位につくことを妨げる〈ガラスの天井〉という概念をつくり出した。

80年代フェミニズム

1980年代には、第2波フェミニズムは世界中に広まっていき、ヨーロッパ各地や、中国、南米、アジアで抗議行動が実施され、抗議団体が生まれた。それは統一された運動ではなかった。抑圧に対する闘いを階級闘争と結びつける社会主義フェミニストもいれば、男性と同等であることを目指す平等派フェミニストや、男性上位の世界そのものが女性の抑圧の原因であり、大規模な改革を主張するラディカル・フェミニストもいた。非白人女性は1970年代から、フェミニズムの考え方が圧倒的に白人中心だと批判しており、そこからコンバヒー・リヴァー・コレクティヴ（1974年にボストンで設立された黒人のレズビアン・グループ）のような黒人やアジア系のフェミニスト・グループが結成された。1960年代のアメリカや1980年代のフランスでは、レズビアン活動家が、異性愛を重視するウーマン・リブの姿勢を批判した。なかには、政治的アイデンティティや抗議の手段として、女性にレズビアン関係を勧めた人もいた。

1980年代末から1990年代初めにかけて、運動としてのフェミニズムの人気は落ちていった。一部の評論家が〈バックラッシュ（反動）〉と呼んだ流れが強くなったためだ。アメリカで男女平等憲法修正条項が不成立になったことや、大量消費主義の台頭、新自由主義政治の広まりが原因となって、第2波フェミニズムは徐々に姿を消した。

▼ マルクス主義フェミニストのポスター
1960年代にイタリアのフェミニスト・グループは、女性共産主義者が男性の仲間から適切に扱われていないことに注目し、「女性の解放なくして革命なし」と主張した。

人物伝
グロリア・スタイネム

第2波フェミニズムの有名な代弁者で、1960年代初頭にジャーナリストとしての地位を築いた。妊娠中絶についての講演会に出席したのをきっかけに、熱心なフェミニストになり、1969年に〈ブラックパワーの後は女性解放〉という記事を執筆する。1971年には雑誌『ミズ』を共同で創刊する。同年、女性行動同盟と全国女性政治家集会を設立する。1979年には、女性器切除についての記事を書き、その習慣をアメリカの大衆に初めて知らせた。

「問題が一つだけの闘争はありません。問題が一つだけの人生はないのですから」

オードリー・ロード　ハーヴァード大学でのスピーチ　1982年

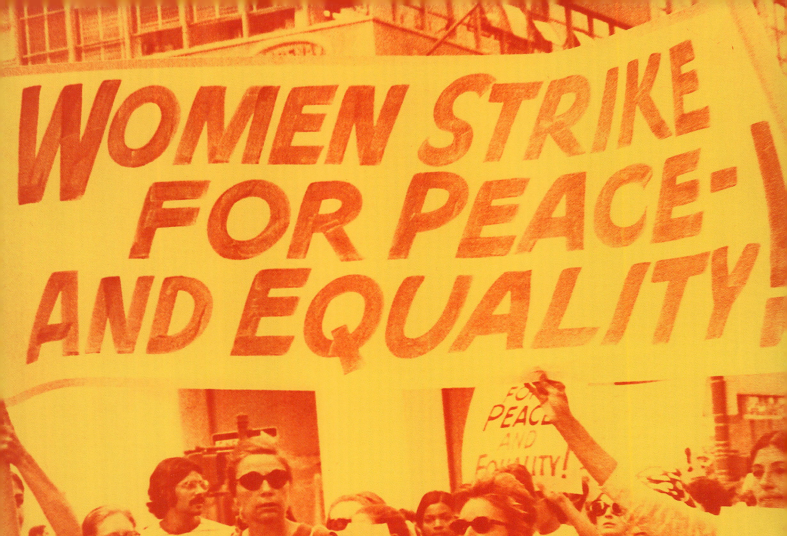

「暗くなったら、夕食をつくったり、愛し合ったりする代わりに、集まりましょう」

ベティ・フリーダン フェミニスト作家、活動家　全国規模の女性によるストライキの呼びかけで　1970年3月20日

いますぐ平等を

1970年にベティ・フリーダンは、全国女性機構の会長退任にあたり、女性に行動を呼びかける演説を行った。アメリカの理想化された主婦像を否定した、フリーダンの1963年の著書『新しい女性の創造』を読んで、多くの女性がフェミニスト運動に参加していた。そこでフリーダンは、デモ行進を行えば、広がりつつあった第2波フェミニズムのねらいや、その真剣さを示すことになると期待したのだ。1970年8月26日、フリーダンの呼びかけに応えた約5万人が〈平等のための女性ストライキ〉のデモ行進を行って、ニューヨーク5番街を埋めつくした。手には職場における機会均等や、中絶の権利、ヴェトナム戦争の終結を求める横断幕やプラカードを掲げた。

> 「若い女性は、結婚式の夜まで、子どもは庭で育つキャベツの葉のあいだで見つかるものだと信じているに等しい」

『既婚女性のための私的な医学手引き書』1855 年

避妊法の歴史

家族計画

　歴史を通して、女性とその性行為の相手は、望まない妊娠を防ごうと試みてきた。現在使われている避妊法は、長い歴史のあるものがほとんどだ。しかし避妊用具や性教育の普及は革命的だった。

妊具を入れて子宮頸部をふさぐか、精子を殺すかして妊娠を防ぐ方法だ。古代の避妊薬には数多くの処方があり、古代エジプトの調合薬には、クロコダイルの糞、ハチミツ、アラビアゴム、ガーゼなどが使われていた。古代ギリシャでは、シリフィウムという植物が避妊薬として愛用され、絶滅してしまったほどだ。エジプトの古文書のエーベルス・パピルス（紀元前 1550 年）によれば、女性は避妊薬を自分で調合したようだ。一方で、硬い材質の避妊具も使われていた。アフリカでは細かくした草や布でつくった詰め物が使われた。日本では竹でつくった紙が使われたし、毛織物（イスラム社会やギリシャ）や麻布（スラヴ系社会）も使われた。現代では、ドーム形のペッサリーが使

▲ 膣洗浄具
女性は妊娠を防ぐために、膣洗浄具を使って、水か殺精子剤を膣腔に注入していたが、すでに子宮に入り込んでいる精子を洗い流すことはできなかった。

　時代や文化をまたいで、最も広く使われている避妊法は膣外射精だろう。これはかつて、ヨーロッパ、アフリカ、オセアニア、中東などで一般的であり、あまりに広まったため、ユダヤ教とローマ・カトリックの両方の指導者が強く非難したほどだった。やはり事前準備や特別な道具のいらない別の似た方法に、陰茎を強く押して射精を止める方法があり、これは古代のサンスクリット文献に書かれている。一方、ヒンドゥー教では、保留性交という方法が実践されていた。しかしどちらの方法も、膣外射精ほど普及しなかったのは、男性にとってあまり心地良い方法ではなかったからだろう。

　男性が責任を負う方法とともに、女性は昔から、バリア法といわれる避妊法で妊娠を防いでいた。最も古くからあるのが、膣に避妊薬や避

> 「自制は最も望ましく……完全に無害な方法だ」

マハトマ・ガンディー　1930 年

われている。

　バリア法のなかで、今日まで最も多く用いられてきたのがコンドームだ。天然ゴム製コンドームの製造が始まったのは 19 世紀だが、古代エジプトの記録から紀元前 1000 年にはすでにある種のコンドームが存在していたことがわかっている。古い時代のコンドームは、現代のものほど使用感が良くなかった。羊の腸などの動物性の膜からつ

くられることが多く、動物の角や貝殻で間に合わせることもあった。コンドームは高価でもあった。19世紀末のイギリスでは、高ければ1ダース10シリングもした。これは平均的な給料1週間分だった。

現代の方法

避妊法のある時代になっても、多くの女性が、生殖器系についての知識不足や、避妊具が入手できないせいで、いまだに望まない妊娠をしていた。たとえば1873年にはアメリカ議会で、わいせつ物の郵送を禁止するコムストック法が可決され、避妊が実質的に非合法化された。20世紀への変わり目には、イギリスの性教育者マリー・ストープスが避妊法を広めようとした。またアメリカのマーガレット・サンガーは1920年代に〈産児制限〉という用語をつくり出すことで、避妊への抵抗感を減らそうとした。

20世紀には、避妊法に最大のイノベーションが起こった。1930年代から経口避妊薬（ピル）の開発が進められ、1960年には初のピル〈エノヴィド〉がアメリカの食品医薬品局に承認されたのだ。ピルは女性の生活を大きく変え、妊娠の心配なしにセックスを楽しむ力も与えた。しかし1960年に最初にピルを服用した女性の一部が、血栓や脳卒中、うつといった症状が出たと報告した。1969年にはアメリカでバーバラ・シーマンが『ピルに反対する医師の主張』という本を発表し、ピルに関連する健康不安を明らかにした。シーマンの本をきっかけに開かれた、議会のネルソン・ピル公聴会では、活動家のアリス・ウルフソンが、製薬業界は1000万人のアメリカ女性を実験台にしたと非難した。妊娠するかどうか、するならいつするかを決められることは、就業機会や、収入を増やす力、大学への入学といった面で、女性に大きな社会的・経済的影響を与えてきた。現在、欧米女性の大半が避妊法を利用でき、ホルモン剤埋め込み法や子宮内避妊器具のような医療的方法に目を向ける女性も増えてきている。しかし、発展途上国ではいまでも推定2億2200万人の女性が、費用不足や供給不足、伝統的信仰が原因で、避妊具の入手に苦労している。

> 「女性の現代における解放は、生殖を自分で制御できる力と不可分に結びついている」
>
> カミール・パーリア『法律のない舞台』1995年

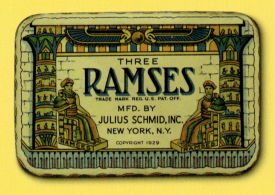

▲ **現代のコンドーム**
20世紀にはコンドームの大量生産が始まったが、産児制限に対する悪いイメージがあるため、目立たないパッケージで販売された。コンドームはふしだらな行動を助長するとされたのだ。このブリキ製のコンドーム容器は1979年にニューヨークでつくられた。

> 「自分の体を所有して管理していない女性は、自分が自由だとはいえない。自分が母になるかどうかを意識的に選べない限り、女性は自分が自由だとはいえない」
>
> マーガレット・サンガー『産児調節論』1920年

離婚革命

現代の離婚

1960年代と1970年代、大半の西側諸国の離婚法は、過失を前提とする制度だった。多少の例外はあったが、自分はしたくても相手がしたくなければ離婚は難しかった。離婚が認められるのは、配偶者が浮気、遺棄、性的不能などによって婚姻契約を破っていると申立人が証明できる場合に限られた。一部の学者はこの過失離婚制度が、不幸な結婚から逃れられないと感じた女性の自殺や夫殺しを招いたと指摘している。

共産主義体制下のソ連では、時代に先駆けて、双方とも責任を問われない無過失離婚が1917年から認められていた。それから50年近くたって、まず離婚法を緩和したのはイギリスとカリフォル

▼ **離婚法の維持を求める集会**
イタリアでは1970年に離婚法が導入されたが、その後この法律を撤廃すべきかどうかという議論が活発になった。写真は1970年代に離婚法の維持を求めて集会を開く運動家。

ニア州だった。1966年にイギリス国教会のカンタベリー大主教は、イングランドの伝統的な離婚法に代えて、配偶者の行為よりも結婚生活の実態を重視する法律を導入すべきだという報告書を発表する。これをきっかけに成立した1969年改正離婚法は、従来の過失離婚制度は残しつつ、〈関係の修復しがたい破綻〉を理由とする離婚も認めた。同年、カリフォルニア州も新しい離婚法を導入した。

離婚法の転換

1969年から1985年にかけて、西側諸国の大半では離婚法が大きく変わった。とりわけ大きく変化したのがカトリック主流国で、スペインやイタリアでは民事離婚が導入され、ポルトガルでは初めてカトリック信者の離婚が認められた。オランダや西ドイツ、スウェーデン、アメリカ19州では、離婚理由から過失が完全にはずされた。スウェーデンはとくに急進的な国で、1973年に、過失の証明や相手の同意、長期の別居期間がなくても、夫婦の片方が結婚を終わらせることを認める制度を導入した。非西側諸国の制度は国ごとに異なった。またインドなどの多宗教国家では、裁判官は夫婦の信仰によって異なる法律を適用した。

1960年から1990年のあいだに、アメリカの離婚率は1%から19%に増加した。同時に、ひとり親と暮らす子どもの割合も9%から19%に跳ね上がり、10代の母親のうち結婚していない人の割合も15%から68%に増えた。こうした数字は、結婚の非制度化が進んだことを反映していた。また時代精神が変化して、女性が前よりも気兼ねせずに、独身のままでいたり、自由を求めて結婚生活を止めたりするようになったことの表れでもあった。一部の学者は学術雑誌『ジャーナル・オブ・ディヴォース』で、この離婚革命によって〈成長可能性〉が高まったことで、母親たちは自立を楽しみ、自分の人生を自分で決めていると実感し、子どもとより良好な関係を築くことが可能になったと主張している。これと反対意見の学者たちは、女性は離婚革命で打撃を受けたと主張している。離婚の騒ぎが収まったら、女性はわずかな養育費だけで一人で子どもを育てるという経済的・社会的負担に直面しなければならないからだ。

▲ **公然のスキャンダル**
1980年代になるまで、女性が離婚するのは難しかった。この1906年の風刺画は、アメリカの資産家の娘アンナ・グールドが夫ボニ・ド・カステラーヌに対する起訴状をいくつも手にして離婚手続きにのぞむ、サーカスのような光景を描いている。

「女性の最良の友はダイヤモンドではなく、離婚弁護士だということを学びましたよ」

ザ・ザ・ガボール 7回離婚したハンガリー生まれの女優

ビジネス
への女性の進出

1980年代

女性たちは1980年代に、政治指導者や職場の専門職、ピケラインに立つ運動家など、いくつかの立場でガラスの天井を打ち破った。政治の世界では、ジェラルディン・フェラーロがアメリカ初の女性副大統領候補となり、マーガレット・サッチャーがイギリス初の女性首相を務めた。サッチャーが国内政治や国際舞台でみせた鋼のような決断力は、〈弱い性〉という女性への固定観念を覆した。

起業家

女性はそれまで男性が中心だった職業に参入しはじめた。アメリカでは1972年から1985年で、専門職に占める女性の割合が44%から49%に増加した。この期間には学位取得者の女性比率も増え、法律やビジネス、会計、情報科学の分野では3分の1に迫った。多くの女性が、執筆や不動産販売、在宅ビジネスなど起業家的な仕事を始めた。この起業家という新しい地位が家事と結びついて、マーサ・スチュワートのように、専業主婦としてのスキルを収益に結びつける女性も現れた。世界中の女性たちは、友人を自宅に招いて、タッパーウェアや化粧品、アクセサリーなどの商品を紹介

し、購入を勧める〈ホームパーティー〉ビジネスモデルの販売担当者としても稼ぎを得ることができた。

アジアなどの貧しい地域では、1983年に経済

「超保守主義の時代だった……前に押し進む勇敢な人たちが必要だった」

シンディー・ローパー　歌手　80年代のアーティストについて　2010年

◀ **負けても潔く**
1984年のアメリカ大統領選挙で敗北を認める、民主党の政治家ジェラルディン・フェラーロ。自分が副大統領候補になったことを、政界での女性差別が終わりに近づいている兆しだとした。

◀ **ワークアウト**
大半のジムが男性向けだった1982年に、VHSテープで発売された『ジェーン・フォンダのワークアウト』。女性に自宅で体を鍛えることを勧め、全世界で1700万本売れた。

学者のムハマド・ユヌスが小規模金融システムを始め、ビジネス志向の女性たちが融資を受けるようになった。たとえば、バングラデシュ農村部の女性グループは、竹製の椅子をつくっていたが、必要な材料を購入できずに地元の業者から金を借りていたため、借金漬けになっていた。ユヌスはこのグループに27ドルを貸し付けた。ユヌスのグラミン銀行はこれまで数百万人の個人起業家に融資している。

政治の世界で保守的な社会・経済政策が優勢になった1980年代に、女性たちはそうした政策への抗議運動に加わった。イギリスでは1981年に、政府がバークシャーのイギリス空軍基地への巡航ミサイル配備を決定したことに抗議して、同基地にグリーナム・コモン女性平和キャンプが設置された。1984年から1985年のイギリス炭鉱ストライキでも、女性たちは、炭鉱労働者の家族たちの苦難への関心を高めるために、〈炭鉱閉鎖に反対する女性たち〉という運動を立ち上げた。女性は男性とともにピケラインに立ち、ロンドンや海外で抗議集会を開いた。ストライキが終わっても、多くの女性は以前のような家庭生活に戻らなかった。社会に出て働いたり、理想のための運動を続けたりした。政治家の道を歩みはじめた女性もいた。

人物伝
マーガレット・サッチャー

　1925年に食料品店経営の家庭に生まれ、のちにイギリス保守党党首になり、さらに首相になる。3期の首相任期中、イギリス人の生活のほぼあらゆる面を変えた。多くの制度を改革し、労働組合の役割を縮小し、企業を民営化した。世界で最も影響力の強い指導者の一人であり、その独自の保守主義は多くの政治家の思想に刺激を与えたが、一方でそれを敬遠した人々もいた。2013年に死去した。

ガラスの天井を打ち破る

「平和的な方法で政権についたのですから、その平和を守るつもりです」

コラソン・アキノ アメリカ議会上下両院合同会議における演説　1986年

ピープル・パワー革命

コラソン・アキノは、夫のベニグノ・アキノ・ジュニアが1983年に暗殺されたのち、政界入りを選んだ。ベニグノは、フィリピン大統領フェルデナンド・マルコスの腐敗政治に反対する勢力の中心人物だった。1985年に、コラソンはマルコスに対抗して大統領選に立候補することを表明した。1986年2月7日の選挙で、マルコスは勝利を宣言したが、政府発表と他の情報源で得票数にずれがあったことから、選挙結果の不正操作が明らかになる。その後コラソン・アキノは、支持者（複数の軍高官を含む）とともに無血革命によってマルコスを失脚させ、2月25日に大統領に就任した。写真は、1986年2月8日にマニラのマカティ市庁舎で（民主主義を弱体化させようとするマルコスに抗議するため）全国的な経済ボイコットと非暴力運動を呼びかけるコラソン・アキノ。

ガラスの天井を打ち破る

蹴鞠を描いた中国の絵画　12世紀

女性の運動競技会で最も古いのは、古代ギリシャで女神ヘラを称えて行われたヘライア祭で、紀元前6世紀にオリンピアで開かれ、競走競技が中心だった。同じくオリンピアで開かれた古代オリンピックでは、ヘライア祭よりも種目数が多かったが、参加できるのは男性のみだった。近代オリンピックとして1896年に復活したときも、女子種目は認められなかった。1900年に女性の参加が始まったが、数種目に限られていた。フランスのアリス・ミリアなどの活動家のおかげで20世紀に女性の参加は拡大したが、夏季オリンピックの全競技に女子種目ができたのは、2012年のロンドンオリンピックだ。

歴史を振り返ると、すべてのスポーツが性別で分けられていたわけではない。紀元前3世紀の中国では、男性と女性が一緒に、球を蹴ってゴールに入れる蹴鞠という古い形のサッカーをしていた。蹴鞠の一種である白打は、球を操る技術に点をつける種目で、これも女性に人気だった。近代サッカーは19世紀後半に登場し、女性も数多くプレーしていたが、国や国際レベルの競技団体は女性の参加を制限した。1921年から71年まで、イングランドサッカー協会は会員クラブに対し、女性のチームにスタジアムを使用させることを禁じていた。女子サッカーワールドカップは1991年にようやく始まったが、現在では最も人気のある国際スポーツイベントの仲間入りをしている。2015年大会は、世界中で7億5000万人以上の

時代を超えて

スポーツ

スポーツ好きの女性たちは、プロとアマチュアのどちらでも試合に出る機会の平等のために闘う必要があった。現在では多くの女性がこれまでになくさまざまな競技で活躍しているが、賞金やメディア報道の面で男性と同等の扱いを求める闘いは続いている。

「時速110kmで投げる。それが女の子っぽく投げるってことよ」

モネ・デイヴィス　野球選手

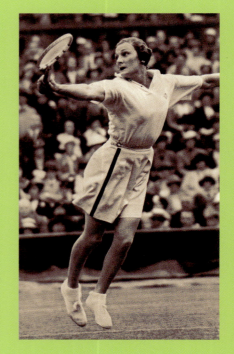

▶ 動きやすいテニス・ウェア
アメリカのテニス選手ヘレン・ジェイコブスは、4大大会で9回優勝し、全米選手権のシングルスで4回優勝した。1933年のウィンブルドンで、伝統を破って女性で初めて男性用デザインのショーツを着た。

▲ **雪上の冒険**
2014年冬季オリンピックで競技を行う、オーストリアのスノーボードのスター選手アンナ・ガッサー。スノーボード競技を始める前は、体操のオーストリア代表だった。

人々がテレビ観戦した。

賞金の格差

スポーツ界で男女格差がとりわけ大きいのが、金銭面だ。男性アスリートは女性アスリートより報酬が多いのである。アメリカでこの点に法的な面から初めて対処したのが、1974年女性教育衡平法（タイトルナイン）だ。この法律は、大学などは女性に対してスポーツ奨学金の機会を平等に提供しなければならないと定めている。1973年には、ビリー・ジーン・キングが男子テニスの元チャンピオンのボビー・リッグスと〈性別間の戦い〉と呼ばれる試合をした。テレビ中継され、9000万人が見守った試合で、キングがリッグスに勝ったことは、女性もスポーツに秀でていることを世間が認める大きな節目になった。

現在では、男女に同額の賞金を出す競技が増えたが、遅れている競技もある。ゴルフの全米オープンの優勝賞金は、全米女子オープンのほぼ2倍だし、クリケットのワールドカップでは、男子チームは女子チームの最大7倍の賞金をもらう。こうした賞金額の差は、テレビ放映権などのメディア権と関係していることが多い。男子種目の視聴者のほうが多いので、利益も多いとされているのだ。

歴史を変えた女性
スポーツ界のヒロイン

アン・グランヴィル（1796-1880年）　イギリスのボート競技選手として名声を得た。地方レベルで活動する女性の4人乗りボートチームの一員として、フリートウッドの大会で男性ばかりのチームに勝ち、観戦していたヴィクトリア女王から祝辞を受けた。1842年にはフランスのル・アーヴルの大会に向かったが、フランス側は女性との対戦を拒んだ。代わりにグランヴィルたちは、乗ってきた外輪船の男性乗組員と対戦して勝利した。

アリス・ミリア（1884-1957年）　教師であり、水泳、ボート、ホッケーの選手。オリンピックで女子が参加できる種目を増やすよう求め、拒否されると、1921年に国際女子スポーツ連盟を設立した。この団体がオリンピックにならった国際競技会として企画した国際女子オリンピックは、1922年の第1回パリ大会から合計4回開催された。

ベーブ・ザハリアス（1911-1956年）　初めはアメリカでバスケットボールの選手として活躍し、のちに陸上競技に転向した。1932年のロサンゼルスオリンピック代表となり、80mハードルとやり投げで金メダル、走り高跳びで銀メダルを獲得する。ほかのスポーツにも才能を発揮し、なかでもゴルフでは全米女子オープンで3回優勝している。

アンジェラ・ジェームズ（1964年-）　セントラルオンタリオ女子アイスホッケーリーグで競技生活を始め、1982年から1985年はセネカ・カレッジでプレーする。1990年に第1回女子アイスホッケー世界選手権でカナダを金メダルに導き、1992年、1994年、1997年と連覇を達成する。2000年に引退し、2010年にはもう一人の選手とともに、女性初のホッケーの殿堂入りを果たした。

シュテフィ・グラフ（1969年-）　13歳で、母国ドイツでプロテニス選手としてデビューする。1986年にツアー初勝利。生涯成績ではツアー通算107勝をあげる。1987年にチャンピオンシップスで初優勝し、通算優勝回数は22回を数えた。女子テニスの世界で圧倒的な力を誇り、1988年には男女合わせて唯一の〈年間ゴールデンスラム〉（1年間の4大大会とオリンピックをすべて制覇すること）達成者になった。

キャスター・セメンヤ（1991年-）　南アフリカ出身の中距離走のトップ選手。2009年に、ベルリン世界選手権の800mで金メダルを獲得するが、アンドロゲン過剰症（テストステロン血中濃度が高い）であることが論争を招き、性別検査を受けさせられた。一時は競技から離れたが、のちに復帰し、2012年と2016年のオリンピックで金メダルを獲得する。

危機と避難

難民と亡命希望者

1945年以降のヨーロッパとアメリカでは、世界規模の難民危機が現代政治における議論の焦点になってきた。20世紀を通して、戦争や政治的混乱、迫害、自然災害から逃れるために、故郷を離れる難民が絶えなかった。難民危機を引き起こした最大の要因は、第2次世界大戦や非植民地化（⇨ p.246-249）、冷戦の余波、そして20世紀末の中東の大混乱（とくにイラクとシリア）だ。今日、難民の少なくとも50%を女性と子どもが占めており、男性の数を上回ることもある。現在のシリア難民の70%以上が女性と子どもだ。どちらのグループも暴力や搾取の被害にとくに遭いやすい。

難民の定義

第2次世界大戦（⇨ p.234-237）で生じた難民危機への対応として、1950年に、難民に関連する国際機関である国連難民高等弁務官事務所が設立された。1951年には〈国連難民の地位に関する条約〉（難民条約）が採択され、ヨーロッパで発生した難民問題に取り組むための法的枠組みをつくった。この条約は1967年に、反植民地グループや新たな独立国からの要望に応えて、あらゆる国からの難民を対象とするよう枠組みが拡大された。難民の地位を定義するとともに、難民に自由に移動し、教育を受け、働く権利を与えた1967年の難民

▼ **家を追われた子ども**
3歳のベティ・マレクは、住んでいたアントワープがドイツ軍の空爆に遭い、身の回りの品やおもちゃをもってロンドンに到着した（1940年5月）。

おもな出来事
難民危機

1951年以降、国連は世界中の難民を支援する取り組みを進めているが、難民女性の苦難が注目されるようになったのはごく最近のことだ。

1900

- **1939-1945年** 第2次世界大戦によってヨーロッパで4000万人が住む場所を失った。映画のモデルになったマリア・フォン・トラップはその一人で、1942年にオーストリアからアメリカに逃れた。

- **1951年** 国連が〈難民の地位に関する条約〉で難民の地位を定義し、難民が亡命する権利を定めた。

- **1956年** ハンガリー革命が起こり、20万人が国外に逃れた。

- **1975年-1990年代** ヴェトナム戦争後、共産党政府の迫害を逃れるため、数百万人がボートで国外に渡った。この難民のなかには、アメリカ人男性とのあいだに子どもをもうけていた女性もいた。

- **1979年** ソ連のアフガニスタン侵攻で630万人の新たな難民が生まれた。この難民のなかには、2017年にカナダの女性の地位大臣になったマリアム・モンセフがいる。

- **1989年** 女性難民委員会が、国際救済委員会の一部として設立される。2014年には独立した機関になる。

- **1992年** モザンビーク内戦で570万人が住む場所を失う。

2000

- **2005年** アメリカ軍がイラクに侵攻する。この戦争で190万人が住む家を失う。

- **2009年** アメリカのオバマ大統領が、外国女性は家庭内暴力から逃れるためにアメリカに政治亡命できると裁定する。

- **2011年** シリアの内戦で、安全な場所を求めて1200万人が家から逃れる。その大部分が女性だった。

- **2013年** スーダンで内戦が勃発する。200万人以上が家から避難する。

- **2015年** ロヒンギャ難民危機で〈ボート・ピープル〉がミャンマーから脱出する。ロヒンギャ難民の推定80%が女性と子どもである。

◀ ヴェトナム人の女性と子どもを守る**アメリカ海兵隊員**（1965年）。この年、300万人が北ヴェトナムから南ヴェトナムに逃れた。

▶ **紛争を逃れて**
欧州対外国境管理協力機関とギリシャ沿岸警備隊に救助されたのち、ほかの移民や難民とともにギリシャのレスボス島に到着した、子どもを抱いた母親（2016年）。

「家がサメの口のようにならない限りは、誰も家を離れたりしない」

ワーザン・シャイア　詩人、難民の代弁者

条約には、国連加盟国の大半が署名した。しかしそれ以来、条約締約国の多くが、自国の国境線に難民が来るのを阻止しようとしてきた。

歴史的な規模の避難民

第2次世界大戦後、4000万人以上の人々が、大量虐殺や戦闘で家を追われた。ヨーロッパだけでなく、エジプトやパレスチナ、シリアで、難民に避難所を提供する難民キャンプができた。こうしたキャンプは、ソ連軍の侵攻から逃れてきたブルガリアやユーゴスラヴィアなどの東欧諸国からの難民や、ギリシャやトルコからの難民に住まいを提供した。ガザ地区のヌセイラットやエジプトのエル・シャットにはとりわけ大きなキャンプがあり、そうしたキャンプでは家族は一緒にいられたが、独身の男女は別に収容された。男性と女性はキャンプ内で同じように働くことが期待され、女性は商店の店員や掃除人、裁縫師の役割を引き受けた。キャンプで看護師としての訓練を受けた女性もいた。こうした仕事に加えて、キャンプの女性たちは、掃除や料理、縫い物といった家事もこなした。

アフリカからアジアや南米各国へと広がった非植民地化の動きのなかで、多くの難民が先進国に逃れたが、温かい歓迎を受けたわけではなかった。アルジェリアでは、1947年に独立を求める暴動が起きてから、多くの人々がより良い生活を求めてフランスに移住した。それ以前は、フランスに移住したアルジェリア人の大半が男性だったが、1950年代以降は家族全員でパリやリヨンなどの都市で新生活を求めるようになった。その多くが公的住宅支援を受けられなかったため、少なくとも移住当初は、都市周辺にある汚いスラム街に住んだ。1956年の時点で、フランスには30万人のアルジェリア人が暮らしていた。

難民女性の保護と被害防止

最近の中東危機では、難民女性の苦境に改めて関心が集まった。世界的に難民の数が少ない時期が続いたのち、2003年の米軍のイラク侵攻を境に、難民の波がふたたび押し寄せるようになった。また2011年のシリア内戦開始以降、1200万人が住む家を追われた。一方、コロンビアでは内戦によって約800万人が家を失った。

現代社会の鋭い目が、こうした難民危機の中で難民女性が直面してきた苦難を明るみに出してきた。難民女性は、過酷な状況から逃れた先が非友好的な環境であることに気づいて、精神的・身体的なトラウマを経験することが多い。女性が直面する困難には、海や国境を越える危険な旅もある。たとえば、シリアを逃れた女性や子どもたちが地中海を渡る途中で命を落としている。一方で最近の報道は、アルジェリアでサハラ以南の国出身の人々が銃で脅されて国外に追い出され、サハラ砂漠に置き去りにされて命を落としており、そのなかには妊娠中の女性も含まれている状況を伝えた。また難民キャンプでは、安全が守られていないため、性的暴行（難民女性の5人に1人が被害にあっている）、暴行、レイプによる妊娠が日常的に発生している。

こうした問題が、女性難民委員会（1989年設立）のような団体の創設につながった。こうした団体設立の動きによって、難民女性が置かれている困難な状況への関心は高まってきているが、難民女性が、逃れてきた場所よりも安全な場所に住めるようになるまでの道のりは長い。

人物伝
マデレーン・オルブライト

1937年プラハ生まれ。1939年に家族とともに母国チェコから追放される。一家はイギリスに移り、のちにアメリカに移住した。アメリカで政治と国際関係学を学んだのち、国家安全保障会議スタッフになる。1997年から2001年まで、女性初のアメリカ国務長官を務め、その後も女性と難民の権利を断固として擁護する立場で政治に関わりつづけている。

◀ 保護を求めて
ケニアのモヤレの仮設難民キャンプで、赤十字の救援物資の受け取りを待つエチオピアの女性たち。2018年に、兵士らによって村を襲撃された1万人近くのエチオピア人が、国境を越えて避難した。妊娠中の女性も600人以上いた。

革命と権利

イスラム世界の生活

20世紀には、中東やパキスタンなど多くのイスラム主流国で大きな変革が起こった。過激派とリベラル派の紛争が広がり、政治的混乱が大変革につながって、イスラム女性たちに複雑な影響を与えた。20世紀後半には、中東での数多くの革命に女性が参加した。たとえば、イスラム国家の樹立を目指して王政を打倒した1979年のイラン革命には、多数の女性が積極的に参加した。残念なことに、参加した女性の多くは、革命後に女性の権利が軽視されるようになったことに気づいた。新政権は、女性の服装から西洋の影響を一掃しようと、公共の場では全身を覆う服装を着るよう強制した。また、女性を職場から追放することを目的とした法律が導入された。女性たちは、戦争の経済的影響にも苦しめられた。イラクでの湾岸戦争（1990-1991年）による打撃を受けて、それまで以上に多くの少女が、家族を支えるために学校をやめさせられ、その後に職を得ることもできなくなる結果となった。

しかし、革命はイスラム世界の女性にマイナスの影響ばかりを与えたわけではない。〈アラブの春〉蜂起（2010-2012年）の結果、女性への暴力が増えた場所もあるが、チュニジアでは政府で働く女性が増え、女性の権利も向上した。さらに20世紀末には、女性イスラム教徒を代表する強力な指導者も数多く現れた。有名なのが、イスラム主流国で初の女性首相になった、パキスタンのベーナズィール・ブットーだ。在任期間中（1988-1990年と1993-1996年）、ブットーは女性の教育と雇用の改善を支持し、イスラム教の女性差別的解釈を批判した。ブットーへの反発も大きく、最終的には2007年に暗殺された。犯人は武装勢力〈パキスタン・タリバン運動〉とみられている。

イスラム女性の権利

さらに最近、いくつかのイスラム教国で女性の権利をめぐる画期的な出来事があった。2015年には、サウジアラビアで女性に選挙権が与えられた（シリアが中東で最初に女性に選挙権を与えてから66年後にあたる）。そして2018年には、サウジアラビアの女性たちは初めて車の運転が認められた。しかし、サウジアラビアやほかのイスラム教国の女性たちは、いまも権利の侵害に直面している。女性の運転が解禁される数週間前には、運転の権利とともに、サウジアラビアの男性後見制度の廃止を求めて運動していた有名な女性権利活動家たちが逮捕された。いくつかのイスラム教国で採用されている、この後見制度の下では、女性は海外旅行や結婚などさまざまなことを、男性親族の許可なしにすることができない。また一部のイスラム教国では、全身をきちんと覆っていなかったとして虐待を受けた女性がいる。たとえばパキスタンでは、ベールをつけていなかった女性たちが過激派から酸攻撃を受けた。

▼ **独裁者を倒せ**
カイロのタハリール広場に集まり、独裁者ホスニ・ムバラク大統領の退陣を求めるエジプトの女性や少女たち（2011年2月6日）。

「わたしは自分自身に属していて、今後もそのつもりだ」

ベーナズィール・ブットー 結婚後も旧姓を名乗ることについて 1987年

▲ **立場を示す**
カラチの市街で政治犯の釈放を求める政治抗議デモに参加するパキスタン女性たち。

▶ **東洋の娘**
ベーナズィール・ブットーは、イスラム主流国初の女性首相。2007年の選挙運動中にパキスタンのラーワルピンディーで暗殺された。

「非識字、貧困、テロリズムに対する栄光の闘いを行いましょう」

マララ・ユスフザイ　国連での演説　2013年

女子教育のための闘い

　2012年10月、パキスタンの10代の少女マララ・ユスフザイは、学校に行く途中でタリバンに頭部を撃たれた。マウラナ・ファズルッラーを指導者とするタリバンは、女子教育を禁止し、パキスタンのスワート渓谷で100以上の女子学校を爆破していた。ユスフザイはアメリカの関係者やBBCのブログを通じて、タリバン支配に反対しており、銃撃は彼女を狙った暗殺未遂事件だった。ユスフザイは奇跡的に回復して抗議活動を続けている。2013年には、銃撃を受けてから初めて公的な場に登場し、国連で各国代表の前で演説した。その後人権活動家になり、2014年にはノーベル平和賞を史上最年少で受賞した。

貧困と搾取

発展途上国の世界

1980年代の西洋諸国では、グローバル化が大きな機会と利益をもたらすと考える人が多かった。経済や政府、人々の全世界規模のつながりが強くなれば、どの国にもプラスになると考えたのだ。先進国の人々は、発展途上国で製造された製品を買えば、貧しい国の経済を後押ししつつ、自分たちは安価な製品を手に入れられると期待していた。

現実には、グローバル化は多くの面で、発展途上国の労働者、とくに女性を安い労働力として利用した。大企業はコストを削減し、利益を最大化するために、製造部門をアフリカやアジア、ラテンアメリカに移転しはじめた。また一部の学者は、グローバル化が〈貧困を女性化〉したと主張している。低コストの製造作業に女性を採用するにあたり、女性労働者をめぐるステレオタイプ（従順で手先が器用）をうまく利用したからだ。〈スウェットショップ〉（安全や衛生に関する法律を無視した工場）で働く女性は、疾病手当などの福利厚生を与えられないことが多く、危険な環境での労働を強いられている。そうした工場が人身売買とつながっているケースもあり、その場合、労働者はだまされて同意なく働かされたり、借金返済のための労働を強いられたりしている。

> 発展途上国の若い女性の **25%** が初等教育を終えていない。

グローバル化の現状

グローバル化は、雇用創出には役立ったかもしれないが、長期的には貧困の根源を絶つことができなかった。スウェットショップが第一の働き口だという地域では、女性は幼い頃からそこで働くことが多く、教育の機会を失い、貧困のサイクルから抜けられなくなる。現在、1日1.90ドル未満で暮らしている人は7億6700万人いる。

さらに多くの発展途上国が、1970年代の多額の借入が原因で1980年代に債務危機に陥り、先進国の金融機関は債務の再交渉を行った。そうした金融機関は、公共支出の削減と社会プログラムの縮小を強く求めたため、国民に負担がまわることになった。家計を握る女性たちは、そうした削減の影響を被ることが多かった。また女性の医療にも悪影響が出た。母親と新生児の健康に関するUNICEFの報告書は、発展途上国では毎年、妊娠によって50万人の女性が死亡していることを明らかにした。死亡原因で多いのは、感染症や分娩停止、帝王切開を受けられないことなどだ。各国経済を強化しなければ、こうした問題の大半はいつまでも解決されない。

◀ **医療を求めて**
ウガンダのテソ地方アムリアで、混み合った病院の床に座る母親。発展途上国では、赤ちゃんが生後1カ月以内に亡くなる可能性が約14倍だ。

貧困と搾取 297

▲ **大量生産**
中国の縫製工場労働者は、十分な教育を受けていない農村出身の出稼ぎ労働者が多く、そのせいで低い賃金しか得ていない。世界中の衣服製造労働者の80％が女性だ。

▶ **渇きを癒やすために**
多くの発展途上国経済が減速したため、基本的な公共サービスを提供するための投資が不足した。多くの女性はいまも毎日何時間もかけて、家族のためにきれいな水を汲みに行く。

「女性は男性と比較して、経済的に著しく不利な立場にある」

UN Womenと世界銀行による報告書 2017年

フェミニズム
の現代の顔

2017年には **673** の女性抗議デモが開催され、400万人が参加した。

第3波以降の運動

1990年代には、第2波フェミニズム（⇨p.272-275）に見えていた限界に対処しようというフェミニストたちが、自分たちの取り組みを第3波フェミニズムと呼びはじめた。この新しい波の活動家や理論家はフェミニズムを、もっと多くの人を受け入れ、社会的抑圧よりも個人の行為主体性やエンパワーメントに焦点を当てるものにしたいと考えた。しかし現実には、第3波とそれ以前の運動にはそれほど明確な区別はなく、重なる部分も多い。以前からの人々の多くが引きつづきフェミニズムの議論に加わり、同じ問題を扱ったためだ。

1990年代には、大衆文化が変革と積極的行動の手段になり、ジン（自費出版で少部数を配布する雑誌）文化が生まれ、フェミニストが芸術の世界に大規模に参入した。こうした新しい種類の行動の一例が、男性中心のパンク音楽シーンに対抗する形で、1991年のアメリカ西海岸で始まったライオットガール・ムーブメントだ。このムーブメントに関係する初期のバンドの一つが、キャスリーン・ハンナ率いるビキニ・キルだ。世界中でライオットガール・グループが生まれた。多くのグループが〈ガールパワー〉革命のメッセージを伝えようと、独自のジンとマニフェストを発行した。

交差性のフェミニズム

第2波の時期に黒人フェミニストは、白人中心のフェミニズム運動を批判するようになっていた。1989年にフェミニスト法学者のキンバリー・クレンショーが、フェミニストが非白人女性のニーズに応えるべき理由と方法をめぐる議論の

◀ **パンクロック・フェミニズム**
1990年代のバンドであるビキニ・キルと、そのリーダーのキャスリーン・ハンナは、性的虐待や人種差別、家父長制、女性のエンパワーメントなどの問題を歌詞にして、ライオットガール・ムーブメントの先頭に立った。

おもな出来事
社会的な公正

1990年代以降、インターネットの成長によって、フェミニズムは新しい方法で組織化されるようになった。一方、ソーシャルメディアはポピュラー・フェミニズムの拡大に貢献した。

1900

1989年 キンバリー・クレンショーが〈差別の交差性〉という用語をつくる。

1990年 ナオミ・ウルフが『美の陰謀』を発表し、抑圧的な美の基準の問題を強調する。

1990年 ジュディス・バトラーが『ジェンダー・トラブル』を発表し、性別二元制に異議を唱える。

1991年 アニタ・ヒルが、アメリカ最高裁判事候補のクレランス・トーマスによるセクシュアル・ハラスメントを証言する。初のライオットガール・マニフェストが発表される。ミシガン女性音楽祭で、同イベントからのトランス女性の排除に抗議するキャンプ・トランスが開かれる。

1992年 レベッカ・ウォーカーが雑誌『ミズ』にエッセイ「第3波になる」を発表する。

1996年 イヴ・エンスラーの演劇『ヴァギナ・モノローグス』がニューヨークで初演される。

2000

2002年 フランスで女性への暴力と闘う団体〈売女でもなく、忍従の女でもなく〉が設立される。

2011年 警察官が女性の外見と性的暴行を結びつける発言をしたことを受け、最初の〈スラットウォーク〉がトロントで行われる。フェミニスト・パンクグループのプッシー・ライオットがモスクワで結成される。

2012年 イギリスのフェミニストのローラ・ベイツが、世界中の性差別の体験を集めるオンラインプロジェクト〈エブリデイ・セクシズム〉を始める。

2014年 国連が、ジェンダー平等達成に向けて男性の参加を呼びかける〈He for She〉キャンペーンを立ち上げる。

2015年 ドキュメンタリー映画『ハンティング・グラウンド』が、アメリカ各地の大学キャンパスでの性的暴行に対する抗議運動を描く。

2017年 アメリカのトランプ大統領就任を受けて、女性大行進が行われる。数名の女優がハーヴェイ・ワインスタインを性的暴行で訴える。#MeTooムーブメントが始まる。

◀ 女性大統領ジルマ・ルセフの弾劾に抗議する**ブラジルのフェミニストたち**（2016年）。

中心として、〈差別の交差性〉という用語をつくりだした。クレンショーは、〈デクラフェンリード対GM〉という1976年の具体的な判例に注目した。これは、GMから解雇された黒人女性たちが、差別だとして同社を訴えた裁判だ。この裁判は女性側の敗訴に終わった。黒人男性が解雇されていなかったため、人種差別と見なすことができず、白人女性が雇われていたため、女性差別でもないとされたからである。クレンショーはこの判例を取り上げて、一部の人々が差別の〈交差点〉にいることを明確にした。今日この用語は、人種やセクシュアリティ、性別、階層などのアイデンティティの要素の組み合わせによって直面する、特定の形の差別を表すのに使われている。

オンライン・フェミニズム

1990年代には、全世界にインターネットが急速に広がり、フェミニストたちはこの新しい仮想空間の可能性を探りはじめた。〈サイバーフェミニスト〉と呼ばれるグループは、インターネットがフェミニズム運動の新たな舞台になると主張した。インターネットは、サイバーフェミニストがかつて想像したようなユートピア的な理想に沿って動いているわけではないが、つながりが増えたことで、フェミニズムの組織化に大きな影響を与えた。また、とくにLGBT

▼ **抗議の叫び**
2012年1月、モスクワのクレムリン前で、女性とLGBTの権利を求めて抗議行動をするロシアのフェミニスト・バンドのプッシー・ライオット。この年、モスクワの大聖堂でパフォーマンスを行ったとしてバンドメンバーが逮捕され、抗議運動が起こった。

フェミニズムの現代の顔　301

▶ **プッシーパワー**
手編みの〈プッシーハット〉をかぶっている、2017年女性大行進の参加者。2016年大統領選前にリークされたビデオでの、トランプ大統領の女性差別的発言を意味している。

> 「私たちがここに来て肩を並べて立っているのは、私たちがここにいることをはっきりさせるためです！」
>
> エリザベス・ウォーレン上院議員　女性大行進での演説　2017年

（レズビアン、ゲイ、バイセクシュアル、トランスジェンダー）のような、社会の主流から外れる人々がオンライン上で団結できるようになった。しかし、インターネットは反フェミニズム的主張を広める場にもなった。2013年には、性差別や女性の抑圧を行う男ばかりではないと主張するハッシュタグ〈#NotAllMen〉がソーシャルメディア上で広まった。それは、〈男性権利運動〉や〈メニニズム〉と呼ばれる運動の一面である。そうした運動に加わっている人々は、オンライン上での女性を対象とした組織的な迷惑行為や嫌がらせにも関与してきた。

今日、ポピュラー・フェミニズムが人々の意識の前面にのぼる時代にあって、フェミニズム運動におけるソーシャルメディアの重要性を引き合いに出して、いまは第4波フェミニズムだとする人もいる。2017年10月に、ハリウッドのプロデューサーのハーヴェイ・ワインスタインが複数の性的暴行で告発された（本人は告発内容を否定している）。その後、女優のアリッサ・ミラノのツイッター投稿をきっかけに、女性たちが〈#MeToo〉というハッシュタグをつけて自分の体験を投稿する動きが広まった。〈MeToo〉は、元は2006年に活動家のタラナ・バークが使ったフレーズだ。さまざまなソーシャルメディア・プラットフォームで、世界中の女性から驚くべき数の投稿があったことは、レイプ文化が広がっていて、性的暴行が常態化し、許容されていることを示すものだ。2017年にドナルド・トランプ大統領が就任した直後にも、世界中で何百万人もの女性が抗議デモに参加した。LGBTや黒人女性、障害がある女性や、女性労働者などが世界規模で結集し、自分たちの声を聞くように訴えた。

▶ **ペルーでの抗議**
2016年にペルーのリマの検察庁前で抗議する女性たち。1990年代に女性へ強制不妊手術を実施したことを認めて、補償するように求めた。

302　ガラスの天井を打ち破る

▶ **自由奔放な道化師**
フランスの画家アンリ・ド・トゥールーズ＝ロートレックの「座る女道化師」は、1890年代にムーラン・ルージュの舞台に立った、ダンスをする道化師シャ＝ユ＝カオを描く。シャ＝ユ＝カオは男装をし、レズビアンを公言していた。

時代を超えて

LGBTの女性

歴史のなかで、LGBTの女性についてはあまり語られていない。多くの文化は、生物学的・社会的な性の基準に従わない女性を罰したり、無視したりしてきた。そのため、20世紀以前のLGBTの女性の人生は忘れられてしまっていることが多い。

> 「あなたが私を忘れたら、私たちがアフロディテに与えた贈り物や、私たちが分かち合った……スミレの花冠や、編み込んだ薔薇のつぼみなど、美しいもののあれこれを思い出して」
>
> **サッフォー** 抒情詩人
> 『彼女からはひと言もなく』紀元前6世紀

女性にひかれる女性や、出生時に男性とされた女性、それ以外にも現代的な用語として〈LGBT〉（レズビアン、ゲイ、バイセクシュアル、トランスジェンダー）に分類される女性は、古くから存在してきたが、そうした人々の生活や経験が歴史書に取り上げられることはめったになかった。20世紀になってようやく、LGBTの女性の歴史が語られはじめたが、具体的な証拠がないため、聞き伝えに頼るケースが多い。

隠れた物語

実際には女性同性愛の記録は、古代世界のあらゆる大陸の社会にある。ギリシャの詩人サッフォー（⇨ p.24-27）は、女性を求める自らの欲望について書いている。11世紀にはユダヤ教の聖職者マイモニデスが男性たちに、妻と寝たいと思っている女性から妻を遠ざけるよう命じた。多くの文化では、（ヨーロッパの）中世かその後の時代まで、同性愛を法的に禁止していなかったし、禁止されるようになっても、大半の社会で処罰の対象とされたのは男性同性愛だった。

18世紀や19世紀のヨーロッパとアメリカでは、女性同士が親しい友情を結び、一緒に住んだり、旅行したり、愛の手紙を交わしたりするのは珍しくなかった。そうした〈ロマンティックな友情〉は流行したが、女性たちの関係があまりに親密に思えてきて、親に引き離される場合もあった。18世紀のアイルランドでは、両親に引き離されそうになったレディ・エレナー・バトラーとサラ・ポンソンビーがウェールズに駆け落ちし、〈ランゴレンの貴婦人たち〉と呼ばれるようになった。日記からは、2人がベッドをともにし、男性の服を着ていたことがわかっている。アメリカ

LGBT の女性

では20世紀へと変わる頃に、そうした居住関係（女性同士のもので、ロマンティックな関係かどうかは問わない）が〈ボストンマリッジ〉と呼ばれるようになった。これは、2人の裕福な未婚女性がボストンでともに住み、親密な友情を結ぶ様子を描いたヘンリー・ジェイムズの小説『ボストンの人々』（1886年）からきている。

20世紀になると、LGBT女性の存在が表に出るようになった。とりわけ20年代には、〈新しい女性〉（⇨ p.222-225）が、相手が男性でも女性でも同じように堂々と関係をもった。20世紀末には、同性愛者を公表する女性有名人が増えた。彼女たちが同性愛をオープンにすることを選ぶ大きな要因となったのが、LGBTの権利をめぐる闘いが続いていたことだ。その闘いは、1960年代のゲイ解放運動と、それに続く1972年からのゲイ権利運動の焦点になっていた。LGBT運動は、女性の声を埋もれさせていると批判されてもいるが、それでもあらゆるLGBTの人々のために、（多くの国での）同性婚の権利など、重要な権利と法の保護を勝ち取っている。

レズビアンの恋人たち
ドイツ映画『制服の処女』（1958年）

▼ 旗を掲げる
カナダのモントリオールでの2015年プライドパレードで、レインボーフラッグ（1978年にギルバート・ベイカーがデザイン）を掲げる女性たち。抗議行動だったプライドパレードは、現在はLGBTの人々を称えるイベントでもある。

歴史を変えた女性
レインボーガールズ

スウェーデン女王クリスティーナ（1626-1689年）
1644年から1654年にスウェーデンを統治した。男装をしていたことや、女性らしい活動を軽蔑していたことで知られる。数多くの男性求婚者（およびお気に入りの女性たち）がいたが、結婚したり、世継ぎを産んだりすることを拒んだ。カトリックに改宗すると、顧問官たちは機に乗じて退位を迫った。歴史家のあいだでは、クリスティーナは出生時に男児と間違えられており、インターセックス（性分化疾患）だったのではないかと推測されている。

ラドクリフ・ホール（1880-1943年）『さびしさの泉』（1928年）を書いたことで知られるイギリスの作家。同書はレズビアン的内容を理由に、イギリスでは1949年まで発禁とされた。友人からはジョンと呼ばれており、男装をしていた。26歳のときから亡くなるまで、パートナーのレディ・ウナ・トゥローブリッジと同居する。同時代の生化学者の研究に影響を受け、〈生来の同性愛者〉を自認していた。

リリー・エルベ（1882-1931年）世界初の性別適合手術を受けたトランスジェンダー女性の一人。妻が描く絵のモデルとして、〈リリー〉という女性に扮するが、直後からずっとその姿で過ごすようになった。デンマークからパリ、さらにドレスデンへと移り、そこで先駆的な手術を受け、法的な性別を変更できるようにした。デンマーク国王により結婚を無効にされたのち、男性からの求婚を受け入れたが、結婚前に、子宮移植がうまくいかずに亡くなった。

マーシャ・ジョンソン（1945-1992年）アフリカ系アメリカ人のゲイ権利活動家で、1969年にニューヨークのグリニッジヴィレッジで起こった〈ストーンウォールの反乱〉のリーダー。のちに、シルヴィア・リヴェラとともにホームレスのトランスジェンダーの若者を支援する団体〈ストリート・トランスベスタイト・アクション・レボリューショナリーズ〉を立ち上げる。ジョンソンは〈トランスベスタイト（異性装者）〉という用語を使ったが、現代の歴史家は彼女がトランスジェンダー女性だったと考えている。1992年に殺害された。

エレン・デジェネレス（1958年-）コメディアン、トークショーの司会者、女優。レズビアンを公表している女性で初めてゴールデンタイムの番組に登場したことで有名。1997年に、シットコム番組「エレン」で演じていた同名キャラクターとともにカミングアウトし、さまざまな世代の女性に影響を与えた。2008年に女優のポーシャ・デ・ロッシと結婚した。

▼ もう一人も犠牲にしない
2017年6月にアルゼンチンのブエノスアイレスで、#NiUnaMenos（もう一人の女性も失わない。#NiUnaMas と同じ言葉からの引用）運動の抗議行動を行う女性たち。フェミサイド犠牲者の名前と年齢を書いたプラカードを掲げて、問題の大きさを示した。

暴力
の犠牲者

フェミサイドとの闘い

男性による女性への暴力は、古くから世界中である犯罪だ。古代ローマ時代の男性は、妻によって名誉や財産権を脅かされた場合、妻への暴力や、離婚、殺害が許されていた。一方、18世紀のイギリスのコモンローでは、妻が〈家庭の規律〉を乱した場合、自分の親指より細い棒を使えば、妻を打ってよいとされた。19世紀には、初期のフェミニストが結婚法の改正を求めたが、1871年になってようやく、アメリカの州では初めてアラバマ州が、男性が家族に暴力をふるう法的権利を無効にした。

シェルターの設置

1960年代や第2波フェミニズム（⇨p.272-275）の時期、女性たちは自分たちへの暴力の問題がジェンダー差別の結果だと考えはじめた。それが女性シェルターや虐待ホットライン、レイプクライシスセンターの設置につながる。1971年、エリン・ピゼイが英国初の女性シェルターを開き、1974年にはアン・サマーズがオーストラリア初のフェミニストによる女性シェルターを開いた。

女性への暴力を問題視する姿勢が広がるきっかけは、1970年代に〈フェミサイド（女性殺し）〉という言葉が一般的になったことだった。この言葉が生まれたのは1801年だが、魔女と疑われた女性への火あぶりの刑や女児殺し、〈名誉〉殺人など、フェミサイドは何百年も前から続いてきた。少女や女性の殺害と、家父長制社会で女性が経験する暴力をつなぐのがフェミサイドだ。

一般的に、暴力の被害を最も受けやすいのは、社会の主流から最も遠い女性だ。たとえばアメリカとブラジルでは、低所得の非白人トランスジェンダー女性がフェミサイドのリスクが高い。アメリカの黒人やラテン系の女性や、北米の先住民女性は、身体的・性的暴力を受ける比率が高い。カナダの活動家は数十年前から、先住民女性の殺人・行方不明事件に抗議してきた。ブリティッシュコロンビア州の〈涙のハイウェイ〉沿いで数多く発生している殺人・行方不明事件もその一部だ。2010年に、先住民族メティスの一員であるカナダ人芸術家ジェイミー・ブラックは〈REDressプロジェクト〉を始めた。これは、カナダ中の都市で赤いドレスを吊して、殺人・行方不明事件の被害女性の不在を表すパブリックアートのインスタレーションだ。

国連によれば、フェミサイドの発生率が高い上位25カ国中14カ国がラテンアメリカとカリブ海諸国だという。フェミニストは反撃を始めている。#NiUnaMas（もう一人も犠牲にしない）運動は、メキシコからアルゼンチン、ウルグアイ、エクアドル、ペルー、ボリビア、コロンビア、チリ、ベネズエラ、パラグアイへと広がった。ラテンアメリカでは、十数カ国でフェミサイドが刑罰の対象になったが、世界中で女性に対する暴力をなくすにはまだかなりの努力が必要だ。

「家庭内暴力の問題をどうにかしたかったのです」

アン・サマーズ 最初の女性シェルターの設立について 2014年

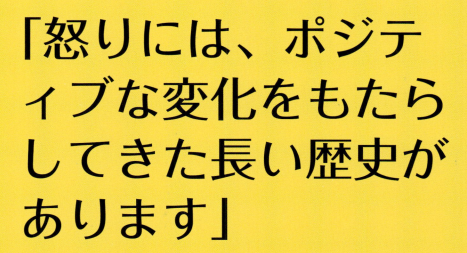

「怒りには、ポジティブな変化をもたらしてきた長い歴史があります」

チママンダ・ンゴズィ・アディーチェ　TEDxトーク「私たちは皆フェミニストになるべき」2012年

現代のフェミニズム

　ナイジェリア人作家チママンダ・ンゴズィ・アディーチェは、2012年のTEDxトークがネット上で広まって、フェミニストの象徴になった。このトークは、2013年にポップ界のスーパースターのビヨンセが自らの楽曲でサンプリングし、2014年には加筆されて1冊のエッセイとして刊行された。このエッセイ『男も女もみんなフェミニストでなきゃ』は、フェミニズムの必要性を説きつつ、21世紀におけるフェミニズムの意味を定義しようとしている。さらに、社会が男らしさを狭く定義し、少年に〈強い男〉になるよう教えていることを批判している。アディーチェは、女性にジェンダー関係で経験した怒りを認めて、それを抗議につなげるべきだと書いた。この写真は2015年にマドリードで行われたジェンダーに基づく暴力への抗議行動だ。〈ウィメン・イン・ブラック〉のメンバーである女性活動家たちが、通りに横たわって死人のふりをするという行動で、怒りを表している。この抗議行動には、男性優位主義を終わらせるよう啓発することをねらって、男性も参加した。

ガラスの天井を打ち破る

▶ **国を治める女性たち**
スリランカのシリマヴォ・バンダラナイケ首相（左）とインドのインディラ・ガンディー首相（右）の会談（1976年）。ガンディーとの密接な関係の影響で、バンダラナイケの政治は左傾化した。

ダ、ニュージーランド、タイ、フィリピン、ブラジル、ポーランド、モザンビーク、アルゼンチン、オーストラリア、ウクライナなど、70以上の国で、女性が政府か国のトップになっている。インド亜大陸でも数人の女性が政治指導者を務めてきた。1960年には、スリランカのシリマヴォ・バンダラナイケが女性で初めて、政府の長に選挙で選ばれた。6年後にはインディラ・ガンディーが、

> 「危機になるとようやく女性がかり出されて、事態を収拾しろといわれる」
>
> クリスティーヌ・ラガルド　2014年

時代を超えて

政 治

歴史的には、政治の世界で有力な地位についた女性は少ないが、1960年代以降、その数は着実に増えている。女性はまだ、世界的に影響力のある人物としては男性と同等にはなっていないが、過去50年間の進歩は著しい。

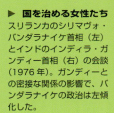

ヒラリー・クリントンは2016年アメリカ大統領選挙に出馬した

大半の民主主義国では、女性は20世紀半ばに選挙権を勝ち取ったが、公職に占める割合は現在でも男性と同等ではない。国レベルの議会（女性議員を認めている場合）での女性議員の割合は、平均23.3%だ。ルワンダは重要な例外で、2008年に世界で初めて、女性議員が過半数を占める国になった。

フィンランドの1907年総選挙は、女性が立候補可能な世界初の国政選挙だった。それ以前は、女性はニュージーランドとオーストラリアで選挙権があったが、立候補はできなかった。それ以降、イギリス、フランス、カナ世界最大の民主主義国家であるインドの首相に選出された。ガンディーは1977年まで首相を務め、1980年に再選されたが、1984年に暗殺された。政府の長としての在任期間がガンディーを超えた女性はまだいない。バングラデシュでは、これまで30年近くにわたり、女性が首相の座にある。カレダ・ジアは5年の首相任期を2度務めた。またシェイク・ハシナ・ワゼドは、1996年から2001年と、2009年から現在まで国を率いている。

北欧諸国は、政治の男女平等で先頭を走ってきた。スウェーデンではまだ、女性の政府の長が選出されていないが、内閣の要職を女性が務めている。2009年から2013年にアイスランド首相を務めたヨハンナ・シグルザルドッティルは、世界で初めてLGBTを公表した国のトップである。

政治 309

　アメリカ政府でこれまで女性がついた最高位の職は国務長官で、マデレーン・オルブライト（⇨p.288-291、1997–2001 年）、コンドリーザ・ライス（2005–2009 年）、ヒラリー・クリントン（2009–2013 年）が務めている。さらに、1981 年にはサンドラ・デイ・オコナーが最高裁判事に任命された。これ以降、3 人の女性最高裁判事が誕生している。

金とビジネス

　女性の力の拡大は政治の世界にとどまらず、CEO や起業家、ビジネスリーダーとしての地位も得ている。ゼネラル・モーターズのメアリー・バーラや、IBM のジニー・ロメッティ、YouTube のスーザン・ウォシッキーなどの女性が、世界の国際的大企業を率いてきた。しかし、産業界の最高幹部に占める女性の比率は少なく、とくにエネルギーや金融、テクノロジーの分野でその傾向が強い。たとえば 2017 年の調査によれば、アメリカの大企業の上位 500 社のうち、女性 CEO がいるのはわずか 6.4% だった。こうした不均衡は、フォーブスの〈富豪ランキング〉（大部分は男性だ）にも残っているが、存命中の最も裕福な人のなかにも女性がいる。自力で成功して億万長者になった、メディアの大物オプラ・ウィンフリーはその一人だ。

▼ **前例をつくる**
ヨーロッパ議会では、イタリアのリチア・ロンズーリ議員（任期は 2009 年から 2014 年）が 2 年にわたり、娘のヴィットリアとともに本会議に出席した。この写真ではヴィットリアが、2013 年 11 月 19 日のフランスのストラスブールでの会議で母親の横に座り、採決に〈参加〉している。

歴史を変えた女性
パワープレーヤー

ゴルダ・メイア（1898-1978 年）　キエフに生まれたが、1906 年に家族とともにアメリカに移住した。社会主義的シオニズム運動に参加し、1921 年にパレスチナに移住する。そこで 1948 年にイスラエル独立宣言の署名者の一人になる。1949 年にイスラエルの国会議員に選出され、労働大臣や外務大臣を歴任する。1969 年に首相が亡くなったのちに政権を握り、第 4 次中東戦争の期間に国を率いたが、1974 年に辞職した。

ルース・ベイダー・ギンズバーグ（1933 年 -）　初めは法学教授だったが、アメリカ自由人権協会で女性の権利プロジェクトを共同で立ち上げ、そこで 6 件の重要な性差別裁判を連邦最高裁まで進めた。1993 年に自らが最高裁判事に任命されて以来、25 年以上判事を務めており、多くの進歩的な判決や反対意見書を出している。

アンゲラ・メルケル（1954 年 -）　東ドイツで研究者としてキャリアを始め、1986 年に量子化学で博士号を取得する。1989 年のベルリンの壁崩壊後に政治に関わるようになり、ドイツ再統一後初の選挙で国会議員に当選する。2000 年に党のリーダーになり、2005 年にドイツの歴史上初の女性首相になった。

インドラ・ヌーイ（1955 年 -）　南インドのチェンナイで育ち、1978 年にアメリカに移ってイェール大学ビジネススクールに通う。1994 年に多国籍食品・飲料企業のペプシコに入社する。昇進して、2001 年にはペプシコの CFO に、2006 年には CEO になる。2007 年に同社の会長に就任する。ペプシコの大幅な利益増を実現したのち、2018 年に退任した。

シェリル・サンドバーグ（1969 年 -）　キャリア初期の 1996 年からアメリカの財務長官の下で働いたが、2001 年にシリコンバレーに移った。そこでは巨大テクノロジー企業グーグルで 2008 年まで働き、その後フェイスブックの COO になる。2013 年に出版した著書『リーン・イン　女性、仕事、リーダーへの意欲』では、どうすれば女性がビジネス界でもっと積極的な役割を担えるかについて論じた。

索 引

ページ数の太字は当該項目の主要ページを表す。
ページ数の斜体は図版説明文のページを表す。

【ア】

アイヴァーズ, アリス　186
愛国的な女性　145, 189　⇨戦う女性
アイズナー, ドロシー　230
アイスランド　207, 273, 275, 309
アイルランド　19, 129, 133, 193, 204
アウド, 慈悲深い　64
アカデミー賞受賞　230, *230*, 231
アキノ, コラソン　**284-285**
アグスティナ・デ・アラゴン　145, *145*
アクタル, ゾーヤ　231
アークライト, リチャード　147
アクリャ　89, *89*
アケメネス朝ペルシア　**30-31**
アサフ・アリ, アルナ　247, 249
アシュトレト（女神）　19
アースィヤ　51
アスタルテ（女神）　19
アスティアナッサ　190
アステカの社会　89, 160-161
アスルドゥイ・デ・パディジャ, ファナ　154-155, *154*
アセト（女神）　19
アゼルバイジャン　207, 209
アダムズ, アビゲイル　131
『新しい女性の創造』（ベティ・フリーダン）　272, 277
アーティスト, 芸術家　14, 15, **212-213**, 245
アディーチェ, チママンダ・ンゴズィ　307
アテナイの女性　25-26, 80
アーデン, エリザベス（フローレンス・ナイチンゲール・グレアム）　221
アトウッド, マーガレット　153
アトキンス, アンナ　166
アトキンソン, ジェーン　141
アナカオナ　117
アナバプテスト　107
アニージ, マリア　168
アニング, メアリー　166, 168
アパルトヘイト　**264-265**

アヒリヤー・ホールカル夫人, マールワ女王　37
アフガニスタン　289
アフリカ
　アフリカ争奪戦　**188-189**
　植民地時代以前　**84-85**
　戦う女王　42-43
　独立国
アフリカ系アメリカ人女性　111, *111*, 143, 163, 169, 175, 181
アフリカの争奪戦　**188-189**
アフリカ民族会議　264
アフロディテ（女神）　9, 25, 52, 160, 220, 302
アベラール, ピエール　71
アボリジニ, オーストラリアの　54, 138, 139, 140, 192, 193, 205
アマゾネス　44, *44*, 85, *85*
アマニレナス, クシュ王女　43
アミナ, ザザウの　37, 84, 85
アームストロング, ジリアン　230
アメリカ　⇨北アメリカ
アメリカ西部　**184-187**
アメリカ南北戦争　171, 173, **176-177**
アメリカン・ドリーム　*259*
〈アラブの春〉　292
アリエノール, アキテーヌ女公　69
アルジェリア戦争　*248*, 291
アルゼンチン
　アルゼンチン革命　242-243
　〈5月広場の母たち〉　243, *243*
　女性参政権　243
　女性への暴力　*304*, 305
アルテミシア1世, カリアの　45, 128, 129
アルフヒルト　129
アルマニア, ジャクリーヌ・フェリス・ド　181
アーレント, ハンナ　232
アワションクス　117
アングイッソラ, ソフォニスバ　212
アンクレット, 巨大な（オグバ）　*227*
アングロ゠サクソン　**56-57**
アンジェロウ, マヤ　153, 269
アンソニー, スーザン・B　164, *165*
アンドロゲン過剰症　287
安楽公主（あんらくこうしゅ）　48

【イ】

イ・ソヨン　263

イアハート, アメリア　*142*
慰安婦　239
イヴ　51
イギリス（ブリタニア, 大英帝国）　39
　アングロ゠サクソン女性　**56-57**
　移民　193
　家事使用人　159
　結婚と離婚　29, 223, 281
　サッチャー主義　282, 283
　産業革命　146, 147
　社会階級　162-163
　宗教革命　106
　上流階級　**158-159**
　女性参政権　206-208, 222, 223
　女性農耕部隊　238
　女性の政治運動　165, 283
　女優　110
　第2次世界大戦　234, 235, 236, 238
　第2波フェミニズム　272, 273
　大英帝国　156-157, 247, 248
　薔薇戦争　**92-93**
　ファシズム　232, 232, 233
　魔女, ウィッチクラフト　122
イギリス女性ボランタリーサービス　238
イギリス特殊作戦司令部　234, 237
育児　**102-103**
李仇之（いくじ）　82
イサベル1世, カスティーリャ女王　9, 94, 95, 101
医師　166, 180-181
石川ミユキ　91
イシス（女神）　19, 20, 42
イシュ・チェル（女神）　8, 40, *40*
イシュタル（女神）　19
衣装　⇨服
異人種間の婚姻　117, 118, 139
イスラエル　309
イスラムの結婚　28, **50-51**, 103, **292-293**, 294
イスラムの女性　28, **50-51**, 103, **292-293**, 294
イタリア　45, 81, 203
　〈強制母性〉システム　232
　女性参政権運動　207, 209
　第2派フェミニズム　273, *275*
　ファシズム　232
　離婚　*280*, 281
イナンナ（女神）　19
イヌイット人　19, 54, *99*
イバルリ, ドロレス　233
イボ族の女性　226-227, *226*
イマン（ザラ・モハメド・アブドゥルマジド）　221

イラク　289, 291, 292
イラン革命　292
医療, 医学　166, **180-183**, 202
　⇨看護師
イロコイ連邦　118
インカの社会　89, *89*
イングリス, エルシー　200, 202
インド　23, 37, 45
　イギリス領インド帝国　**156-157**
　〈インド人女性の新人類〉　157
　〈インド大反乱〉　246, 156
　クィット・インディア運動　247, *247*, 248, 249
　結婚と離婚　281
　〈サティー〉　204
　女性政治指導者　308
　女性の政治運動　247, 248, 249
　女優　110
　女流詩人　75
　売春　161
　バクティ運動　75
　非植民地化（独立）　247, 248
　ムガル帝国　**112-113**, 161

【ウ】

ヴァイキング　**62-65**
『ヴァギナ・モノローグ』（イヴ・エンスラー）　111, 299
ヴァルガス, ジェトゥリオ　242
ウィーヴァー, シガニー　230
ヴィクトリア女王　29, 54, 159, 205
ウィッカ信仰　19
ウィッチクラフト　⇨魔女術
ウィテック, マリア　263
ウィートリー, フィリス　117, *153*
ヴィーナス像　14, *14*, 15, 16, 220
〈ウィメン・イン・ブラック〉　307
ウィーランド, ジョイス　213
ウィルソン, レディ・サラ　189
ヴィルト, ドルトヒェン　151
ヴィルプル゠ポウェル, ジャンヌ　166
ウィンター, アナ　251
ウィンフリー, オプラ　309
ヴェイユ, シモーヌ　273
ウェスタの巫女　8, 32-33, *33*
ウエストウッド, ヴィヴィアン　251
ヴェトコン　261
ヴェトナム　19, 45
ヴェトナム戦争　261, 277, 289
ヴェルニエ, マリー　110
ウォーカー, レベッカ　299

ウォシッキー，スーザン　309
ウォートン，イーディス　153
ウォーノス，アイリーン　91
ウォフィントン，ペグ　111
ウォール街株式市場暴落，世界大恐慌　224
ウォーレン，エリザベス　301
ウォン，アンナ・メイ　231
ウクライナ　207
宇宙開発競争　*258, 259*
宇宙飛行士　143, *258, 259*
美しさ　21, 40-41, 58, 196, **220-221**
ウッドヴィル，エリザベス　92, 93
乳母　102-103
ウーマン・リブ　⇨女性解放運動
ウリヤノフ，ウラジーミル・イリイチ　215
ヴリーランド，ダイアナ　250
ウルストンクラフト，メアリー　80, 131, 165
ウルスラ学院，ニューオーリンズ　81
ウルフ，ヴァージニア　**228-229**
ウルフ，ナオミ　220, 221, 299
ウルフソン，アリス　279
ウンデッド・ニーの虐殺　185, 187

【エ】

エアトン，ハータ・マークス　166
映画　**230-231**
映画監督　230, 231
エオラ族の女性　139
エカチェリーナ1世，女王　8, 36
エカチェリーナ2世，女帝　37
エクステル，アレクサンドラ　213
エジプト　19, **20-21**, 34, *240*, 278, 290
エステル，ペルシア王妃　*31*
エゼルフリダ　57
エチオピア　84, *291*
エドモンズ，サラ　177
エドワーズ，ヘンリエッタ・ミューア　209
エナウェネ・ナウェ族　102
〈エブリデイ・セクシズム〉　299
エリオット，ジョージ（メアリー・アン・エヴァンズ）　153
エリオン，ガートルード　168
エリザベス1世　36, 106, **108-109**, 129, 221
エリザベス2世　36, 235
エルサルバドル　255
エルベ，リリー　303
〈エールワイフ〉　**240-241**
エレシュキガル　204

エレニ，エチオピアの女王　84
エロイーズ，アルジャントゥイユの　**70-71**
演劇　110-111, *115*
エンゲルス，フリードリヒ　215
エンジニアと技術者　166, *239*, 259
エンスラー，イヴ　111, 299
円舞の儀式　204
エンヘドゥアンナ　152

【オ】

扇（合図）　*158*
〈黄金の20年代〉　**222-225**
王貞儀（おうていぎ）　169
王立地理学会　142
オキーフ，ジョージア　213
オークリー，アニー　*186*
オコナー，サンドラ・デイ　309
オーサ，ジョンソン　*143*
オースティン，ジェーン　158, 159
オーストラリア　**138-141**, 238
オーストリア　36, 207
オスマン帝国の女性　**104-105**
オデナ，リナ　263
オバマ，バラク　289
オペラ歌手　270
オマリー，グレース　128, 129
オヤ（女神）　19
オーラン　221
オランダ　161, 207, 237, 281
オリガ，キエフの　45, 63
オールソップ，マリン　271
オルブライト，マデレーン　291, 309
オルメカ　40
音楽家　26, *49*, 69, **270-271**, 298
女媧（じょか）（地母神）
女海賊　**128-129**
女戦士
　インド　157
　ジャンヌ・ダルク　**86-87**
　戦う女王　42-43, 45
　ムガル帝国　112
　ラテンアメリカ　154-155, 243

【カ】

ガイガー，エミリー　130
改宗（ムーア人）　94
改宗したユダヤ人女性　94, *94*
開拓者　**184-187**
〈解放の神学〉　255
買い物　163, *222*
ガーウィグ，グレタ　231

科学者　*166-169*
核家族　102
革命的共和主義者女性協会　132
革命的な女性　**130-135**, 154-155, **214-217**, 242-243, 292
カサット，メアリー　213
カシア　271
家事使用人　159, *192*
家事奉公人　**192-193**
家事労働　240
　アングロ＝サクソンの女性　*57*
　インカの女性　89
　ヴァイキングの女性　62
　家庭の電気製品　222
　起業家　282
　古代アテネの女性　25, *27*
　古代ローマの女性　38
　太平洋の島々　52
　賃金　273
　モンゴル帝国の女性　72
カストラート　270
カゼル，ドロシー　255
ガッサー，アンナ　*287*
カッチーニ，フランチェスカ　270
割礼（女性の）　190, 275
家庭教師　192
家庭内暴力　275, 289, *304*
カテリ・テカクウィサ，聖女　118
カテリーナ，シエナの　67
カトリーヌ・ド・メディシス　37
カトリック教会　106, 108, 110, 118, 119
ガードルハンガー　57
ガーナ　249
カナダ　223, 305
　女性参政権　207, 209
　先住民女性の殺人・行方不明　305
カナン神話　19
カニサレス，マヌエラ　155
ガネス，ベル　90
寡婦　⇨未亡人
歌舞伎　*115*
家父長主義，家父長制　23, 39, 49, 82, 102, 115, 118-119
カプラン，ファニー　214, 215, *215*
カベル女王　40, 41
ガボール，ザ・ザ　281
『カーマスートラ』　191
カメロン，ジュリア・マーガレット　213
カヤン族　220, *221*
〈ガラスの天井〉　275, 282
カラン，ドナ　251
カーリー（女神）　18, 102
カール，イザベラ　169
〈ガール・パワー〉革命　*271*, 298

カルヴァン，ジャン　106, 107
カレー，コニー　266
カレラ，ハビエラ　154
カーロ，フリーダ　**244-245**
カーン，ヌーア・イナヤット　234
ガングリー，ウシャ　111
ガングリー，カダンビニ　181
看護師　176, 177, 181, 182, 200, *201*
ガンディー，インディラ　308, *308*
ガンディー，カストゥルバ　247, 248
ガンディー，マハトマ　247, 248, 278
菅道昇（かんどうしょう）　212
カンピオン，ジェーン　231
カンポアモール，クララ　209

【キ】

キー，エリザベス　171
キエフ大公国　45, 63
騎士道　**68-69**
妓生（キーセン）　82, *83*
北アメリカ
　アメリカ独立革命　130, 131, 132
　女性参政権運動　117, 131
　先住民女性の殺人・行方不明　305
　⇨カナダ，アメリカ合衆国
北アメリカ先住民，ネイティブ・アメリカン　**98-99**, 116, 118, 119, 184, *184*, 185
　〈涙の道〉　187
　埋葬の儀式　204
　魔術師，ウィッチクラフト　123
　抑圧　185, 187
キッツィンガー，シーラ　55
キット，アーサー　271
キットゥール・チェンナンマ　*157*
キテラ，アリス　123
徽嬪金氏（きひんきんし）　123
キャヴェル，イーディス　201
キャサリン，女帝　36, *36*, 37, 81
キャサリン・オブ・アラゴン　36
キャトラル，キム　110
キャメロン，ジュリア・マーガレット　*212*, 213
ギャリンシャル・チョーラ　255
〈ギャルソンヌ〉　222
ギャレット・アンダーソン，エリザベス　166, **180-181**
宮廷風恋愛　**68-69**
キュニスカ（王女）　25
キューバ革命　214, 217, *217*

キュリー，マリー　166, 167
教育，教養　48, 67, **80-81**, 282, 294
　家庭教師　*81*
　共学　80, 81
　古代アテネの女性　25, 26, 80
　大学　81, 168-169, *292*
　中国の女性　48, 80-81
　花嫁修業学校　81
　ムガル帝国の女性　112
　読み書き　80, 81
共産主義革命　**214-217**
　反共産主義の動き　259
強制不妊手術政策　*301*
狂騒の 1920 年代　222
教養　⇨教育
ギョクチェン，サビハ　263
極地探検　143
キョセム・スルタン　105
キリスト教　39, 65
ギルマン，シャーロット・パーキンス　151, 219
義和団の乱　194
キング，ハンナ　139
キング，ビリー・ジーン　287
禁酒法　224, *224*
ギンズバーグ，ルース・ベイダー　309
キンゼイ，アルフレッド　191
金天翮（きんてんかく）　197
〈金蓮〉　*197*

【ク】

グィネヴィア王妃　68
クエーカー教徒　66, 165
草間彌生　213
グージュ，オランプ・ド　131, 132, 135
クジョー，ハナー　249
グッド，サラ　122
グッドール，ジェーン　*169*
クトゥルン，皇女　8, 72
クノッソス宮殿　*15*, 19
クーパー，ウィルヘルミーナ（ウィナ）　139, 141, 251
ク・バウ，キシュ女王　37
クマリ（少女の生き神）　19
クラーク，セプティマ　266
クラーク，マウラ　255
クラズナー，リー　213
クラドック，アイダ　191
グラハム，アシュリー　221
グラフ，シュテフィ　287
グラミン銀行　283
クララ女子修道会　66
グランヴィル，アン　287
クランブラー，レベッカ・リー　181

グリア，ジャーメン　272, 273
クリケット選手（女子）　287
クリスティーナ，スウェーデン女王　303
クリスティーヌ・ド・ピザン　28, **78-79**
クリー族　204
クリッソン，ジャンヌ・ド　129
グリーナム・コモン女性平和キャンプ　273, 283
クリミア戦争　182
クリメック，オッティリー　90
クリントン，ヒラリー　81, *308*, 309
グールド，アンナ　*281*
クルプスカヤ，ナデジダ　214, 215
グルムバッハ，アルギュラ・フォン　106
グレイ，ジェーン　107
クレイ，スールヴァイグ　263
クレオパトラ 7 世　**34-35**
グレーゼ，イルマ　237
クレンショー，キンバリー　298, 299, 300
クロイツィガー，エリザベト　106
グローバル化　296

【ケ】

ケアリー，メアリー・アン・シャッド　173
芸者　*114*, 115, *270*
芸術家　26, *83*, 161　⇨女優，画家
啓蒙思想　130, 132, 165, 172
劇作家　110, 111
袈裟御前　*58*
化粧　*220*, 221
ケーゼビア，ガートルード　213
結婚　**28-29**, 32
　一夫多妻制　30
　インカの女性　89
　ヴァイキングの女性　63, 64-65
　縁組み　28
　強制結婚　28, 32, 72
　クム・マヌ（手権婚）　32, 38
　敬虔な女性　106
　極秘結婚　29
　古代ローマの女性　32, 38
　子どもの結婚　28, 248
　婚資，結納品，持参金　28-29, 65
　持参金　28-29, 32, 65, 82
　殉教者　106, 255
　中国の女性　49, 124-125, 197

　妻の身分　165
　貞節の殉教者　124
　奴隷の結婚　29, 39
　日本の女性　58
　非制度化　281
　メソアメリカ　41
　モルゲンギフト（朝の贈り物）　56
　モンゴル帝国の女性　72-73
ケニア　28, 247, 248-249
ケネディ，ローズ　103
ケリー，グレース　230, 231
ゲリラ戦　145, 154
原子物理学者　169
ケンドル，ジェーン　139

【コ】

強姦，レイプ　*38*, 65
　戦時下　234, 263
　難民女性　291
　レイプ文化　301
　⇨ #MeToo ムーブメント
高級娼婦　75, 125, 161
〈鉱山閉鎖に反対する女性たち〉　283
鉱山労働　*148*
洪秀全　178
黄真伊（こうしんい）　83
公民権運動　**266-269**
　音楽家　225, 271
〈5 月広場の母たち〉　243, *243*
国際家事労働賃金化運動　273
国際社会主義女性会議　214
国際女性年　259
国際女性労働者の日　214
国際廃娼連盟　161
国際連合
　アメリカの妊娠中絶の権利　274
　アメリカン・ドリーム　259
　〈黄金の 20 年代〉　224
　公民権運動　**266-269**
　女性参政権運動　207, 208-209, 222, 223
　女性の教育　81
　女性兵士　263
　政治における女性　309
　第 1 派フェミニズム　165
　第 2 次世界大戦　235, 236, 238
　第 2 派フェミニズム　273, 274, 276-277
　第 3 派フェミニズム　298, 299
　男女平等　259
　難民（国連難民の地位に関する条約）　288
　反共産主義の動き　259
　離婚　281
　冷戦　**258-259**

〈He for She〉キャンペーン　299
黒死病　*76-77*
黒人のフェミニズム　153, 175, 275, 298, 300
コケジン第 1 皇后　*73*
呉健雄（ごけんゆう）　169
ゴシック小説　151
古生物学者　166, 168, *169*
子育て　**102-103**
ゴダイヴァ伯爵夫人　*56*
古代オリンピック　25, 223, 286, 287
古代ギリシャ　**24-25**, 160, 278
古代ローマ人　19, **32-33**, 38-39, 160
ゴッザディーニ，ベッディシア　81
コッポラ，ソフィア　231
コムストック法　279
コヤ・パスカ（巫女）　89
コーラン　50-51, *51*
コリ，ゲルティ　169, 181
コルデー，シャルロット　132
コルテス，エルナン　99, 101
ゴールドソープ，ルーシー　186
ゴルフ選手　287
コールマン，ベッシー　143
コロンタイ，アレクサンドラ　214, 216
コロンビア　291
コロンブス，クリストファー　101
コワレフスカヤ，ソフィア　169
婚資，持参金　28-29, 65
コンチェルト・デッレ・ドンネ　270
コンデマイタ，トマサ　154
コンドーム　278-279, *279*
コンバヒー・リヴァー・コレクティヴ　275
コンピューター・プログラマー　166

【サ】

最高裁判事（女性）　309
財産権
　アフリカの女性　85
　アングロ＝サクソンの女性　**56-57**
　イギリスの女性　165
　エジプトの女性　20
　既婚女性財産権　165
　古代ローマの女性　32, 33, 38
　中国の女性　49
　土地所有制　85
　日本の女性　58
最初の女性たち　14-17

サイーダ・アル・フッラ　129
ザイツ，ジョシュア　224
ザイナブ　51
〈サイバーフェミニスト〉　300-301
サヴィッチ，ミランカ　202
サウジアラビア　209, 292
サエンス，マヌエラ　155
サカガウィア　143
作家（女性）　58-59, 75, 79, 106, **152-153**, 228
　エロティシズム　191
　ロマン主義　**150-151**
サッカー選手　286-287
作曲家　69, 270, 271
サックヴィル＝ウェスト，ヴィタ　228
殺人（女性による）　90-91
サッチャー，マーガレット　282, 283
サッフォー　25, 26, 302
〈サティー〉　204
ザハリアス，ベーブ　287
サビニの女たち　*38*
サフラジェットの運動　⇨女性参政権運動
サフランを摘む人々　*16*
〈差別の交差性〉　298, 299, 300
サマヴィル，メアリー　166
サマーズ，アン　305
サムル・ベグム　112
サモア人の女性　*180*
サラバリエタ，ポリカルパ　154, *155*
サンガー，マーガレット　279
産業革命　**146-149**, 162
サン・サルバドル島　101
サンタ・ムエルテ（聖人）　204
サンド，ジョルジュ　152
サンドバーグ，シェリル　241, 309

【シ】
ジア，カレダ　308
ジェイコブズ，ハリエット　172
ジェイコブズ，ヘレン　*286*
シェーカー教の運動　**126-127**
ジェニー紡績機　*146*, 147
シェパード，ケイト　139, 141
ジェームズ，アンジェラ　287
シエラレオネ　84, 246, 247
シェリー，メアリー　151
シェリンク，マリー　*144*
ジェンキンス，パティ　231
ジェンティレスキ，アルテミジア　213
シカゴ，ジュディ　212, 213

指揮者（オーケストラ）　271
〈識字率向上活動〉（キューバ）　214
子宮内避妊器具　279
シグルザルドッティル，ヨハンナ　308
シーコール，メアリー　**182-183**
司祭，尼僧　**66-67**, 66, 106, 107, 111, 188, **254-255**
持参金　⇨婚資
〈死者の日〉　205, *205*
詩人　25, 26, 58, 69, **74-75**, 83, 106, 112, 117, 152, 153, *153*
　性的な抒情詩　191
　俳句　75
　バクティ詩人　75, 191
私生児　159
児童殺人　⇨幼児殺し
児童労働　148-149
死と悲しみ　**204-205**
シベリア　102
シーマン，バーバラ　279
ジム・クロウ法　266
シモンズ，レイチェル・〈レイ〉　264　⇨音楽家
シャイア，ワーザン　290
社会階級　**162-163**
社会・経済的な保守主義（1980年代）　283
社会主義フェミニスト　275
社会奉仕家，慈善家　189
ジャケ・ド・ラ・ゲール，エリザベト　270
写真家　213
ジャッジ，オーニー・マリア　172
シャトレ，エミリー・デュ　168
シャナクダケテ，クシュ王女　42
シャネル，ガブリエル・〈ココ〉　222, 223
ジャハナラ・ベグム　112
シャーマン　99
シャーマン，シンディ　213
シャ＝ユ＝カオ（男装道化師）　*302*
シャンゲ，ヌトザケ　*111*
ジャンヌ・ダルク　**86-87**
ジャンヌ・ダルブレ，ナヴァラ女王　107
ジャンヌ・ド・フランドル　45
宗教改革　80, **106-107**, 110
宗教コミュニティー　**66-67**
宗教戦争　107
宗教的役割　25
秋瑾（しゅうきん）　197
従軍記者　189, 201
重婚，複婚　30, 50, 58, 72, 94, 105, 112, 178
〈13人のバラ〉　233

儒教　115
朱子学　82
出産　40, *40*, **54-55**, 69
　陣痛の軽減　54-55
　帝王切開　55
　乳児死亡率　55, *296*
　母体死亡率　55, 92, 296
出産祝いの盆　*69*
シュティネス，クレレノーレ　143
授乳と養育　102-103
シューマン，クララ　270, 271
シュメール　19, 37
狩猟採集生活　14, 17
純潔　⇨貞節
背負子　*102*
嫦娥（じょうが）　*18*
上官婉児（じょうかんえんじ）　48
蒸気機関　147
小規模金融システム　282-283
使用人　162, *162*　⇨家事使用人
消費形態　163, 222, *222*
女王　**36-37**, **42-43**
　摂政女王　36-37
　女王の配偶者　36
　戦う女王　42-43, 45
職業　**240-241**
　家事奉公　159, **192-193**
　強制労働　*193*, 239
　子どもの労働　149
　スウェットショップ　296
　ストライキ　147, 149, 215, 241, 273, 275, 283
　製造業，工場　**146-149**
　戦時下の労働　*200*, 201, 202, 203, 236, **238-239**
　農業　15, 17, 20, 99, 203, 240
　〈ピンクカラー〉労働者　241
　不平等賃金　30, 146, 147, 149, 238, 273, 275, 287
　分担　14
　無賃労働　240
　労働組合　147, 149, 241
　⇨家事労働，奴隷
植物学者　166
植民地主義
　アフリカ分割　**188-189**
　イギリス領インド帝国　**156-157**
　オーストラリアとニュージーランド　**138-141**, **192-193**
　植民地の女性　117-119, 141
　女性戦争（1929年）　**226-227**
　女性の蜂起　**226-227**, 246, 247
　新世界　**98-101**, **116-119**
　非植民地化　**246-249**, 288, 290-291
助産師　54, 89, 168

処女，貞節　29, 32, *68*, 190　⇨純潔，女性参政権運動，サフラジェットの運動
ショーズヒルド　63
女性および女性市民の権利宣言　134
女性解放運動（ウーマン・リブ）　230, **272-275**
女性学　274-275
女性軍需品製造者（WOW）　238
女性参政権　139, 207, 208
女性参政権運動，サフラジェットの運動　**206-211**, 222, 242-243, 270
　〈サフラジェット〉の運動　**206-208**, 210
　サフラジストの運動　206-209, *207*
女性参政権協会全国同盟　206
女性シェルター　275, 305
女性社会政治連合（WSPU）　207, 210
女性大行進　301, *301*
女性だけの祭　25, *25*, 26
女性農耕部隊（イギリス）　238
女性の仕事と商売　*76*, 77, 105, 209, 241, 282, 283
女性兵士，女戦士　**44-45**, **262-263**
　アフリカ　84, 85, *248*
　アメリカ南北戦争　177
　ヴェトナム戦争　261
　ゲリラ闘士　145, *248*
　女性補助部隊　201, 202, 235, 262
　第1次世界大戦　200
　第2次世界大戦　234-236
　中国　214
　⇨女戦士
女性への暴力　304-305
　家庭内暴力　275, 289, *304*
　女性奴隷　65, 82, 101, 170, 172, 239
　フェミサイド（女性殺し）　305
　⇨レイプ
女性林業作業者　*238*
ジョナス，レジーナ　66, 67
ショパン，ケイト　153
ショーペンハウアー，ヨハンナとアデーレ　153
女優　110-111, 230, 231
ショル，ゾフィー　235, 237
ジョンソン，キャサリン　169
ジョンソン，マーシャ　303
シリア　19, 292
　難民　288, 289, 291
人種差別　182, 226　⇨アパルトヘイト

新世界 **98-101, 116-119**
新石器時代 16-17, 17
親族，同族 84, 85
真鍮のコイル型首輪 220, *221*
シンドラー，エミーリエ 237
ジンナー，ファティマ 248
新婦 28-29, 32, 65, 82
ジン文化 298

【ス】

スイス 209
〈スウェットショップ〉 296
スウェーデン 37, 122, 281
　女性参政権運動 207
　女性兵士 *263*
　政治における女性 308-309
数学者 166, 168, 169
スガン，シモーネ 263
スキタイ人 44
スー族 185, 187
スター，ベル 186
スタイネム，グロリア 275
スタール，ジェルメーヌ・ド 152
スーダン 289, 291
スタントン，エリザベス・キャディ
　164, 165, *165*
スチュワート，マーサ 282
スティーヴンス，ドリス 208
スティール，ドーン 231
ステムブリッジ，ジェーン 266
ストウ，ハリエット・ビーチャー
　173, 176, 177
ストープス，マリー 279
ストライキ 147, 149, 215, 241,
　273, 275, 283
ストーリーテリング *99*
ストリート，ジェシー 208
ストーン，ルーシー *209*
砂時計の〈多産型〉体型 220
スノーボード選手 *287*
スパイ 177, 202-203
スパイスガールズ *271*
スパルタの女性 24-25
スピース，スーザン・アレクサンダ
　ー 273
スペイン 110, 281
　女性参政権運動 207, 209
　スペイン内戦 *232*, 233, 263
　ナポレオン戦争 145, *145*
　レコンキスタ（国土回復運動）
　94-95
スペインの異端審問 94
スペイン無敵艦隊（アルマダ）
　108
スペースウーマン（女性宇宙飛行士）
　259
スポーツ，競技会 25, *32*, 223,

287
スポーツ界の女性 **286-287**
スマイス，エセル 270
スミス，ベッシー *225*
〈スラットウォーク〉 299
掏摸（すり） *91*
スリランカ 308
スレーター，ハンナ 147

【セ】

生化学者 169
整形手術 221
性行動 29, **190-191**, *221*
　婚前交渉 89, 159, 190
　ジェンダーと生物的性の区別
　252
　治療法 190
　トラフィッキング 161
　ポルノグラフィ 191, 275
　⇨売春
政治運動 **254-255**
政治指導者 223, 242, 282, 283,
　283, 284, 292, 293, **308-309**
清少納言 58
聖女カテリ・テカクウィサ 118
精神疾患 **218-219**
成人の儀式 *16*
精神病院 **218-219**
西太后 **194-195**, 196
聖テレサ，アビラの 66, 106
〈性の革命〉 *221*
生理 52, 89
世界一周航海 143
世界規模の人のつながり 296
世界大恐慌 223, 224
セガン，ルイーズ 142
セクシュアル・ハラスメント 299
セクシュアリティ *124*, 149,
　150, *151*, **190-191**, *245*, 271,
　272, 298
セクメト（女神） 20, 44
〈セックス肯定〉運動 191
セドナ（精霊） 19
〈ゼナナ〉（ハレム） 112
セネカ・フォールズ会議 165
ゼーブンニサー・ベグム 8, 112
セメンヤ，キャスター 287
宣教師 188, 196
全国女性評議会（アメリカ） 164
先史時代 **14-17**
先住民女性の殺人・行方不明事件
　305
セント・ジェームズ，マーゴ 161
全米黒人地位向上協会 266

【ソ】

ソヴィエト連邦，ソ連
　女性兵士 234, 236
　ソ連共産党女性部（ジェノーデル）
　214
　第2次世界大戦 234, 236
　冷戦 **258-259**
　⇨ロシア
創世神話 18
宋美齢 80
側室，妾 30, 31, 49, 58, 99,
　104-105
ソーシャルメディア 300-301
蘇小小（そしょうしょう） 161
ソト族 85
ソラブジ，コーネリア 157
ソルコクタニ 73
孫不二（そんふに） 67

【タ】

第1次世界大戦 181, **200-203**,
　208, 215
第2次世界大戦 **234-239**, 288,
　288, 289, 290
ダイアー，アメリア *91*
ダイアナ，ウェールズ公妃 81
大学 81, 168-169, 292
大学キャンパスでの性的暴行抗議運
　動 299
大学教育 81
対抗宗教改革 106
太平天国の乱 **178-179**
太平洋の島々 **52-53**
体毛除去 221
ダーウィン，チャールズ 168
ダウード，ビビ・〈アサ〉 264
託児所 103
多神教 19, 66
タスマニア 138
タトゥー（ボディペインティング）
　40
ダニ族 204
ダフィ，イライザ・ビスビー 191
タフト，リディア 117
タブマン，ハリエット 171, 172,
　173
田部井淳子 143
ダホメ王国 85
談允賢（だんいんけん） 181
タンガニーカ・アフリカ人民族同盟
　247, 248
探検家 **142-143**
男女平等
　シェーカー教の教義 26
　ソ連の憲法 259
　中国の慣習 178-179, 197,

214, 217
　⇨フェミニストの運動
〈男性稼ぎ手〉モデル 162
男装，女装 129, 132, 142, 143,
　144, 202, *302*, 303
ダンティエール，マリー 106-
　107

【チ】

チェスナット，メアリー・ボイキン
　177
チェロキー族 98-99
チザム，キャロライン 141, 193
チザム，マイリー 202
膣外射精 278
膣洗浄具 *278*
チベット 294, 255
チャブイ皇后 *72*, 73
チャールストン・ダンス 223
中国 19, 44-45
　女海賊 129
　革命運動 217
　教育 80-81
　義和団の乱 194
　結婚と離婚 29, 124-125, 197
　女性独立連隊 214
　女優 110-111
　女流詩人 75
　清朝 **124-125**, 178, *179*
　太平天国の乱 **178-179**
　中華人民共和国婚姻法 214,
　217
　貞節信仰 **124-125**, 179
　唐代の女性 **48-49**
　売春，娼婦 124, 125, 178
　フェミニズム **196-197**
　文化大革命 153, 217
　縫製，衣服製造 *297*
　労働力としての女性 **178-179**
中産階級　⇨ミドルクラス
中絶（妊娠中絶） 273, 274
チュニジア 292
チュンガラ，ドミティーラ・バリオ
　ス・デ 243
徴姉妹（チュン） 45
張琴秋（ちょうきんしゅう） 214,
　217
長子相続制，男子後継者 36, 37
朝鮮 **82-83**
チン・ディーナワシ 187

【ツ】

ツイッター 301
通信販売 163
付け爪 *124*
妻の身分，夫の保護下 165

索引 315

【テ】

テ・アタイランギカアフ　141
デイ, ドリス　230
ディア伯爵夫人　69
鄭一嫂（ていいっそう）　129, *129*
ディヴァイン, ティリー　161
デイヴィス, アンジェラ　*266*
デイヴィス, グウェン　241
デイヴィス, ジュディ　230
デイヴィソン, エミリー・ワイルディング　208
帝王切開　55
貞節, 純潔　82, 89, *89*, 124, 179, 190　⇨処女
貞操帯　*190*
ディックス, ドロシア　176
ディートリヒ, マレーネ　223, *231*
ディヒヤ・アル・カーヒナ女王　45
ティボー・ド・サレノン　69
テイラー, エリザベス　231
丁玲（ていれい）　153
デヴィ, スワナクマリ　111
テオドラ, 皇后　*10*, 37
テオドロユ, エカチェリーナ　200
デジェネレス, エレン　303
鉄輪（による絞首刑）　*94*
テニス選手　*286*, 287
デメテル（女神）　26
デュモント, エレノア　186
テリー, エレン　*212*
デール, マリー　223
デルフォイの神託　25, 26-27
テレサ, マザー　254, 255
テレシコワ, ワレンチナ　143, *258*, 259
テレル, マリー・チャーチ　266
テンジン・パルモ　67
纏足（てんそく）　178, 196, *197*
天体物理学者　169
デンマーク　37, 207
天文学者　168, 169

【ト】

ドイツ　80, 133
　〈黄金の20年代〉　224
　女性参政権運動　207, *208*
　政治における女性　309
　第2次世界大戦　234, 237, 238-239
　ファシズム　232-233
　魔女術, ウィッチクラフト　123
　離婚　281
　労働力としての女性　203
ドウォーキン, アンドレア　160,

275
道教の神話　*18*
洞窟壁画　14, 15
同性愛（女性）　301, **302-303**, 309　⇨LGBTの女性
ドゥルガー（女神）　44
トゥルース, ソジャーナ　173, 175
ドゥロヴァ, ナジェージダ　145
トゥローブリッジ, レディ・ウナ　303
毒物　91
登山家　*142*, 143
ド・サンファル, ニキ　*213*
ドス, ナニー　91
ドナー隊（開拓団）　186
ドノヴァン, ジーン　255
ドーノワ夫人　151
賭博　186-187
巴御前　*45*
ドラウパディー　23
トラジャ族　*67*
トラップ, マリア・フォン　289
トランスジェンダーの女性　299, 303, 305
トランプ, ドナルド　299, 301, *301*
トルコ　263
奴隷　20, 21, 25-26, 33, 38-39, 55, 63, 65, 80, 117, 240
　アメリカ独立革命　131
　性的暴行　65, 82, 101, 170, 172, 239
　側室, 妾　104, 105, 112
　奴隷制廃止運動　**170-175**, 176, 177
　奴隷同士の結婚　29, 39
　奴隷の子ども　171, 172
　反乱　171, 172
　ホームステッド法　185, 186
ドレイク, エマ・フランシス・エンジェル　29
ドロステ＝ヒュルスホフ, アネッテ・フォン　153

【ナ】

ナイジェリア　37, 54, 85
　女性戦争　**226-227**
ナイチンゲール, フローレンス　181
ナイト, マーガレット　149
ナイドゥ, サロジニ　157, 247
泣き女　204
ナチス　232-237, 238-239
名付け習慣　43
ナッシュ, ダイアン　266
ナポレオン戦争　**144-145**

ナポレオン法典　133
〈涙の道〉　187
難民　**288-291**

【ニ】

尼僧　66　⇨司祭
日本　45, 66, 82, **114-115**, *149*, 224
　宮廷の女性（御所の女性）　**58-61**
　芸者　*114*, 115, *270*
　結婚と離婚　58
　女流詩人　75, *75*, 152
　第2次世界大戦　234, 239
　売春　161
　避妊　278
　舞人　*110*
入植者　**184-187**
ニュージーランド　140-141
　女性参政権運動　207
　第2次世界大戦　238
　第2派フェミニズム　272
〈女人政治〉　105
ニン, アナイス　191

【ヌ】

ヌーイ, インドラ　309
ヌナカル, ウージェルー　140
ヌビア　42-43

【ネ】

ネアンデルタール人　14, 15
ネイティブ・アメリカン　⇨北アメリカ先住民
ネヴァン（女神）　19
ネパール　19
ネフェルティティ女王　21, *21*
ネルー, カマラ　248

【ノ】

農業　15, 17, 20, 99, 240
ノース, マリアン　142
ノッカー, エルシー　202
ノーベル賞受賞者　167, 168, 181, 294
ノルウェー　37, 207, 263

【ハ】

売春　159, **160-161**
　慰安婦（戦時下）　239
　高級娼婦, 高級売春婦　75, 125, 161
　神聖売春　160-161

中国　124, 125, 178
日本　115
売春禁止法　161
〈売女でもなく、忍従の女でもなく〉（団体）　299
ハイチ革命　172
〈ハイト・リポート〉　191
「バイユーのタペストリー」　212
ハイルンニサー　157
バウザー, メアリー・エリザベス　177
ハウサ族　37
パヴリチェンコ, リュドミラ　8, 234
パーカー, ボニー　91, *91*
パキスタン　247, 248, 292
　女性政治家　292, 293
　女性の教育　294
　政治的混乱　248, 292
バーク, タラナ　301
パークス, ローザ　9, 266, 267
ハーシェル, キャロライン　168, 169
ハース, ロッテ　143
バズヴ（女神）　19
バスティダス, ミカエラ　154
ハセキ・スルタン　105
〈パーソンズ訴訟〉　209
バッシ, ラウラ　168
バッジャー, シャーロット　139
ハッチンソン, アン　118
バッファロー・カーフ・ロード・ウーマン　185, 187
発明家　166
ハディージャ・ビント・フワイリド　51
パテガラング　139
バーデン革命　*133*
バード, イザベラ　142
ハトシェプスト（ファラオ）　21
ハトホル（女神）　20
バトラー, ジュディス　299
バトラー, ジョゼフィン　161
バトラー, レディ・エレナー　302-303
バートリ, エリザベート　91
バートン, クララ　177
花嫁, 新婦　28-29, 32, 65, 82
バーネット, アイダ・ウェルズ　266
バーネル, ジョスリン・ベル　169
バーバー, アニタ　224
パパ（女神）　18
母親, 母性
　10代の母親　281
　社会的役割　102
パプアニューギニア　204, 205
ハフサ・ビント・ウマル　51

索引

バー・マリアマ 153
ハムネット、キャサリン 251
バーラ、メアリー 309
薔薇戦争 **92-93**
バラッザ、フアナ 91
バーラン、ヴィディヤー 231
バランガルー（女狩人） 139
バリー、ジェームズ 181
バーリア、カミール 279
ハリウッド 230-231
ハリカルナッソス 45, 128-129
バリー夫人、ジャンヌ・ベキュ・デュ 161
バリュサティス、ペルシア王妃 31
パルチザン（女性） *176*, 236, 263
パールビー、アイリーン 209
バレ、ジャンヌ 143
ハレム 30, 104-105, *104*, 112, *112*
〈ハーレム・ルネサンス〉 *225*
〈ハローガールズ〉 202
ハーロウ、ジーン 230
ハンガリー 132, 262
パンクハースト、アデラ 207, 243
パンクハースト、エメリン 207, **210-211**
パンクハースト、クリスタベル 207
パンクハースト、シルヴィア 207
バングラデシュ 308
パンクロック・フェミニズム *298*
犯罪 **90-91**, 139, *140*, 141, 187
バンシー（妖精） 204
班婕妤（はんしょうよ） 75
バーンスタイン、ヒルダ 264
ハンズベリー、ロレイン 111
バンダラナイケ、シリマヴォ 308, *308*
パンチョ・ビリャの革命 243
ハンドバッグ *224*
〈パンと平和〉ストライキ 214, 215
ハンナ、キャスリーン 298, *298*
バンバラ族 85

【ヒ】

美 ⇨美しさ
火あぶりの刑 94, 106, 123
ビエン、メルガ 123
ビキニ・キル 298, *298*
樋口一葉 153
ピクト人 *44*
ビグロー、キャスリン 231, *231*
飛行士 *142*, 143, 236, 237

美人コンテスト 220-221, 252-253, 272, *272*
〈ヒステリー〉 190, *218*
ビスランド、エリザベス 143
ピゼイ、エリン 305
ピックフォード、メアリー 230
ピッチャー、モリー *131*
ヒトラー、アドルフ 232, *237*, 238, 239
避妊 103, 191, 273, **278-279**
避妊薬 278
『美の陰謀』（ナオミ・ウルフ） 299
美白製品 220, 221
ピープル・パワー革命 *284*
肥満 29
ヒューエット、エレン 141
ヒューズ、マーガレット 110, *110*
ヒュッレム・スルタン 105
ビューティアー（巫女） 26-27
ヒュパティア、アレクサンドリアの 168, 169
ヒューロン族 99
美容、化粧 220, 221
病気治療の儀式、癒しの集会 99, *123*
平等 ⇨男女平等
平等派フェミニスト 275
ビヨンセ 271, 307
ヒラリー、バーバラ 143
ピル（経口避妊薬） 279
ヒル、アニタ 299
ヒルデガルト・フォン・ビンゲン 67, 180, *180*, 212, 270, 271
〈ピンクカラー〉労働者 241
貧困と搾取 **296-297**
　貧困のサイクル 296
　〈貧困の女性化〉 296
ヒンドゥー教 19, 44, 66
ヒンドレー、マイラ 91

【フ】

ファイファー、イーダ 142
ファシズム **232-233**, 263
ファステンバーグ、ダイアン・フォン 251
ファッション 57, 221, 222, 224, 227, 231, **250-251**
ファーティマ 50, 51
ファティマン、セシル 172
フアナ・イネス・デ・ラ・クルス、ソル *152*, 153
ファラオ（女性） 21
ファンヌ、王女 45
フィットネス（「ワークアウト」） *283*

フィリピン 284
フィールズ、ヴァーナ 230
フィルポット、エリザベス 166
フィンランド 206, 308
フェミサイド（女性殺し） 305
フェミニストの運動
　〈意識高揚〉グループ 274
　『男も女もみんなフェミニストでなきゃ』（C・N・アディーチェ） 307
　オンライン・フェミニズム 300
　黒人フェミニズム 153, 175, 275, 298, 299, 300
　〈サイバーフェミニスト〉 300-301
　社会主義フェミニズム 275
　第1派フェミニズム **164-165**, **196-197**
　第2派フェミニズム 19, **272-277**, 305
　第3派フェミニズム **298-301**
　〈バックラッシュ（反動）〉 275
　平等派フェミニスト 275
　ラディカル・フェミニズム 275
　レズビアン・フェミニズム 275
　⇨女性参政権運動
フェミニズムの演劇 111
フェラーロ、ジェラルディン 282, *283*
フェルナンデス・デ・キルチネル、クリスティーナ 154-155
フェルニグ、フェリシテとテオフィユ 131
フォスター、ヴェロニカ 238
フォーセット、ミリセント 189, 206
フォード、イタ 255
フォーブスの〈富豪ランキング〉 309
フォール、ヴァージニア 237
フォルカード、マリー゠マドレーヌ 236
フォンサグリーヴス、リサ 251
フォンダ、ジェーン *283*
服、衣装 **250-251**
　着物 *115*
　クリノリン *159*
　コルセット *159*, 220
　婚礼衣装 29, *29*
　ブルカ、ベール 292
　ベールの着用 292
　ポリネシアの踊り用スカート *52*
　喪服 205
　リトルブラックドレス 222, 223
　⇨男装
婦好（ふこう）、皇后 45

武士 *45*
藤原道綱母 58
婦人決死隊 200, *262*
武則天 48, 49
仏教 66, *254*, 255
プッシー・ライオット 299, *300*
〈プッシーハット〉 *301*
ブット、ベーナズィール 292, 293
物理学者 168
不貞 65
ブーディカ 39
不平等（賃金） 30, 146, 147, 149, 238, 273, 275, 287
ブライ、ネリー 143, 219
プライス、ロイス 143
プライド・パレード *303*
ブラシェ、アリス・ギィ 231
ブラジャーへの抗議集会 *273*
ブラジル 170, 172, 173, 242, 255, *299*
ブラス、アン 118
プラス、シルヴィア 152
ブラック、クレメンティーナ 147
ブラック、ジェイミー 305
ブラックウェル、エリザベス 166, 181
ブラックフット族 99
〈フラッパー〉 222, *223*, 224
フランク、アンネ 237
フランクリン、マイルズ 153
フランクリン、ロザリンド 169
ブランコ、グリセルダ 91
ブーランジェ、ナディア 271
ブランシュ・ド・カスティーユ 45
フランス 45, 69, 86
　19世紀の革命 130, 131, 132-133, 135
　女性参政権運動 207, 209
　第2次世界大戦 236-237
　第2派フェミニズム 273
　第3派フェミニズム 299
　魔女術、ウィッチクラフト 123
　〈レ・ザネ・フォル（狂乱の時代）〉（1920年代） 224
　労働力としての女性 162, 203
フランス印象派の芸術家 213
フリギア帽 133
フリス、メアリー（巾着切りのモル） *91*
フリーダン、ベティ 272, 277
フリーマン、エリザベス 171
不倫 29
ブリン、アン 36, 106
ブルカ（全身を覆うイスラム服） 292
ブルジョア、ルイーズ 213

ブルジョワ階級　162
〈ブルダフ〉　112
ブルンヒルド（アウストラシア王妃）　*90*
フレイム，ジャネット　153
フレイヤ（女神）　62
フレデグンド（ソアソン王妃）　*90*
プレートを埋め込んだ唇　220
ブレハム，マリー・C　223
プロイセン　144-145
プロテスタント　106-107, 108
ブロンテ，エミリー　153
ブロンテ，シャーロット　153

【へ】

ベイカー，エラ　266
ベイカー，ジョセフィン　223, 224
ベイツ，ローラ　299
ヘイマー，ファニー・ルー　266
ベイン，ドリス　90
〈ベグム〉　156
ベサント，アニー　149
ページ，ベティ　*221*
ベスーン，メアリー・マクロード　266
ヘスター，リー・アン　262, 263
ペスト ⇨黒死病
ヘタイラ（高級娼婦）　25, 26
ベック，アニー・スミス　*142*
ヘッド，イーディス　231
ヘップバーン，オードリー　230, 231
ベドラム（ベスレム・ロイヤル病院）　219
ペトログラード婦人決死隊　201
ペトロニオ，ケイティー　263
ヘネトタウィ（王女）　*21*
ヘライア祭　25, 286
ベラルーシ　207
ベリーダンス　54-55
ベルー　204, *301*
ベルギー　207
ペルシア　30-31
ベルシャンスカヤ，エヴドキヤ　234, 236
ペルセポネ（女神）　26
ベルタン，ローザ　251
ベルナール，サラ　111
ベルベル人　45
ヘルラート，ランツベルク　67
ベールを付ける習慣　292
ペレイラ・デ・ケイロス，カルロータ　242
ヘレナ，エジプトの　212
ヘレナ，皇后　39
ヘレラ，ペトラ　243

ベレール，サニテ　171
ペロン，エバ　242, 243
ベーン，アフラ　110
ヘンドリクソン，スー　*169*

【ホ】

ボーア戦争　188-189
ボーヴォワール，シモーヌ・ド　252
冒険家　**142-143**
宝石，宝飾　*30, 42, 56, 62*
紡績と織物　146, 147
ポカホンタス　117, 118, *119*
牧師，説教師　107, 119
ボクタ（頭飾り）　*72, 73*
母系社会　16, 17, 43
母系相続制　37, 52, 84, 98, 118
〈ボストン・マリッジ〉　303
母性 ⇨母親
ボチカリョーワ，マリア　200
ホッケー選手　287
ホップズ，アビゲイル　120
〈ボート・ピープル〉　289
ボート競技選手　287
ボニー，アン　129, *129*
哺乳瓶　102-103
ホブハウス，エミリー　189
ポポーワ，リュボーフィ　*212*, 213
〈ホームパーティ〉ビジネス　282
ボラ，カタリナ・フォン　106
ポーランド　263
ボリウッド　231
ホリデイ，ビリー　271
ポリネシア　52, 220
ボリビア　242-243
捕虜収容所　188-189, 237, 239
ポール，アリス　208-209, 223
ホール，ダイナ　139
ホール，ラドクリフ　303
ホールカル夫人，アヒリヤー　37
ボルジア，ルクレツィア　91
ボルジェス・ダ・シルヴェイラ，シスター・マウリナ　255
ポールソン，バーバラ　259
ボルテ第1皇后　73
ポルトガル　281
ポルノグラフィ　191, 275
ポンソンビー，サラ　302-303

【マ】

マアト（女神）　20
埋葬　17, *17*, 44, 57, 63, 64, 204-205
マイトナー，リーゼ　169
マイヤーズ，ナンシー　231

〈マウマウの反乱〉　247, 248-249
マウント・ホリヨーク女子神学校　81
マオリ族　138, 139, *139*, 140-141
マーガレット・オブ・アンジュー　92, *93*
〈マーキュリー13〉　259
マクラング，ネリー　209
マサイ族　28
魔女術，ウィッチクラフト　91, 93, **122-123**, 180, 241
　現代のウィッチクラフト　123
　セイラム魔女裁判　117, **120-121**
　迫害　122-123
マセケ，シャルロット　264
マタ・ハリ（マルガレータ・H・マックレオド）　202-203
マッカーサー，エリザベス　141
マッキニー，ルイーズ　209
まつげのエクステンション　221
マディルデ，トスカーナ女伯　45
マドンナ　271
マハー・パジャーパティー・ゴータミー　66
「マハーバーラタ」　23, 110
マヒン，ルイザ　172
マーフィー，エミリー　209
まぶたの整形手術　220
ママ・オクリョ（女王）　*89*
ママコナ（太陽の処女）　89
マム，ソマリー　161
マヤ　40
マララ，ユスフザイ　**294-295**
マリー・アントワネット　131
マリー・ド・フランス　68, 69
マリー・ド・メディシス　37
マリア，イエスの母　51, 119
マリア・テレジア　36, 37
マリンチェ　99
マルヴァン，マリー　142
マルクス，カール　215
マルグリット・ド・ヴァロワ，ナヴァラ王妃　190
マルグレーテ1世，デンマーク・ノルウェー女王　37
マルコス，フェルディナンド　284
マレー，パウリ　266
マンデラ，ウィニー　264

【ミ】

ミイラ（女性の）　*204*
巫女　*19*, 20-21, *21*, 26-27
　インカとアステカ　89
　古代ローマ　32-33
　トラジャ族　*67*

水（きれいな水の確保）　*297*
ミスアメリカ・コンテスト　272, *272*
『ミズ』誌　299
水攻め用の椅子　*123*
ミッチェル，ジュリエット　272
ミッチェル，ジョアン　213
ミッチェル，マリア　168
ミドルクラス　162-163, *162*
南アフリカ　85
　アパルトヘイト　**264-265**
ミネルヴァ（女神）　19
ミノア文明　17, *19*
未亡人　41, 56, 77
　生け贄　112, 204
　〈クロゴケグモ〉　91
　貞節　124
　喪服　205
ミャンマー　289
ミュニショネット（軍需工場で働く女性）　*203*
ミラノ，アリッサ　301
ミラバイ　*74, 75*
ミリア，アリス　286, 287

【ム】

ムガル帝国の女性　**112-113**, 161
ムッソリーニ，ベニート　232
ムトニ・ワ・キリマ　248
無法者　186
紫式部　58, *59*, 61
木蘭（ムーラン）　44-45
ムルシ族の女性　220

【メ】

メアリー1世　36, 106, *107*
メイ，エレイン　230
メイア，ゴルダ　309
メイヤー，メアリー　185
妾 ⇨側室
メカティリリ・ワ・メンザ　247
女神　16, **18-19**, 20
　生き神　19
　ヴァイキング　62
　エジプト　19, 20, 44
　ギリシャ　24, 26
　古代ローマ　19, 32
　地母神　19
　メソポタミア　40, *41*
メキシコ
　革命　243
　死と埋葬　204, 205
　女性参政権運動　243
　第2派フェミニズム　272
　フェミサイド（女性殺し）　305
〈メスティソ〉（混血）　99, 299,

301
メソアメリカ　40-41
メソポタミア　19, 37
〈メニニズム〉　301
メホタ，ウシャ　248
メリチ，アンジェラ　106
メリ・テ・タイ・マンガカヒア　140
メリト＝プタハ　8, 180
メルケル，アンゲラ　309

【モ】

〈モガ〉（日本）　224
モーガン，アグネス　186
モザンビーク　289
モット，ルクリーシア・コフィン　165
モハメッド，ビビ・ティティ　247, 248-249
モファット，トレーシー　140
モラン，キャトリン　103
モリガン（女神）　19
モリスン，トニ　153
モリゾ，ベルト　213
モーリタニア　29
モンヴォワザン，カトリーヌ　123
モンゴル　**72-73**
モンセフ，マリアム　289
モンロー，マリリン　230

【ヤ】

薬草治療　180, *180*
痩せた体型　220, 221
野戦病院の看護師　145, 176-177

【ユ】

ユダヤ教　66, 94
ユヌス，ムハマド　283
ユーラシア　156

【ヨ】

ヨアキム，モード　*207*
幼児殺し，児童殺人　52, 91, 124
妖精物語　⇨避妊　151
〈ヨーマネット〉　201
読み書き　75, 80, 81, 214
〈夜の魔女〉　236, *237*
ヨルバ信仰　19, 84
〈夜を取り戻せ〉（抗議デモ）　273, 275
ヨンスドッター，メレット　122

【ラ】

ライオットガール・ムーブメント　298, 299
ライク，ハヴィヴァ　237
ライス，コンドリーザ　309
ライド，サリー　259
ライビー，メアリー　141, *141*
ラヴォー，マリー　123
ラヴレス，エイダ　166
ラウンドツリー，ドヴィ・ジョンソン　266
ラガルド，クリスティーヌ　308
ラスコヴァ，マリナ　234, 236
ラディカル・フェミニスト　275
ラテンアメリカ
　革命的な女性　154-155, **242-243**
　シスターの政治行動　255
　フェミサイド（女性殺し）　305
ラドクリフ，アン　151
羅夫人（らふじん）　129
ラマバイ，パンディタ　156, 157
ラール，サラ　189
ランガム・プレイス・サークル（活動家団体）　165
〈ランゴレンの貴婦人たち〉　302-303

【リ】

リー，キャロル　161
リー，マザー・アン　126
リアカト・アリ・ハーン，ベグム・ラアナ　248
リヴェラ，シルヴィア　303
リウィア・ドルシッラ，皇后　38
離婚　**280-281**
　アングロ＝サクソンの女性　56-57
　イスラムの女性　50
　ヴァイキングの女性　65
　エジプトの女性　20
　オスマン帝国の女性　105
　古代ローマの女性　32
　中国の女性　49
　理由　280, 281
離婚法　37, 56, 280, *280*, 281
リード，メアリー（マーク）　*128*, 129
リトアニア　207
リトルビッグホーンの戦い　185, *187*
柳如是（りゅうじょぜ）　75
リューダー，マリー＝エリザベート　201
〈領域分理論〉　148, 162
梁啓超（りょうけいちょう）　196

旅行作家　142-143
リントーン＝オーマン，ロウサ　232

【ル】

ルイスとクラーク探検隊　143
ルイーゼ，プロイセン王妃　144-145
ルクセンブルク　207
ルセフ，ジルマ　*299*
ルター，マルティン　106, 107
ルディントン，シビル　130
ルドラマ・デーヴィ　45
ルピノ，アイダ　230
ルブラン，エリザベート＝ルイーズ・ヴィジェ　213
ルワンダ　308

【レ】

冷戦　**258-259**, 288, 289
レイノルズ，デビー　230
レイプ　⇨強姦
レイン，アンナ・マリア　132
レオナルド，イサベラ　270
レジスタンス（フランス）　236-237, 263
レズビアン主義　26, 275
　⇨LGBT
レディー・ガガ　271
レーニン，ウラディーミル　214, 215, *215*

【ロ】

ロー，アン　251
ローウェルの女子工員　149, 240, 241
労働組合運動　147, 149, 241
労働者階級　162, 163
ローカスタ　91
〈ロージー・ザ・リヴェッター〉　238
ロシア　28, 36, 37
　女性参政権運動　207, 214, 216
　女性の教育　81
　女性兵士　200, 201, 262
　離婚　280-281
　労働力としての女性　*200*, 216-217
　ロシア革命　215-216, *262*
　⇨ソ連，ソヴィエト連邦
ロスヴィータ　111
ロセッティ，クリスティーナ　151, *151*
ロード，オードリー　275
〈ロニー・ザ・ブレンガン・ガール〉

238
ローバー，シンディー　282
ロヒンギャ難民　289
ロブスティ，マリエッタ　212
ロフタス，ルビー　238
ローブリング，エミリー・ウォーレン　166
ローボサム，シーラ　272
ロマン主義　**150-151**
ロメッティ，ジニー　309
ロラン，マリー＝ジャンヌ　132
ローレンス，ドロシー　201
ロンズーリ，リチア　*309*
ロンドン大空襲　*236*

【ワ】

ワインスタイン，ハーヴェイ　299, 301
若い年齢での結婚　28, 248
ワカ王国　40
ワセド，シェイク・ハシナ　308
ワルキューレ（女神）　64

【ン】

ンゴイ，リリアン　264
ンワンエレウワ　226-227

【アルファベット】

CEO（女性）　241, 309
〈He for She〉キャンペーン　299
HIV　296
LGBT（レズビアン・ゲイ・バイセクシャル・トランスジェンダー）　26, 224, 228, 244, 300, 301, **302-303**, 309
#NiUnaMas（もう一人の犠牲者も出さない）　305
#NiUnaMenos（もう一人の女性も失わない）　*304*
〈#NotAllMen〉　301

図版出典

DK would like to thank the following for editorial assistance: Victoria Heyworth-Dunne, Zoe Rutland, and Gwion Wyn Jones.

DK India would like to thank Amrai Dua and Monam Nishat for design assistance and Rishi Bryan for editorial assistance.

Toucan Books would like to thank Professor Bonnie G. Smith for her assistance in shaping the contents of this title.

The publisher would like to thank the following for their kind permission to reproduce their photographs:

（省略記号　a =上 / b =下/下段 / c =中央 / f =背後 / l =左 / r =右 / t =上段）

1 Alamy Stock Photo: Carver Mostardi. **2-3 Getty Images:** Hulton Archive. **4 Getty Images:** Wolfgang Kaehler / LightRocket (tr). **5 Alamy Stock Photo:** Niday Picture Library (tr). **Bridgeman Images:** Pictures from History (tl). **6 Alamy Stock Photo:** Pump Park Vintage Photography (tr). **7 Getty Images:** Topical Press Agency / Hulton Archive (tl); Ebet Roberts / Premium Archive (tr). **8-9 Alamy Stock Photo:** Everett Collection Inc. **10-11 Getty Images:** Byzantine School. **14 Getty Images:** Walter Geiersperger / Corbis Documentary (clb). **14-15 Getty Images:** Wolfgang Kaehler / LightRocket. **16 Getty Images:** Leemage / Universal Images Group. **17 Getty Images:** Universal History Archive (tr). **Museum of London:** (bc). **18 Alamy Stock Photo:** Chronicle (tl). **19 Alamy Stock Photo:** Louise Batalla Duran (tc); Hercules Milas (bc). **20 Getty Images:** Universal History Archive. **21 Getty Images:** Fine Art / Corbis Historica (r). **The Metropolitan Museum of Art, New York:** Rogers Fund, 1925 (tl). **22-23 Alamy Stock Photo:** Dinodia Photos. **24-25 Alamy Stock Photo:** The History Collection. **25 Alamy Stock Photo:** Artokoloro Quint Lox Limited (ca). **26-27 Alamy Stock Photo:** Gameover. **26 Getty Images:** DEA / G. Dagli Orti / De Agostini (clb). **The Metropolitan Museum of Art, New York:** Gift of the family of Thomas A. Spears, in his memory, 2011 (tc). **28 Getty Images:** Culture Club / Hulton Archive (bl). **29 Courtesy of Indianapolis Museum of Art at Newfields.:** John Herron Fund (tr). **30 Bridgeman Images:** Museum of Fine Arts, Boston, Massachusetts, USA / Edward J. & Mary S. Holmes Fund (bl). **Getty Images:** Francis G. Mayer / Corbis Historical (ca). **31 Alamy Stock Photo:** Archivart. **32 Getty Images:** Werner Forman / Universal Images Group (bl). **32-33 Alamy Stock Photo:** North Wind Picture Archives. **34-35 Alamy Stock Photo:** Artokoloro Quint Lox Limited. **36 Alamy Stock Photo:** Heritage Image Partnership Ltd. **37 Alamy Stock Photo:** Robert Estall photo agency (bc). **Getty Images:** Ullstein bild Dtl. (tl). **38 Alamy Stock Photo:** Peter Horree (bl). **38-39 Getty Images:** DEA Picture Library / De Agostini. **39 Alamy Stock Photo:** Lebrecht Music & Arts (crb). **40 Alamy Stock Photo:** The History Collection. **41 Alamy Stock Photo:** World History Archive. **42-43 akg-images:** Erich Lessing. **42 Alamy Stock Photo:** Peter Horree (bl). **43 Getty Images:** Heritage Images / Hulton Archive (crb). **44 akg-images:** (tr). **Bridgeman Images:** Service Historique de la Marine, Vincennes, France (bl). **45 Alamy Stock Photo:** Science History Images (bl). **48 Bridgeman Images:** Ostasiatiska Museet, Stockholm / Pictures from History (tl); Pictures from History (br). **48-49 Bridgeman Images:** Pictures from History. **49 Bridgeman Images:** Pictures from History (tr). **50 Getty Images:** Universal History Archive (cla). **50-51 Getty Images:** Xavier Rossi / Gamma-Rapho. **52 Alamy Stock Photo:** Heritage Image Partnership Ltd (cl). **National Museum of New Zealand Te Papa Tongarewa:** Gift of Alexander Turnbull, 1913 (crb). **53 Getty Images:** DEA / G. Nimatallah / De Agostini. **54 Alamy Stock Photo:** Prisma Archivo (bl). **55 Wellcome Images http://creativecommons.org/licenses/by/4.0/:** Science Museum, London (tr). **56 Alamy Stock Photo:** Vivian Charlse (bl). **Getty Images:** Henry Guttmann / Hulton Fine Art Collection (cr); Heritage Images / Hulton Archive (cla). **57 Alamy Stock Photo:** Art Collection 4 (tr); Heritage Image Partnership Ltd (b). **58 Alamy Stock Photo:** Chronicle (bl). **58-59 Getty Images:** Barney Burstein / Corbis Historical. **59 Alamy Stock Photo:** Artokoloro Quint Lox Limited (br). **60-61 Bridgeman Images:** Minneapolis Institute of Arts, MN, USA / Bequest of Louis W. Hill, Jr.. **62-63 Alamy Stock Photo:** Chronicle. **62 Alamy Stock Photo:** Cindy Hopkins (clb). **64 Getty Images:** Universal History Archive (tl). **64-65 © Museum of Cultural History, University of Oslo. 66 Getty Images:** Universal History Archive (cl). **67 Alamy Stock Photo:** Frank Bienewald (bc). Getty Images: George Rinhart / Corbis Historical (tl). **68 Alamy Stock Photo:** Granger Historical Picture Archive (bl); Interfoto (ca). **69 Bridgeman Images:** Private Collection / Photo © Ken Welsh (crb). **Getty Images:** Photo Josse / Leemage / Corbis Historical (c). **70-71 Getty Images:** Bettmann. **72 Bridgeman Images:** Pictures from History (bl). **Rex by Shutterstock:** Alfredo Dagli Orti (ca). **72-73 Getty Images:** DEA / M. Seemuller / De Agostini. **73 Bridgeman Images:** Pictures from History (tr). **74 Alamy Stock Photo:** IndiaPicture. **75 akg-images:** (tr). **Alamy Stock Photo:** Historic Collection (bl). **76 Alamy Stock Photo:** Prisma Archivo (cr). **Getty Images:** Fine Art / Corbis Historica (bl). **77 Getty Images:** De Agostini Picture Library / De Agostini. **78-79 Getty Images:** Dea / Biblioteca Ambrosiana / De Agostini. **80 Alamy Stock Photo:** Interfoto (cl). **81 akg-images:** (cra). **82 Alamy Stock Photo:** GL Archive (ca). **Rex by Shutterstock:** Gianni Dagli Orti (bl). **83 Bridgeman Images:** Pictures from History. **84-85 Getty Images:** Chris Hellier / Corbis Historical. **85 Alamy Stock Photo:** Granger Historical Picture Archive (tc). **86-87 Getty Images:** PHAS / Universal Images Group. **88 Alamy Stock Photo:** Art Collection 2. **89 Alamy Stock Photo:** Heritage Image Partnership Ltd. **90 Getty Images:** Leemage / Universal Images Group. **91 Alamy Stock Photo:** The Granger Collection (tc); Pictorial Press Ltd (bc). **92 Alamy Stock Photo:** Prisma Archivo (bl). **93 Alamy Stock Photo:** Chronicle (tr). **Getty Images:** Universal History Archive (c). **94 Getty Images:** Universal History Archive. **95 Alamy Stock Photo:** North Wind Picture Archives (Background). **Getty Images:** Heritage Images / Hulton Fine Art Collection. **98-99 Alamy Stock Photo:** North Wind Picture Archives. **99 Alamy Stock Photo:** Heritage Image Partnership Ltd (tc); North Wind Picture Archives (tr). **Getty Images:** Henry Guttmann / Hulton Archive (br). **100-101 Getty Images:** Historical Picture Archive / Corbis Historica. **102 Courtesy of the Smithsonian's National Museum of American History:** John D. Bagley Collection. **103 Getty Images:** adoc-photos / Corbis Historical (tl). **104-105 Alamy Stock Photo:** Heritage Image Partnership Ltd. **105 Alamy Stock Photo:** Heritage Image Partnership Ltd (crb). **Getty Images:** Royal Geographical Society (tc). **106 Bridgeman Images:** His Grace The Duke of Norfolk, Arundel Castle (bl). **107 Getty Images:** Print Collector / Hulton Archive (b); API / Gamma-Rapho (tr). **108-109 Alamy Stock Photo:** Niday Picture Library. **110 Getty Images:** DEA / G. Nimatallah / De Agostini (tl); Heritage Images / Hulton Fine Art Collection (br). **111 Getty Images:** Bettmann (tl). **112 Alamy Stock Photo:** V&A Images. **113 Getty Images:** Historical Picture Archive / Corbis Historical. **114 Rex by Shutterstock:** Rosseforp / Imagebroker. **115 Getty Images:** GraphicaArtis / Archive Photos (bl). **Los Angeles County Museum of Art:** Gift of Miss Bella Mabury (M.39.2.6) (cra). **116 Bridgeman Images:** Service Historique de la Marine, Vincennes, France. **116-117 Alamy Stock Photo:** The Granger Collection. **118 Alamy Stock Photo:** Colleen Miniuk-Sperry (cla). **Getty Images:** DEA / G. Dagli Orti / De Agostini (tr). **119 Alamy Stock Photo:** SOTK2011. **120-121 Bridgeman Images:** WITCH TRIAL Trial at Salem, Massachusetts, in 1692. Lithograph by George H. Walker, 1892. / Granger. **122 akg-images:** (bl). **123 Alamy Stock Photo:** Friedrich Stark (bc). **Bridgeman Images:** Private Collection / © Look and Learn (tl). **124 Bridgeman Images:** Pictures from History (cla). **Getty Images:** Heritage Images / Hulton Fine Art Collection (bc). **125 akg-images:** Pictures From History. **126-127 Alamy Stock Photo:** Granger Historical Picture Archive. **128 Bridgeman Images:** Mary la rousse, femme pirate (Le Avventure di Mary Read) de Umberto Lenzi avec Lisa Gastoni 1961. **129 akg-images:** Science Source (bc). **Getty Images:** Fototeca Storica Nazionale. / Hulton Archive (tc). **130 Courtesy of the Smithsonian's National Museum of American History:** (bl). **130-131 Alamy Stock Photo:** Niday Picture Library. **132 Bridgeman Images:** Private Collection / © Look and Learn (tr). **Getty Images:** Underwood Archives / Archive Photos (clb). **133 Alamy Stock Photo:** Interfoto. **134-135 Alamy Stock Photo:** Everett Collection Inc. **138-139 Getty Images:** Bettmann. **139 Bridgeman Images:** Mark and Carolyn Blackburn Collection of Polynesian Art (tc). **140 Rare Books and Special Collections, University of Sydney Library**. **141 Alamy Stock Photo:** The History Collection (br). **Bridgeman Images:** Mitchell Library, State Library of New South Wales (tr). **142 Alamy Stock Photo:** Granger Historical Picture Archive (cl). **Rex by Shutterstock:** Solent News & Photo Agency (tr). **143 Alamy Stock Photo:** Everett Collection, Inc. (bc). **144-145 Getty Images:** Print Collector / Hulton Archive. **145 Alamy Stock Photo:** Heritage Image Partnership Ltd (br); Painters (tl). **146 Getty Images:** Science & Society Picture Library. **146-147 Alamy Stock Photo:** Everett Collection Historical. **148 akg-images**. **149 Alamy Stock Photo:** World History Archive (bc). **Rex by Shutterstock:** Granger (tr). **150 Mary Evans Picture Library:** © The John Meek Collection. **151 Alamy Stock Photo:** North Wind Picture Archives (ca). **152 Alamy Stock Photo:** Granger Historical Picture Archive. **153 Getty Images:** Bettmann (tc); Jeff Greenberg / Universal Images Group (bc). **154 Alamy Stock Photo:** The Picture Art Collection (bl). **iStockphoto.com:** Sourabhj (c). **154-155 Bridgeman Images:** Museo Nacional, Bogota, Colombia / Archives Charmet. **155 Alamy Stock Photo:** Art Collection 4 (tr). **156 Alamy Stock Photo:** Chronicle (bl). **156-157 Alamy Stock Photo:** Pump Park Vintage Photography. **157 Alamy Stock Photo:** ART Collection (crb); Dinodia Photos (tr). **158-159 Getty Images:** Fine Art Photographic / Hulton Fine Art Collection. **159 Alamy Stock Photo:** Chronicle (tc). **Dreamstime.com:** Georgios Kollidas / Georgios (bc). **Getty Images:** ND / Roger Viollet (tr). **160 Getty Images:** Bildagentur-online / Universal Images Group. **161 Alamy Stock Photo:** Granger Historical Picture Archive (tc). **Getty Images:** DEA Picture Library / De Agostini Picture Library (bc). **162 Alamy Stock Photo:** Chris Hellier. **162-163 Alamy Stock Photo:** Vintage Images. **163 Getty Images:** DEA / A. Dagli Orti / De Agostini (tc). **164 Getty Images:** Historical / Corbis Historical; Library of Congress / Corbis Historical (Background). **165 Getty Images:** MPI / Archive Photos. **166 Alamy Stock Photo:** Pictorial Press Ltd (bl). **167 Alamy Stock Photo:** Science History Images (l). **Getty Images:** Time Life Pictures / The LIFE Picture Collection (tr). **168 Bridgeman Images:** Private Collection. **169 Getty Images:** Apic / Retired / Hulton Archive (tc); Field Museum Library / Premium Archive (bc). **170-171 Getty Images:** Print Collector / Hulton Archive. **170 Courtesy of the Smithsonian's National Museum of American History**. **172-173 Courtesy of Methodist Theological School in Ohio**. **172 Alamy Stock Photo:** Science History Images (tl). **173 Alamy Stock Photo:** Alpha Historica (tc); Granger Historical Picture Archive (br). **174-175 Getty Images:** Charles Phelps Cushing / ClassicStock / Archive Photos. **176 Bridgeman Images:** Chicago History Museum, USA (bl). **176-177 Getty Images:** Historical / Corbis Historical. **177 Alamy Stock Photo:** Alpha Historica (tc). Library of Congress, Washington, D.C.: LC-DIG-ppmsca-037768 (crb). **178 Photo Scala, Florence:** Museum of Fine Arts, Boston. **178-179 Alamy Stock Photo:** The Picture Art Collection. **179 akg-images:** Ullstein bild (tr). **180 Alamy Stock Photo:** Chronicle (tl); Imagebroker (bl). **181 Alamy Stock Photo:** Picture (tc). **182-183 Alamy Stock Photo:** Chronicle. **184-185 Bridgeman Images:** 1869 photo by Andrew J. Russell, from his views along the route of the Union Pacific Railroad, with digital color. / Everett Collection. **184 Getty Images:** Werner Forman / Universal Images Group Editorial (bl). **186-187 Alamy Stock Photo:** Granger Historical Picture Archive. 186 Alamy Stock Photo: The Granger

Collection. **188-189** Courtesy of the Smithsonian's National Museum of American History. **189** Alamy Stock Photo: The Granger Collection. **190** TopFoto.co.uk: Fiore. **191** Alamy Stock Photo: Granger Historical Picture Archive. **192-193** Getty Images: Henry Guttmann / Hulton Archive. **193** Alamy Stock Photo: Chris Hellier (tr); The Print Collector (br). **194-195** Alamy Stock Photo: Art Collection 3. **196-197** akg-images. **196** Alamy Stock Photo: Granger Historical Picture Archive (bl). **197** Alamy Stock Photo: Historic Collection (cr); Erin Moncur / Stockimo (tr). **200-201** Getty Images: Topical Press Agency / Hulton Archive. **200** Rex by Shutterstock: Granger (bl). **202-203** Alamy Stock Photo: Chronicle. **202** Alamy Stock Photo: Historic Images (clb). **203** Getty Images: Hulton Deutsch / Corbis Historical (cla). **204** Getty Images: DEA / M. Seemuller / De Agostini. **205** Getty Images: Jan Sochor / LatinContent Editorial. **206-207** Alamy Stock Photo: North Wind Picture Archives. **207** Mary Evans Picture Library: © The March of the Women Collection. **208** Getty Images: Leemage / Universal Images Group. **209** Press Association Images: (tl). Courtesy of the Smithsonian's National Museum of American History: (bc). TopFoto.co.uk: © 2001 Credit:Topham Picturepoint (cr). **210-211** Getty Images: Jimmy Sime / Hulton Archive. **212** Getty Images: Heritage Images / Hulton Fine Art Collection (br); Royal Photographic Society / SSPL (cl). **213** Alamy Stock Photo: Imagebroker / © Niki de Saint Phalle Charitable Art Foundation / ADAGP, Paris and DACS, London 2018 / © DACS 2018. **214** Rex by Shutterstock: Universal History Archive / Universal Images Group. **215** Alamy Stock Photo: Sputnik. **216-217** Getty Images: Swim Ink 2 Llc / Corbis Historical. **217** Alamy Stock Photo: Historic Collection (crb). Getty Images: Lois Herman / Corbis Historical (tc). **218-219** Getty Images: Stefano Bianchetti / Corbis Historica. **219** Alamy Stock Photo: Artokoloro Quint Lox Limited (br); Everett Collection Historical (tc). **220** Courtesy of the Smithsonian's National Museum of American History: Gift of Sidney Glaser. **221** Alamy Stock Photo: Kevin Landwer-Johan (bc). Getty Images: Archive Photos (tl). **222** Getty Images: Heritage Images / Hulton Archive. **222-223** Getty Images: George Rinhart / Corbis Premium Historical. **224** Getty Images: Ullstein Bild (tl); Kirn Vintage Stock / Corbis Historical (bc). **225** Courtesy of the Smithsonian's National Museum of American History: Sam DeVincent Collection of Illustrated American Sheet Music, ca. 1790-1980, Archives Center. **226** Alamy Stock Photo: Amoret Tanner Collection. **226-227** Wikipedia. **227** Getty Images: Print Collector / Hulton Archive (tc). **228-229** Alamy Stock Photo: Pictorial Press Ltd. **230** Getty Images: Movie Poster Image Art / Moviepix. **231** Alamy Stock Photo: World History Archive (tl). Getty Images: Jason Merritt / Getty Images Entertainment (bc). **232** Alamy Stock Photo: Granger Historical Picture Archive (bl). Getty Images: Keystone-France / Gamma-Keystone (cra). **232-233** akg-images. **234** Bridgeman Images: Tallandier. **234-235** Rex by Shutterstock: Granger. **236** Alamy Stock Photo: Trinity Mirror / Mirrorpix. **236-237** Alamy Stock Photo: Nikolai Ignatiev. **237** Getty Images: Anne Frank Fonds Basel / Premium Archive (tr). **238** Alamy Stock Photo: Geogphoto (tl). **Australian War Memorial**: (ca). **239** Getty Images: Buyenlarge / Archive Photos. **240** Alamy Stock Photo: Heritage Image Partnership Ltd. **241** Getty Images: Bert Hardy / Picture Post. **242** Alamy Stock Photo: Everett Collection Historical (bl). Getty Images: Leemage / Universal Images Group. **242-243** Getty Images: Daniel Garcia / AFP. **244-245** akg-images. **246** Getty Images: John Deakin / Picture Post (bl). **246-247** akg-images: GandhiServe India. **248** Alamy Stock Photo: World History Archive. **248-249** Getty Images: Dominique Berretty / Gamma-Rapho. **249** Alamy Stock Photo: Sputnik (tr). **250** Getty Images: Heritage Images / Hulton Fine Art Collection. **251** Alamy Stock Photo: Q16 (tc). Getty Images: Lipnitzki / Roger Viollet (bc).

252-253 Getty Images: Popperfoto. **254-255** Getty Images: Hindustan Times. **255** Getty Images: Tim Graham / Hulton Archive (br); Susan Muhlhauser / The LIFE Images Collection (tr). **258-259** Bridgeman Images: Buyenlarge Archive / UIG. **259** Getty Images: George Marks / Retrofile (tr). **260-261** Getty Images: Sovfoto / Universal Images Group. **262** Getty Images: Keystone-France / Gamma-Keystone (cl). **263** Getty Images: Alexander Drozdov / AFP (bc). **Courtesy of the Smithsonian's National Museum of American History**: Donated by the Institute of Aeronautical Sciences, Inc. (tl). **264** Getty Images: Jurgen Schadeberg / Premium Archive. **265** Alamy Stock Photo: World History Archive. **266** Courtesy of the Smithsonian's National Museum of American History and Culture (bc). **267** Getty Images: Bettmann (Background); Steve Schapiro / Corbis Premium Historical. **268-269** Alamy Stock Photo: Everett Collection Historical. **270** Getty Images: Historical Picture Archive / Corbis Historica (tl). **270-271** Getty Images: Photoshot / Hulton Archive. **271** Getty Images: CBS Photo Archive (tc). **272** Getty Images: Bev Grant / Archive Photos (br). **272-273** Getty Images: Bettmann. **274** Getty Images: Marka / Universal Images Group. **275** Alamy Stock Photo: Everett Collection Inc (br). Getty Images: John Olson / The LIFE Images Collection (tr). **276-277** Getty Images: The New York Historical Society / Archive Photos. **278** Getty Images: Science & Society Picture Library. **279** Courtesy of the Smithsonian's National Museum of American History: Gift of Blanche E. Reid. **280** Getty Images: Keystone-France / Gamma-Keystone. **281** Alamy Stock Photo: Chronicle (tr). Getty Images: Harry Langdon / Archive Photos (br). **282** Getty Images: Ron Galella Collection. **282-283** Getty Images: Bill Pierce / The LIFE Images Collection. **283** Alamy Stock Photo: Lynne Sutherland (cb). Getty Images: Jean Guichard / Gamma-Rapho (crb). **284-285** Getty Images: Corazon Aquino / Hulton Archive. **286** Alamy Stock Photo: Trinity Mirror / Mirrorpix (br). **Bridgeman Images**: Pictures from History (tl). **287** Alamy Stock Photo: PCN Photography (tl). **288** Getty Images: Popperfoto. **288-289** Getty Images: Paul Schutzer / The LIFE Picture Collection. **290** Getty Images: AFP (tc). **290-291** Getty Images: Brian Otieno / AFP. **291** Office of the Historian, Bureau of Public Affairs / United States Department of State: (tr). **292** Getty Images: Miguel Medina / Afp. **293** Alamy Stock Photo: ArabianEye FZ LLC. Getty Images: Alain Nogues / Sygma (Background). **294-295** Rex by Shutterstock: Mary Altaffer / AP. **296** Alamy Stock Photo: Jake Lyell. **297** Alamy Stock Photo: Paul Springett 06 (br). Getty Images: Qilai Shen / Corbis Historical (tr). **298** Getty Images: Ebet Roberts / Premium Archive. **298-299** Getty Images: NurPhoto. **300-301** Alamy Stock Photo: Zuma Press, Inc.. **301** Alamy Stock Photo: Shelly Rivoli (tc). Getty Images: Pacific Press / LightRocket (br). **302** Alamy Stock Photo: Age Fotostock. **303** Alamy Stock Photo: Marc Bruxelle (bl). **Bridgeman Images**: Jeunes filles en uniforme / Collection CSFF (tc). **304** Rex by Shutterstock: Julieta Ferrario / ZUMA Wire. **305** Alamy Stock Photo: Neftali. **306-307** Getty Images: Marcos del Mazo / LightRocket. **308** Alamy Stock Photo: DPA picture alliance (bl). Getty Images: Keystone / Hulton Archive (tl). **309** Getty Images: Frederick Florin / AFP (bl)

Endpaper images: Front and Back: **Getty Images:** Buyenlarge / Archive Photos

All other images © Dorling Kindersley
For further information see: www.dkimages.com

WOMEN 女性たちの世界史 大図鑑

2019 年 11 月 30 日　初版発行

序　　　文	ルーシー・ワーズリー	
監　　　修	ホーリー・ハールバート他	
日本語版監修	戸矢理衣奈	
翻　　　訳	戸田早紀／中島由華／熊谷玲美	
装　　　幀	岩瀬聡	
発　行　者	小野寺優	
発　行　所	株式会社河出書房新社	

〒 151-0051 東京都渋谷区千駄ヶ谷 2-32-2
電話 03-3404-1201（営業）　03-3404-8611（編集）
http://www.kawade.co.jp/

組　　　版	株式会社キャップス	

Printed and bound in Malaysia
ISBN978-4-309-22780-1

落丁本・乱丁本はお取り替えいたします。
本書のコピー、スキャン、デジタル化等の無断複製は著作権法上での例外を除き禁じられています。
本書を代行業者等の第三者に依頼してスキャンやデジタル化することは、いかなる場合も著作権法違反となります。